Kurzfristige Material- und Finanzplanung
bei mehrfacher Zielsetzung

Physica-Schriften

zur Betriebswirtschaft 4

Herausgegeben von

K. Bohr, Regensburg – W. Bühler, Dortmund – W. Dinkelbach, Saarbrücken – G. Franke, Gießen – P. Hammann, Bochum – K.-P. Kistner, Bielefeld – H. Laux, Frankfurt – O. Rosenberg, Paderborn – B. Rudolph, Frankfurt

Springer-Verlag Berlin Heidelberg GmbH

R. Rhode

Kurzfristige Material- und Finanzplanung bei mehrfacher Zielsetzung

Springer-Verlag Berlin Heidelberg GmbH

1982 ISBN 978-3-7908-0278-8

CIP-Kurztitelaufnahme der Deutschen Bibliothek

Rhode, Rainer:
Kurzfristige Material- und Finanzplanung bei mehrfacher Zielsetzung / R. Rhode. – Würzburg; Wien : Physica-Verlag, 1982.
(Physica-Schriften zur Betriebswirtschaft ; 4)

ISBN 978-3-7908-0278-8 ISBN 978-3-662-41554-2 (eBook)
DOI 10.1007/978-3-662-41554-2

NE: GT

Ursprünglich erschienen bei Physica-Verlag, Rudolf Liebing GmbH + Co., Würzburg 1982.

VORWORT

Die isolierte Behandlung der beiden betrieblichen Teilprobleme - einerseits die Bestimmung optimaler Bestellmengen, andererseits die optimale Gestaltung der betrieblichen Finanzströme - war stets Gegenstand betriebswirtschaftlicher Forschungen. Um so mehr muß es verwundern, daß bis heute nur wenige Ansätze existieren, die bestehenden Interdependenzen dieser beiden betrieblichen Teilprobleme hinreichend in einem Entscheidungsmodell zu erfassen. Ein Anliegen der vorliegenden Arbeit ist daher darin zu sehen, einen Beitrag zur Schließung dieser Lücke zu leisten, indem für das zugrundeliegende Entscheidungsproblem, das in der Abstimmung der im Rahmen der kurzfristigen Material- und Finanzplanung zur Verfügung stehenden Instrumente zu sehen ist, ein Entscheidungsmodell formuliert wird. Im Mittelpunkt der Modellformulierung steht dabei weniger der Aspekt der unmittelbaren Anwendbarkeit, als vielmehr die Einbeziehung der mannigfaltigen Interdependenzen der beiden Teilprobleme.

In den letzten Jahren hat sich in der betriebswirtschaftlichen Literatur immer mehr der Standpunkt durchgesetzt, daß die in den Unternehmungen tätigen Individuen und Gruppen sich in ihrem Handeln in der Regel von mehreren Zielen leiten lassen.[1] Im Gegensatz zu dieser Erkenntnis erfaßt ein Großteil betriebswirtschaftlicher Entscheidungsmodelle lediglich eine zu maximierende Zielfunktion; liegen den zugehörigen Entscheidungsproblemen mehrere Ziele zugrunde, so werden diese durch Nebenbedingungen oder Zielfunktionsamalgamation derart berücksichtigt, daß wiederum ein Entscheidungsmodell mit skalarer Zielfunktion resultiert. Das in Kapitel B der vorliegenden Arbeit vorgestellte Entscheidungsmodell verzichtet auf eine derart weitgehende Amalgamation der einzelnen zu berücksichti-

---

1. Vgl. u.a. DINKELBACH [1962], S. 739 ff., BIDLINGMAIER [1963], S. 409 ff., GUTENBERG [1966], S. 1 ff., JOHNSEN [1968], S. 95 ff. und STEINMANN [1969], S. 95 ff.

genden Ziele und bildet demnach das angesprochene Entscheidungsproblem der kurzfristigen Material- und Finanzplanung in Form eines linearen Vektormaximumproblems ab.

Die folgenden Ausführungen beschränken sich nicht allein auf die Formulierung eines derartigen Modells, sondern bieten darüber hinaus in Kapitel C für die abgebildete Formalstruktur konzipierte numerische Lösungsverfahren in Form interaktiver Verfahren an. Mit derartigen Verfahren ist einem Entscheidungsträger ein Instrument in die Hand gegeben, mit dessen Hilfe er versuchen kann, auftretende Zielkonflikte bei seiner Entscheidungsfindung in einem iterativen Prozeß zu lösen.

Die vorliegende Schrift entstand in den Jahren 1978-81 während meiner Assistententätigkeit am Lehrstuhl für Allgemeine Betriebswirtschaftslehre, insbesondere Unternehmensforschung (Operations Research der Universität des Saarlandes und wurde im SS 1981 unter dem gleichen Titel als Dissertation angenommen. Dem Lehrstuhlinhaber, Herrn Prof. Dr. Werner Dinkelbach danke ich für die wissenschaftliche Betreuung und die mir gewährten angenehmen Arbeitsbedingungen sowie Herrn Prof. Dr. Wolfgang Kilger für die Übernahme des Korreferats. Darüber hinaus bin ich den Herren Dipl.-Kfm. Lothar Hans und Dipl.-Math. Reinhard Weber zu Dank verpflichtet, mit denen ich Teile der Arbeit diskutieren konnte. Frau Elisabeth Schlemmer danke ich für die aufgebrachte Mühe und Sorgfalt beim Anfertigen von Teilen des Manuskripts.

Saarbrücken, den 26. August 1981

Rainer Rhode

GLIEDERUNG

A. EINFOHRUNG

1. Die Unternehmung als wirtschaftliche Einheit

Betrachtet wird im weiteren eine inländische Unternehmung des produzierenden Gewerbes, die in vierfacher Hinsicht mit ihren Güter- und Finanzströmen in direkter Verbindung mit ihrer Umwelt steht. Auf Beschaffungsmärkten steht sie vor der Notwendigkeit, Produktionsfaktoren für die Leistungserstellung zu beziehen, gefertigte Erzeugnisse und nicht mehr benötigte Produktionsfaktoren sind auf Absatzmärkten zu veräußern, Steuer- und/oder Subventionszahlungen kennzeichnen u.a. die Beziehungen zum Staat, und schließlich bringen die von den Güterströmen nicht direkt abhängigen Finanztransaktionen die Verbindung zu den Finanzmärkten zum Ausdruck. Generell werden im weiteren allein Kontakte zu inländischen Märkten betrachtet.

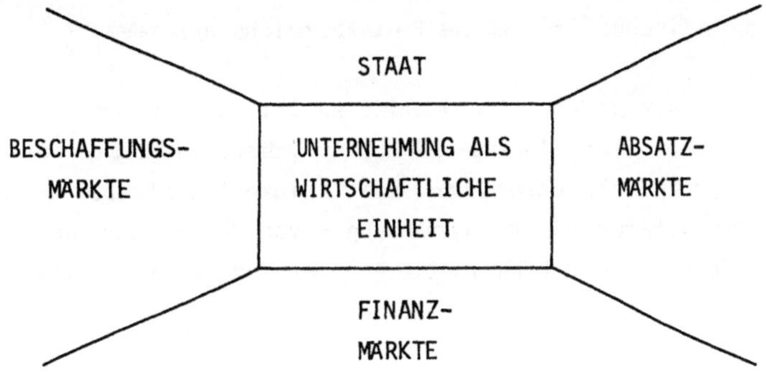

Abbildung 1

Weiter wird davon ausgegangen, daß entsprechend den betrieblichen Funktionen Organisationsbereiche existieren, die für die Wahrnehmung der an sie herangetragenen Aufgaben verantwortlich sind. Es lassen sich folgende Elemente der wirtschaftlichen Einheit Unternehmung unterscheiden:[1]

BESCHAFFUNGS-BEREICH	PRODUKTIONS-BEREICH	ABSATZ-BEREICH
FINANZBEREICH		

Abbildung 2

Während der Beschaffungsbereich vor der Aufgabe steht, die für die Leistungserstellung im Produktionsbereich notwendigen Produktionsfaktoren bereitzustellen, hat der Absatzbereich für die Sicherung der Leistungsverwertung Sorge zu tragen. Die Deckung des aus diesem Leistungsprozeß resultierenden Kapitalbedarfs zu gewährleisten, ist als spezifisches Problem des Finanzbereichs anzusehen.[2]

Kennzeichen einer jeden unternehmerischen Tätigkeit ist das Zusammenwirken dieser vier Elemente bei der Aufgabenerfüllung der Gesamtunternehmung. Als unternehmerische Tätigkeit wird dabei die Summe aller Aktivitäten einer Unternehmung - von der Planung und Entscheidung über die Durchführung bis hin zur Kontrolle - verstanden, die auf die Unternehmung selbst als auch auf ihre Umwelt gerichtet sind.

2. Planung als Element der unternehmerischen Tätigkeit

Die Fülle möglicher Aktivitäten zwingt die Unternehmung zu einem planvollen Vorgehen bei der Beantwortung der Frage, welche der zur

1. Vgl. zu dieser Einteilung GUTENBERG [1980], S. 1.
2. Vgl. GUTENBERG [1980], S. 2 ff.

Verfügung stehenden Aktivitäten in den einzelnen Bereichen der Unternehmung einzusetzen sind. Unter Planung wird demnach die Auswahl von zur Verfügung stehenden Aktivitäten "unter Zugrundelegung bestimmter Zielsetzungen auf der Basis erwarteter Plandaten im voraus für alle Teilbereiche und damit für die Gesamtunternehmung"[1)] verstanden.[2)]

Ausgehend von GUTENBERGs Grundsätzen der Planung[3)], die sich durch die Begriffe

- Vollständigkeit der Planung,
- Berücksichtigung aller Interdependenzen und
- Ausgleichsgesetz der Planung

charakterisieren lassen, entsteht für die planende Unternehmung die Schwierigkeit, diese Anforderungen an die Planung in geeigneter Weise zu berücksichtigen.

Ein theoretisch befriedigender Weg, den Grundsätzen der Planung in ihrer Gesamtheit Rechnung zu tragen, ist im Ansatz einer simultanen Unternehmungsplanung zu sehen. Hierbei werden alle Aktivitäten (Vollständigkeit der Planung) mit ihren gegenseitigen Abhängigkeiten erfaßt (Berücksichtigung aller Interdependenzen) und bei der Auswahl derart gleichzeitig aufeinander abgestimmt (Ausgleichsgesetz der Planung), daß eine bestmögliche Zielerfüllung gewährleistet ist. Eine derartige Vorgehensweise bedeutet für die Unternehmung die gleichzeitige Fixierung aller Aktivitäten für jeden der vier Bereiche sowohl in zeitlich horizontaler als auch in zeitlich vertikaler Hinsicht.

---

1. KILGER [1973], S. 15.
2. Vgl. zum Begriff Planung u.a. WEBER [1964], S. 716 ff. und KOCH [1977], S. 11 ff.
3. Vgl. GUTENBERG [1968], S. 146 ff., siehe auch KILGER [1973], S. 17 f.

Die mit der Komplexität einer simultanen Unternehmungsplanung verbundene Problematik führt zwangsläufig zu dem Gedanken, von dieser abzugehen und das sich stellende Planungsproblem in Form einer sukzessiven Unternehmungsplanung zu bewältigen.[1] Bei dieser Art der Planung wird das bestehende Gesamtplanungsproblem durch die Erstellung von Teilplanungen versucht zu lösen. Unter einer Teilplanung wird dabei die Auswahl von Aktivitäten auf der Grundlage unternehmungsinterner und -externer Daten im Hinblick auf zugrundeliegende Zielsetzungen verstanden. Die Einschränkung, wonach die Auswahl von Aktivitäten jetzt unter Berücksichtigung unternehmungsinterner Daten zu erfolgen hat, bringt zum Ausdruck, daß alle anderen, nicht zur Disposition stehenden Aktivitäten für den zu erstellenden Teilplan als Daten zu behandeln sind. Die sukzessive Unternehmungsplanung erfüllt dann ihre Aufgabe, wenn es ihr gelingt, die einzelnen Teilpläne derart aufeinander abzustimmen, daß die Grundsätze der Planung in ausreichender Weise berücksichtigt werden.

3. Modelle als Hilfsmittel der Planung

Gelingt es, aus einem realen System die für einen bestimmten Untersuchungszweck relevant erscheinenden Elemente sowie die interessierenden Zusammenhänge zwischen diesen Elementen unter Vernachlässigung anderer Bestandteile dieses Systems herauszulösen und darzustellen, so kann das dann vorliegende Konstrukt als ein Modell bezeichnet werden.[2] Modelle werden stets dann erforderlich, wenn erst durch sie ein Durchdringen eines komplexen, real existierenden Systems ermöglicht wird.

---

1. Vgl. zu den Vor- und Nachteilen der jeweiligen Vorgehensweisen bei der Planerstellung SCHWEIM [1969], S. 18 ff., HAHN [1974], S. 48 ff. und KOCH [1977], S. 34 ff.

2. Vgl. zum Modellbegriff in der betriebswirtschaftlichen Literatur u.a. DINKELBACH [1973], S. 153 ff., ZENTES [1975], S. 20 f. und BAMBERG/COENENBERG [1977], S. 13 ff.

Je nach Ausrichtung einer zugrundeliegenden Fragestellung lassen sich

- Beschreibungsmodelle,
- Erklärungsmodelle,
- Prognosemodelle und
- Entscheidungsmodelle

unterscheiden.[1)]

Ist eine Unternehmung bei den im vorherigen Abschnitt angesprochenen Varianten einer Unternehmungsplanung im Besitz mehrerer sich gegenseitig ausschließender Aktivitäten, und steht sie demnach vor dem Problem, welche dieser Aktivitäten sie zu ihrer Zielerreichung wählen soll, dann stellt sich für die Unternehmung sowohl bei der simultanen als auch bei der sukzessiven Vorgehensweise ein Entscheidungsproblem, aus dessen formaler Darstellung ein Entscheidungsmodell resultiert.[2)] Entscheidungsmodelle lassen sich so verstanden als Hilfsmittel für die Bewältigung betrieblicher Planungsprobleme und der aus ihnen resultierenden Entscheidungsprobleme interpretieren.

Als notwendige Bestandteile eines Entscheidungsmodells sind das Vorhandensein mindestens einer Zielfunktion und einer mehrelementigen Alternativenmenge zu nennen. Wenn in den weiteren Ausführungen von Entscheidungsmodellen gesprochen wird, so werden darunter praktisch-normative Entscheidungsmodelle verstanden, die Fragen der Art beantworten wollen, wie sich ein Entscheidungsträger bei einem gegebenen Zielsystem und einer gegebenen Alternativenmenge unter dem Anspruch der subjektiven Rationalität verhalten soll.[3)]

---

1. Vgl. TIETZ [1975 a], S. 616 f.
2. Vgl. DINKELBACH [1980 a], S. 332.
3. Vgl. BAMBERG/COENENBERG [1977], S. 2 ff.

Unter Verwendung der Kriterien

- Zahl der Zielfunktionen,
- zeitliche Interdependenzen der Entscheidungen und
- Informationsstand

können Entscheidungsmodelle wie folgt klassifiziert werden:[1)]

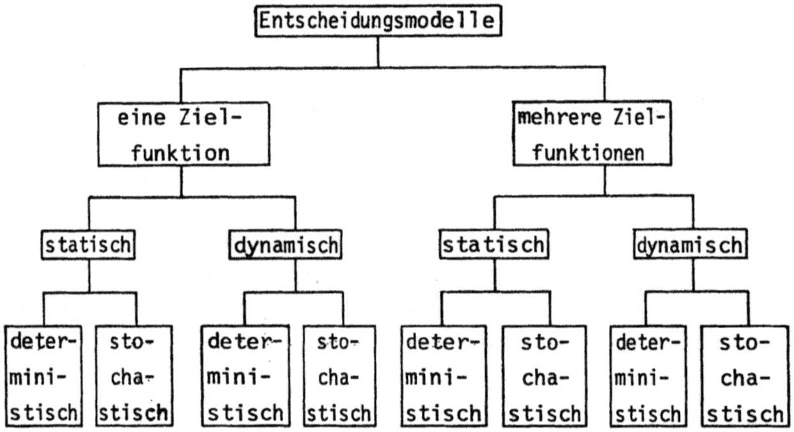

Abbildung 3

Ziel der vorliegenden Arbeit ist die Entwicklung eines dynamischen Entscheidungsmodells mit mehrfacher Zielsetzung, das einen Entscheidungsträger (unabhängig davon, ob es sich dabei um eine Einzelperson oder um eine Gruppe handelt) bei der Ausfüllung der Entscheidungsfreiheiten im Rahmen der kurzfristigen Material- und Finanzplanung unterstützt. Dabei wird generell von der Fiktion einwertiger Erwartungen aller in das Modell eingehenden Daten ausgegangen.

---

1. Vgl. BAMBERG/COENENBERG [1977], S. 35 f. und DINKELBACH [1980 a], S. 333 ff.

Darüber hinaus werden für das formulierte Entscheidungsmodell interaktive Lösungsverfahren vorgestellt, mit deren Hilfe es möglich wird, die bei Entscheidungsmodellen mit mehreren Zielfunktionen auftretenden Lösungsschwierigkeiten zu bewältigen. Unter einem interaktiven Verfahren wird hierbei im weiteren ein Verfahren zur numerischen Lösung eines Entscheidungsmodells verstanden, "bei dem ... eine optimale Alternative, sofern eine solche - objektiv oder subjektiv gesehen - existiert, nur gefunden werden kann, wenn im Verlauf des Verfahrens in einem (Mensch-Maschine-) Dialog weitere, überwiegend subjektiv bestimmte Informationen bezüglich des Entscheidungsproblems vom Entscheidungsträger eingegeben werden."[1)]

B. EIN ENTSCHEIDUNGSMODELL ZUR SIMULTANEN MATERIAL- UND FINANZPLANUNG

1. Der Partialcharakter des Modells

Die Komplexität einer simultanen Unternehmungsplanung zwingt - wie zuvor kurz skizziert wurde - zum Übergang zu Sukzessivplanungen. Eine Aufspaltung der Unternehmungsgesamtplanung läßt sich dabei in zweierlei Hinsicht vornehmen; zum einen können Sukzessivplanungen in der zeitlichen Dimension eines Planungsproblems durchgeführt werden, zum anderen besteht die Möglichkeit der sachlichen Begrenzung des Planungsproblems.

1.1. Das Problem des Planungszeitraums

Allein die mangelnde Voraussicht bei der betrieblichen Planung erfordert es in den meisten Fällen, einen mehr oder minder willkür-

1. DINKELBACH [1980 a], S. 339 f.

lichen Schnitt bei der Beantwortung der Frage zu setzen, über welchen Zeitraum sich eine Unternehmungsplanung zu erstrecken hat.[1] Schließt man sich der in der betriebswirtschaftlichen Literatur häufig anzutreffenden Unterscheidung in lang-, mittel- und kurzfristige Planungen an[2], so ist das vorzustellende Entscheidungsmodell dem Bereich der kurzfristigen Planung zuzuordnen. Als Planungszeitraum wird bei der Modellformulierung ein Zeitabschnitt von drei Monaten zugrunde gelegt.

Diese Beschränkung des Betrachtungszeitraums wird aufgrund der Integrationsmöglichkeit des Modells in übergeordnete, längerfristige Rahmenplanungen gewählt, da diese die unternehmerischen Aktivitäten zwar für längere Zeiträume planen, in ihrem Detaillierungsgrad aber nicht so fein sind, als daß keinerlei Gestaltungsfreiheiten innerhalb kürzerer Zeiträume verbleiben würden.[3] "Da die Ergebnisse der langfristigen Planung Daten für die kurzfristige Planung darstellen, sind durch entsprechende Formulierung des langfristigen Modells Entscheidungsspielräume zu schaffen."[4]

Diese Formulierung bringt deutlich zum Ausdruck, daß es sich bei der kurzfristigen Planung gerade nicht um eine durch die übergeordnete langfristige Planung in ihren Aktivitäten weitgehend determinierte Planung handelt, sondern daß gerade im relativ kurzen Betrachtungszeitraum spezifische Gestaltungsmöglichkeiten bestehen, die erst durch eine Detailplanung wahrgenommen werden kön-

1. Zu Problemen, die in Verbindung mit der Bestimmung optimaler Planungshorizonte auftreten, vgl. u.a. TEICHMANN [1975], S. 295 ff. und BITZ [1978], S. 175 ff. Vorschläge zur analytischen Bestimmung derartiger Horizonte unterbreiten auch BLUMENTRATH [1969], S. 231 ff. und DINKELBACH/ISERMANN [1976], Sp. 1628 ff.

2. Hierzu bzw. zu den Begriffen der strategischen, taktischen und operativen Planung vgl. u.a. HAHN [1974], S. 66 ff. und KOCH [1977], S. 68 ff.

3. So gehen z.B. SCHWEIM und ROSENBERG bei ihren Modellen von Teilperioden aus, die sich über drei Monate erstrecken; vgl. SCHWEIM [1969], S. 91 und ROSENBERG [1975], S. 11.

4. ROSENBERG [1975], S. 11.

nen. Unbestritten bleibt daneben die Forderung bestehen, daß die kurzfristige Planung die durch eine übergreifende langfristige Planung gesetzten Rahmenbedingungen zu beachten hat. Dies führt insbesondere zu Auswirkungen bei den zur Verfügung stehenden Instrumenten der kurzfristigen Planung und damit auf ihr gesamtes Entscheidungsfeld. So können in der Regel Aktivitäten, die eine weit über den kurzfristigen Planungszeitraum hinausreichende Bindung finanzieller Mittel verursachen, nicht Gegenstand dieser Planung sein. Auch das der kurzfristigen Planung zugrunde liegende Zielsystem sieht sich dieser Forderung gegenüber; denn erst durch die Existenz eines widerspruchsfreien lang- und kurzfristigen Zielsystems wird eine Gestaltung der unternehmerischen Aktivitäten möglich, so daß einem übergeordneten Zielsystem bestmöglich entsprochen wird.[1)]
Auf die Auswirkungen, die vom zugrundegelegten Planungszeitraum auf das Zielsystem und die zur Verfügung stehenden Aktivitäten der kurzfristigen Material- und Finanzplanung ausgehen, wird bei der Diskussion der einzelnen Elemente des Entscheidungsmodells eingegangen.

Der Planungszeitraum selbst wird im vorzustellenden Modell in einzelne Teilperioden untergliedert, die über den gesamten Planungszeitraum hinweg gleichlange Zeitintervalle von jeweils einer Dekade umfassen. Verzichtet wird demnach auf die Möglichkeit einer Aufteilung des Planungszeitraums in ungleich lange Teilperioden.[2)]

Durch die aus dieser Vorgehensweise resultierende Zeitraumbetrachtung wird der Anspruch einer zeitpunktgenauen Modellformulierung aufgegeben. Die Gefahr wird demnach in Kauf genommen, daß trotz der Erfüllung bestimmter Bedingungen zu Beginn bzw. am Ende der jewei-

1. Vgl. auch HEINEN [1976], S. 119 ff. und KUPSCH [1979], S. 21 f. sowie die dort angebene Literatur.

2. Eine derartige Aufteilung des Planungszeitraums wird z.B. von ORGLER [1970], S. 50 f., SRINIVASAN [1974], S. 1352 und HINZEN [1975], S. 36 ff. vorgenommen.

ligen Teilperioden innerhalb dieser unerwünschte Ungleichgewichte auftreten, die zur Unzulässigkeit der geplanten Aktivitäten führen bzw. Notmaßnahmen erforderlich machen können, so daß der diese Notmaßnahmen umschließende Plan als nicht mehr dem Zielsystem entsprechend angesehen werden kann. Wie dieser Gefahr im einzelnen begegnet wird, soll nicht hier, sondern an den betreffenden Stellen des Modells diskutiert werden.[1)]

1.2. Die sachliche Ausdehnung des Planungsproblems

Das vorzustellende Modell beschränkt sich auf die simultane Ausfüllung der aus der lang- und mittelfristigen Planung resultierenden Entscheidungsfreiheiten in der kurzfristigen Material- und Finanzplanung. Möglichkeiten und Probleme, die mit der Gestaltung anderer Planungen zusammenhängen, sind nicht Gegenstand der folgenden Ausführungen.

Es erweist sich dabei als nicht sinnvoll, von einem weiten Objektumfang des Materialbegriffs auszugehen, der alle in den Betriebsprozeß eingehenden Inputgüter - außer dem Gut Kapital - umfassen würde. Hierzu zählen dann insbesondere die Beschaffung der für den Leistungsprozeß erforderlichen maschinellen Anlagen, von Roh-, Hilfs- und Betriebsstoffen, der menschlichen Arbeitsleistungen und Informationen. Da aufgrund des gewählten Planungszeitraums Probleme ausgeklammert werden können, die in Verbindung mit der Beschaffung von Potentialfaktoren auftauchen, werden aus der obigen Gesamtheit alle lagerfähigen und nicht lagerfähigen Sachgüter herausgezogen und zum Begriff Material zusammengefaßt, "die im Betriebsprozeß eingesetzt werden und mit diesem Einsatz die Eignung zu einer weiteren, ihrer

---

1. Letztlich führen Fragen der Art, in wieviele Teilperioden ein Planungszeitraum zu unterteilen ist bzw. wie weit der Planungszeitraum selbst auszudehnen ist, in den Bereich der Probleme der Optimalkomplexion von Entscheidungsmodellen; vgl. hierzu ZENTES [1975].

Zweckbestimmung entsprechenden Verwendung verlieren."[1)2)] Derjenige Teil des Beschaffungsbereichs, der sich mit den Tätigkeiten zur Planung, Entscheidung, Durchführung und Kontrolle der Materialbereitstellung für andere Unternehmungsbereiche auseinandersetzt, soll Materialbereich heißen.

Dem Materialbereich kommt als Teil der gesamten Unternehmung die Funktion zu, durch seine Aktivitäten einen Beitrag zum Zielsystem der Unternehmung zu leisten. Als wesentlicher Bestandteil dieser wenig operational formulierten Forderung wird dem Materialbereich die Lösung des betrieblichen Materialversorgungsproblems zugewiesen, das GROCHLA mit der Suche nach dem materialwirtschaftlichen Optimum beschreibt. Hiernach hat der Materialbereich das für die Gewährleistung des betrieblichen Produktionsprozesses erforderliche Material in benötigter Menge, geeigneter Qualität, zur rechten Zeit, am richtigen Ort, zu den geringsten Kosten bereitzustellen.[3)] In diesem Sinn verstanden umschließt der Funktionsumfang des Materialbereichs auch die Komplexe der Bedarfsermittlung und der Lagerhaltung.[4)]

---

1. GROCHLA [1978], S. 13.

2. Eine weitergehende Aufzählung der dem Materialbegriff zuzuordnenden Objekte geben u.a. HARTMANN [1978], S. 13 f. und OELDORF/OLFERT [1979], S. 25 ff.

3. Vgl. GROCHLA [1978], S. 18.

4. Ein ähnlicher Funktionsumfang wird dem Materialbereich u.a. auch von ARNOLDS/HEEGE/TUSSING [1978], S. 15 ff., FÄSSLER/KUPSCH [1978], S. 223 f. und GROCHLA [1978], S. 18 zugeschrieben. Eine größere Ausdehnung erfährt hingegen der Funktionsumfang des Materialbereichs bei STEINBRÜCHEL [1971], S. 12 ff. und HARTMANN [1978], S. 18 ff., die beide die Funktion der Materialflußsteuerung von der Beschaffung über die Fertigung bis hin zum Absatz in den Verantwortungsbereich des Materialbereichs mit einbezogen wissen wollen.

Während der Materialbereich damit einen wesentlichen Einfluß auf die güterwirtschaftliche Ebene der Unternehmung ausübt, kann die Gestaltung der Finanzströme - bestehend aus Ein- und Auszahlungen der Unternehmung - als Mittelpunkt der Aufgaben des Finanzbereichs angesehen werden. Entscheidend für das Ausmaß der Beeinflußbarkeit der Ein- und Auszahlungen durch den Finanzbereich ist die vorhandene Interdependenz zwischen Güter- und Finanzströmen. So verursachen - abgesehen von wenigen Sonderfällen - Güterströme in der Regel mit ihnen verbundene Ein- oder Auszahlungen; hingegen besitzen nicht alle die Unternehmung betreffenden Ein- und Auszahlungen auch notwendigerweise ein Pendant auf der güterwirtschaftlichen Seite.[1)] Somit unterliegen nicht sämtliche Finanzströme hinsichtlich ihrer Dispositionsmöglichkeit dem alleinigen Einfluß des Finanzbereichs; andere Unternehmungsbereiche üben aufgrund ihrer Verantwortung für die Gestaltung bestimmter Güterströme einen entscheidenden Einfluß auf die Strukturierung der Ein- und Auszahlungen der Unternehmung aus. Anders hingegen verhält es sich mit den reinen Finanzbewegungen[2)]; hier bleibt es dem Finanzbereich überlassen, entsprechend seinen Möglichkeiten und Vorstellungen zu den durch die güterwirtschaftlichen Entscheidungen induzierten Finanzströmen ergänzend zusätzliche Geldmittel bereitzustellen oder vorhandene, zeitweilig nicht genutzte Geldmittel anderweitig zu verwenden. Gerade in diesem zweiten Moment wird der eigentliche Tätigkeits- und Verantwortungsbereich des Finanzbereichs gesehen, da hier Instrumente zur Verfügung stehen, den durch den Produktions- und Absatzprozeß induzierten, sich im zeitlichen Auseinanderfallen von Ein- und Auszahlungen niederschlagenen Kapitalbedarf zu decken bzw. in Perioden, in denen

---

1. Vgl. GUTENBERG [1980], S. 303 ff., der diesen Aspekt durch die Trennung des finanziellen Bereichs in zwei Einheiten berücksichtigt. Auf der einen Seite wird der Bereich betrachtet, der die aus den güterwirtschaftlichen Aktivitäten resultierenden Änderungen der Finanzströme erfaßt; auf der anderen Seite existiert ein Bereich, dem die unmittelbar wirkenden Instrumente des Finanzbereichs zugeordnet werden. Vgl. auch HARMS [1973], S. 43 ff.

2. Vgl. WITTE/KLEIN [1974], S. 15.

die kumulierten Einzahlungen die kumulierten Auszahlungen übersteigen, eine geeignete Verwendung der liquiden Mittel vorzunehmen.[1)]

Bei all seinen Entscheidungen unterliegt der Finanzbereich der Forderung, die Aufrechterhaltung der Liquidität zu gewährleisten - seine Instrumente demnach so einzusetzen, daß "die Fähigkeit der Unternehmung, die zu einem Zeitpunkt zwingend fälligen Zahlungsverpflichtungen uneingeschränkt erfüllen zu können"[2)], erhalten bleibt. Dieser für die Gesamtunternehmung existenziellen Liquiditätsforderung kommt bei dem in der vorliegenden Arbeit unterstellten Planungshorizont eine dominierende Bedeutung zu, wobei jedoch nicht verkannt werden soll, daß eine langfristige Finanzpolitik, die für die strukturelle Liquidität Sorge trägt, eine notwendige Bedingung für die weitere Existenz der Unternehmung darstellt. Sie kann jedoch aufgrund ihres zugrundeliegenden Planungszeitraums und der damit verbundenen groben Periodenbetrachtung nicht als hinreichendes Instrument zur kurzfristigen Liquiditätssicherung allein angesehen werden.

Sowohl der Material- als auch der Finanzbereich stehen bei der Ausgestaltung der individuellen Teilplanungen vor der Notwendigkeit, die vorgelagerten Planungen anderer Unternehmungsbereiche, aber auch die aus den längerfristigen Teilplanungen der eigenen Bereiche sich ergebenden Tatbestände zu berücksichtigen. Im weiteren wird unterstellt, daß die entsprechenden anderen Teilplanungen durchgeführt wurden und für die als nachgelagert anzusehende kurzfristige Material- und Finanzplanung Daten darstellen. Rückwirkungen der kurzfristigen Material- und Finanzplanung auf die vorgelagerten Planungen werden im folgenden nicht betrachtet.

Für die kurzfristige Materialplanung bedeutet dies, daß die Teilaufgabe der Bedarfsermittlung aufgrund des zuvor entwickelten Pro-

---

1. Vgl. ALBACH [1964], S. 372 f.
2. WITTE/KLEIN [1974], S. 24.

duktions- und Absatzprogramms einen nahezu derivativen Charakter erhält und nur über einen geringen dispositiven Spielraum verfügt.[1] Auf sie wird aus diesem Grunde nicht weiter eingegangen.[2] Vielmehr wird die der Bedarfsermittlung nachgelagerte Aufgabe der Bedarfsbefriedigung bei Beachtung des zugrundeliegenden Planungszeitraums als eigentliches Problem in dispositiver Hinsicht für den Materialbereich verstanden.

Implizit liegt dieser Betrachtungsweise die Annahme zugrunde, daß der Materialbereich stets in der Lage ist, den durch den erstellten Produktions- und Absatzplan determinierten Materialbedarf qualitativ und quantitativ vollständig zu decken. Dies kann dazu in einer Art und Weise geschehen, die der Unternehmung das geplante Produktions- und Absatzprogramm auch in Kenntnis der Bedingungen, unter denen diese Deckung günstigstenfalls möglich ist, bei Betrachtung ihrer verfolgten Ziele auch weiterhin als adäquat erscheinen läßt.

Analog zum Materialbereich bilden die prognostizierten Zahlungsströme die Grundlage für die kurzfristige Planung des Finanzbereichs.[3] Diese sich daraus ergebenden und durch den Finanzbereich nicht mehr zu beeinflussenden Zahlungsmittelüberschüsse bzw. -defizite in den einzelnen Perioden des Planungszeitraums resultieren sowohl aus den langfristig wirkenden Aktivitäten der Unternehmung - unabhängig davon, ob sie ihren Ursprung im güterwirtschaftlichen oder finanzwirtschaftlichen Bereich besitzen - als auch aus den kurzfristig zu planenden und wirkenden Aktivitäten der Unternehmung, die im Rahmen der vorgelagerten Teilpläne fixiert wurden.

---

1. Zu den Problemen und verschiedenen Methoden der simultanen Abstimmung der Produktions- und Absatzplanung vgl. KILGER [1973].

2. Programm- und/oder verbrauchsorientierte Verfahren der Bedarfsermittlung beschreiben u.a. TRUX [1972], S. 69 ff. und S. 393 ff., GROCHLA [1978], S. 40 ff., BERG [1979], S. 73 ff. und SCHEER [1980], S. 9 ff.

3. Prognoseverfahren von Zahlungsströmen beschreiben u.a. WITTE/KLEIN [1974], S. 70 ff. und NOELLE [1976], S. 171 ff.; vgl. auch das Finanzprognosemodell von NIEBLING [1973], S. 42 ff.

Im Gegensatz zu passiven Finanzplanungsansätzen - hier kann zur Aufgabenerfüllung nur über Aktivitäten verfügt werden, die allein dem Finanzbereich unterstellt sind - ist das vorzustellende Modell den aktiven Finanzplanungsansätzen zuzurechnen, da neben den reinen finanzwirtschaftlichen eben auch Aktivitäten aus dem güterwirtschaftlichen Bereich zur Regulierung der Finanzströme zur Verfügung stehen.[1] Dabei werden güterwirtschaftliche Aktivitäten mit ihren resultierenden Auswirkungen auf die Finanzströme insofern erfaßt, als Entscheidungsfreiräume der kurzfristigen Materialplanung in simultaner Abstimmung mit den reinen Instrumenten des Finanzbereichs ausgefüllt werden.[2]

2. Instrumente der kurzfristigen Material- und Finanzplanung

2.1. Das materialwirtschaftliche Instrumentarium

Nach der Ausklammerung des Problemkreises der Materialbedarfsermittlung verbleibt die Frage, wie - d.h. unter Einsatz welcher Instrumente - der Materialbereich das an ihn herangetragene Sachziel unter Beachtung bestehender Formalziele erfüllen soll. Das dem Materialbereich zur Verfügung stehende Instrumentarium wird daher im folgenden untersucht, wobei aufgrund der unterschiedlichen Funktionen von einem beschaffungspolitischen und einem lagerpolitischen Instrumentarium ausgegangen wird.

2.1.1. Das beschaffungspolitische Instrumentarium

Im Gegensatz zu den Bemühungen der betriebswirtschaftlichen Literatur für die Unternehmungsbereiche Absatz, Produktion und Finanzen

---

1. Zu den Begriffen vgl. ALBACH [1964], S. 370 ff.
2. Zu der auch hier verfolgten dreistufigen Vorgehensweise in der Finanzplanung vgl. ORTH [1961], S. 38 f., LÜCKE [1962], S. 36 ff. und HARMS [1973], S. 18 ff.

Instrumente zur jeweiligen Aufgabenerfüllung systematisch zu erarbeiten und zur Verfügung zu stellen, wurde erst relativ spät die Notwendigkeit erkannt[1], ebenso für den Materialbereich einen beschaffungspolitischen Instrumentenkatalog zu erstellen.[2][3] Zwei der ersten systematischen Versuche, einen solchen Katalog zu konzipieren, wurden nahezu zu gleicher Zeit von THEISEN und TREIS unternommen.[4] Während THEISEN sich explizit auf die Berücksichtigung kurzfristig einsetzbarer und wirkender Instrumente beschränkt, erweitert TREIS die Aufstellung durch die Aufnahme langfristiger Instrumente. Ein weiterer Vorschlag der Systematisierung wurde von RAFFEE unterbreitet, der - in Anlehnung an das absatzpolitische Instrumentarium GUTENBERGs - Instrumente der Beschaffungsprogrammplanung, der Beschaffungsmethodenplanung, der Entgeltplanung und der Beschaffungswerbungsplanung unterscheidet.[5][6] Ausgehend von dieser Systematisierung gehen die nachstehenden Oberlegungen der Frage nach, welche Entscheidungsfreiräme innerhalb der einzelnen Gruppen für den Materialbereich unter Beachtung des unterstellten kurzfristigen Planungszeitraums existieren.

Die Deckung des durch den betrieblichen Leistungsprozeß ausgelösten Materialbedarfs kann durch Anwendung verschiedener Bereitstellungs-

---

1. So stammt z.B. das absatzpolitische Instrumentarium GUTENBERGs aus dem Jahre 1955; vgl. GUTENBERG [1955], S. 11 ff.
2. Der Arbeitskreis WEBER-HAX der Schmalenbach Gesellschaft bemerkte dazu 1960, daß "dieses Instrumentarium auf der Beschaffungsseite im Vergleich zur Absatzseite nur ungleichmäßig entwickelt worden ist"; Arbeitskreis WEBER-HAX [1960], S. 197.
3. Einzelaspekte eines solchen Instrumentariums wurden schon in früheren Veröffentlichungen angesprochen; vgl. u.a. HEGER [1957], S. 58 ff., SUNDHOFF [1958], S. 79 ff., MUNZ [1959], S. 18 ff., REDDEWIG/DUBBERKE [1959], S. 75 ff., KROEBER-RIEL [1966], S. 20 ff. und SANDIG [1966], S. 171 ff.
4. Vgl. THEISEN [1970], S. 85 ff. und TREIS [1971], S. 90 ff.
5. Vgl. RAFFEE [1974], S. 170.
6. Weitere Systematisierungsvorschläge wurden u.a. von TIETZ [1975 b], S. 806 ff., MÄNNEL [1976], S. 236 ff. und FÄSSLER/KUPSCH [1978], S. 229 f. unterbreitet.

prinzipien vom Materialbereich erreicht werden, die mit den Begriffen der fertigungs- bzw. verbrauchssynchronen und der fallweisen Beschaffung sowie der Vorratshaltung beschrieben werden können.[1] Unterstellt wird im weiteren, daß die im Mittelpunkt der Betrachtung stehende Unternehmung ihren Bedarf an verschiedenen Materialarten nicht notwendigerweise fallweise oder verbrauchssynchron deckt. Es stellt sich somit für den Materialbereich aufbauend auf einer nach Perioden differenzierten Materialbedarfsplanung das Problem, wann welche Materialart in welchen Mengeneinheiten zu bestellen und vom jeweiligen Lieferanten zu beziehen ist.[2]

Diese Beschreibung des für den Materialbereich verbleibenden Problems beinhaltet, daß für die Unternehmung feststeht, welche Materialarten überhaupt in das Beschaffungsprogramm aufgenommen werden sollen. Mithin gelten Fragen bezüglich des Problems Eigenerstellung und Fremdbezug benötigter Materialarten im Rahmen der übergreifenden langfristigen Investitionsplanung und der kurzfristigen, der Materialdisposition vorgelagerten Produktionsplanung als geklärt. Für die in das Beschaffungsprogramm aufgenommenen Materialarten ist darüber hinaus ein bestimmter Qualitätsstandard vorgeschrieben. Der latent vorhandene Konflikt zwischen Produktions- und Materialbereich - während der Produktionsbereich zu einer hohen Qualität der Materialarten drängt, die in der Regel jedoch nur zu erhöhten Preisen zu beziehen ist, strebt der Materialbereich zu einem preisgünstigen Bezug der entsprechenden Materialarten in ausreichender Qualität - wird somit als gelöst vorausgesetzt.[3]

---

1. Vgl. zu den Bereitstellungsprinzipien GROCHLA [1978], S. 24 ff.
2. In gleicher Weise verstehen FÄSSLER/KUPSCH die Aufgaben der Beschaffungsprogrammplanung; vgl. FÄSSLER/KUPSCH [1978], S. 228 f.
3. Der bei THEISEN angeführte Dispositionsspielraum des Materialbereichs unabhängig vom Produktionsbereich bei einigen Materialarten den Qualitätsstandard zu bestimmen, wird demnach im folgenden als nicht existent angesehen; vgl. THEISEN [1970], S. 106.

Die Instrumente der Beschaffungsmethodenplanung können einerseits zur Bildung bzw. Veränderung der Beschaffungsorganisation in ablauf- und aufbauorganisatorischer Sicht und andererseits zur Lieferantenstrukturgestaltung eingesetzt werden.[1)]

Die betrachtete Unternehmung muß zur Erfüllung ihrer Bereitstellungsaufgabe über organisatorische Einheiten verfügen, die mit der Abwicklung der im Rahmen des Beschaffungsprozesses auftretenden Arbeiten betraut sind. Grundlegende Fragestellungen stehen bei der Installation dieser Einheiten im Mittelpunkt (Zentralisation oder Dezentralisation des Beschaffungsbereichs, innerbetriebliches oder außerbetriebliches Einkaufswesen o.ä.). Auf diese wird im weiteren nicht eingegangen, da aus der Länge des unterstellten Planungszeitraums sich die gerechtfertigt erscheinende Prämisse ableiten läßt, daß der Einsatz der zur Verfügung stehenden Instrumente zur Gestaltung der Aufbau- und Ablauforganisation nicht Gegenstand der kurzfristigen Planung sein kann.[2)] Unterstellt wird in den nachstehenden Ausführungen die Existenz eines zentralen Subsystems Beschaffung mit einer nach Funktionen untergliederten Organisationsstruktur.[3)] Die sich hieraus ergebenden Daten und Restriktionen sind in entsprechender Art und Weise im Modell zu erfassen.

Demnach ist das vorzustellende Modell aufgrund der Nichtberücksichtigung der Instrumente zur Gestaltung der Beschaffungsorganisation von seinem Aussagegehalt nicht so weit ausgelegt, als daß von seiner Lösung Hinweise erwartet werden könnten, wieviele Kapazitätseinhei-

---

1. In diesem Sinn äußern sich auch RAFFEE [1974], S. 171 und FÄSSLER/KUPSCH [1978], S. 263; anderer Auffassung ist hingegen THEISEN [1970], S. 85 ff., der Fragen der Beschaffungsorganisation ausschließt und den Begriffsinhalt der Beschaffungsmethode um das Bestell- und Liefergrößenproblem erweitert.

2. Zu Problemen der Aufbau- und Ablauforganisation vgl. u.a. AMMER [1962], S. 54 ff., GROCHLA [1978], S. 171 ff., HARTMANN [1978], S. 46 ff. und OELDORF/OLFERT [1979], S. 27 ff.

3. Zu Vor- und Nachteilen der zentral gegenüber der dezentral gestalteten Beschaffungsorganisation vgl. u.a. HAMMER [1973], S. 141 f.

ten der einzelnen organisatorischen Einheiten auf die jeweiligen Aufgaben, also z.B. auf die Bedarfsfeststellung, die Angebotseinholung, die Aushandlung von Lieferungs- und Zahlungsbedingungen usw., zu verwenden sind. Vielmehr werden diese Kapazitäten als gegeben und unveränderbar im unterstellten Planungszeitraum vorausgesetzt.

Eines der wesentlichen Probleme, das sich dem Materialbereich im Rahmen seiner Aufgabenerfüllung stellt, ist in der Gestaltung der Lieferantenstruktur zu sehen. Wesentliche Teilprobleme dieses Komplexes bestehen in der Beantwortung der Fragen, an welche Handelsstufe (Produzent oder Händler) und an wieviele Lieferanten bei der Lieferantenauswahl herangetreten werden soll. Grundlagen für die jeweiligen Entscheidungen bilden die der Lieferantenauswahl zugrundeliegenden Kriterien.

Ohne den Versuch zu unternehmen, einen vollständigen Kriterienkatalog vorstellen zu wollen[1)], lassen sich wesentlich erscheinende Komponenten einer solchen Aufstellung angeben, denen bei der Entscheidung eine signifikante Bedeutung zukommt. Hierzu gehören insbesondere die von den potentiellen Lieferanten geäußerten Preisvorstellungen inklusive der zugehörigen Rabattvarianten und den damit eng zusammenhängenden Mengenbedingungen, die Qualität der angebotenen Materialarten sowie die Lieferungs- und Zahlungsbedingungen. Daneben spielen bei der betrachteten Unternehmung Sicherheits- und Unabhängigkeitsaspekte eine nicht zu unterschätzende Rolle.[2)]

Im weiteren wird davon ausgegangen, daß der Materialbereich das Lieferantenstrukturproblem gelöst hat und somit zu einer bestimmten Anzahl Lieferanten auf ausgewählten Handelsstufen Geschäftsbeziehungen unterhält. Weiter ist festgelegt, an welche Lieferanten mit der Be-

---

1. Eine sehr umfassende Aufstellung der Lieferantenauswahl zugrundeliegender Kriterien bietet WESTERMANN [1969], S. 709 ff.

2. Empirische Befunde über die Bedeutung der einzelnen Kriterien findet man u.a. bei ZÄPFEL [1973], S. 27 ff.

stellung einer Materialart herangetreten werden darf; durch diese Vorabentscheidung wird dem Anspruch auf eine Qualitätssicherung der bezogenen Materialarten Rechnung getragen. Die weiteren oben angeführten Kriterien sind im Modell derart zu erfassen, daß die vom Modell vorgeschlagene Lieferantenauswahl in Hinblick auf eben diese Kriterien erfolgen kann.

Zu den Komponenten der Entgeltplanung werden im weiteren die Preis- und Rabattsituation sowie die Lieferungs- und Zahlungsbedingungen gerechnet. Im Rahmen der vorliegenden Arbeit geht es nicht um die Klärung der Probleme, die mit der Ausgestaltung dieser beiden Bestandteile verbunden sind. Diese Probleme gelten im Zeitpunkt der Modellformulierung als gelöst und gehen somit in Form von Parametern in das Modell ein. So verstanden bilden die Preis- und Rabattsituation sowie die Lieferungs- und Zahlungsbedingungen ein existierendes Anreizsystem, auf das der Materialbereich unter Berücksichtigung der bestehenden Daten und artikulierten Präferenzen reagieren kann.[1)] Von der Fülle möglicher Rabattvarianten werden bei der Modellformulierung ausgewählte Formen berücksichtigt, um anhand dieser exemplarisch aufzuzeigen, welche Auswirkung die Existenz eines Rabattverhaltens der potentiellen Lieferanten für die Materialdisposition nach sich ziehen kann.

Neben der Preis- und Rabattsituation üben die Lieferungs- und Zahlungsbedingungen auf die Entscheidungsfindung des Material- und Finanzbereichs einen unter Umständen nicht unbedeutenden Einfluß aus und sind daher in der Modellformulierung zu erfassen. Die Ausgestaltung dieser Bedingungen ist Gegenstand eines zwischen dem jeweili-

---

1. Dem Materialbereich wird demnach ein Verhalten der passiven Beschaffungspreispolitik unterstellt; vgl. FÄSSLER/KUPSCH [1978], S. 229. THEISEN charakterisiert ein derartiges Verhalten durch das Marktseitenverhältnis a: "Gegenüber den Anbietern und ihren Marktanteilen können die Zahl der Nachfrager in einem Maße grösser und die Marktanteile der Nachfrager in einem Maße kleiner sein, daß einem Anbieter die Nachfrager im einzelnen als unbedeutend erscheinen." THEISEN [1975], S. 774.

gen Lieferanten und der Unternehmung zu schließenden Vertrages, der häufig in seinen wesentlichen Bestandteilen - auf einzelne Branchen hin bezogen - formal und inhaltlich standardisiert ist. Während die Zahlungsbedingungen notwendige Planungsgrundlagen für den Finanzbereich darstellen, üben die Lieferungsbedingungen, innerhalb derer Fragen in Verbindung mit Art und Zeitpunkt der Materiallieferungen sowie die Berechnung von Beschaffungsnebenkosten geregelt werden, einen Einfluß auf die Planung des Materialbereichs aus.

Vier Zeitpunkte sind für den Materialbereich bei Bestellung einer Materialart bei einem Lieferanten von Bedeutung - der Bestellzeitpunkt, der Zeitpunkt der frühest möglichen bzw. der spätest erlaubten Materiallieferung und der Zeitpunkt der eigentlichen Materialüberstellung. Die Zeitspanne zwischen dem Zeitpunkt der frühest möglichen Materiallieferung und dem Bestellzeitpunkt wird hier als Lieferfrist bezeichnet. Sie besitzt im allgemeinen für jede Materialart bei allen Lieferanten eine unterschiedliche Ausdehnung, so daß sich eine Berücksichtigung von material- und lieferantenspezifischen Lieferfristen in der Modellformulierung als notwendig erweist. Besteht darüber hinaus zwischen Lieferant und Materialbereich die Vereinbarung, gegen ein Entgelt auch nach dem Zeitpunkt der frühest möglichen Materialzustellung die bestellten Einheiten oder Teile davon beim jeweiligen Lieferanten zu belassen, so ist auch diese Dispositionsfreiheit im Modell zu erfassen. Diese Berücksichtigung ist insbesondere beim Vorhandensein von Abrufaufträgen bedeutsam, da die Bestimmung des Übergabetermins den einzigen Dispositionsspielraum darstellt, der dem Materialbereich im kurzfristigen Planungszeitraum unter Umständen verbleiben kann.[1)] Weiter wird für die Modellkonstruktion vereinfachend die Prämisse gesetzt, daß sämtliche Materialtransporte vom jeweiligen Lieferanten bis hin zur Materialannahme der betrachteten Unternehmung vom Lieferanten durchgeführt werden. Die Berechnung der Beschaffungsnebenkosten, die zum größ-

1. Zum Begriff des Abrufauftrags vgl. ARNOLDS/HEEGE/TUSSING [1978], S. 207.

ten Teil durch die anfallenden Transportkosten determiniert werden, erfolgt grundsätzlich derart, daß der jeweilige Lieferant sie der materialbeziehenden Unternehmung in Verbindung mit den eigentlichen Materialpreisen in Rechnung stellt.

Versteht man Werbung als Beeinflussung von Menschen durch Instrumente des Werbetreibenden zur Erfüllung seiner Ziele[1)], so kann man Beschaffungswerbung definieren als die Beeinflussung der potentiellen Lieferanten mit Hilfe verschiedener Instrumente zur Erfüllung der Ziele der nachfragenden Unternehmung. Inwieweit es dieser Unternehmung erfolgreich gelingt, mit Hilfe ihrer Aktivitäten im Rahmen der Beschaffungswerbung in mittel- und langfristiger Sicht das Verhalten der potentiellen Lieferanten durch Schaffung eines günstigen Beschaffungsklimas[2)] zu ihren Gunsten nachhaltig zu beeinflussen, soll hier nicht weiter diskutiert werden. Jedoch erscheint es zumindest in kurzfristiger Sicht ausgeschlossen, daß die nachfragende Unternehmung durch die Instrumente der Beschaffungswerbung mit ihren Lieferanten günstigere Konditionen bei Vertragsabschlüssen erreichen kann, als dies ohne den kurzfristigen Einsatz der betreffenden Instrumente der Fall sein würde. Aufgrund dieses als gering unterstellten Interdependenzgehalts der Instrumente der Beschaffungswerbung zu den Ausgangsgrößen der Materialplanung im unterstellten Planungszeitraum erscheint es gerechtfertigt, diese aus den weiteren Betrachtungen auszuschließen.[3)]

2.1.2. Das lagerpolitische Instrumentarium

Neben dem beschaffungspolitischen Instrumentarium, dem überwiegend die Bewältigung der Probleme zwischen innerbetrieblichem Materialbe-

---

1. Vgl. BEHRENS [1963], S. 12.
2. Vgl. RAFFEE [1974], S. 172.
3. Vgl. hierzu im einzelnen THEISEN [1970], S. 118 ff.

reich und außerbetrieblichen Lieferanten zugeschrieben wird, steht der betrachteten Unternehmung ein lagerpolitisches Instrumentarium zur Verfügung, mit dessen Hilfe die aus dem Bereitstellungsprinzip der Vorratshaltung resultierenden Probleme gelöst werden sollen. Dabei kann zwischen einem Instrumentarium der Lagerprogrammplanung und einem Instrumentarium der Lagermethodenplanung unterschieden werden. Auch für das lagerpolitische Instrumentarium wird - getrennt nach dieser Differenzierung - im weiteren kurz diskutiert, welche Dispositionsfreiheiten in Anbetracht des unterstellten Planungszeitraums dem Materialbereich verbleiben.

Entschließt sich eine Unternehmung, für ein bestimmtes Material eine Lagerung nach dem Bezug als zulässige materialwirtschaftliche Aktivität anzusehen, so ist damit die Voraussetzung für eine vorratsorientierte Beschaffungspolitik gegeben. Im Rahmen der Lagerprogrammplanung fällt demnach die Entscheidung, für welche Materialart prinzipiell die Möglichkeit einer Lagerung geschaffen werden soll. Daß es sich hierbei nicht notwendigerweise um ein triviales Problem handelt, wird bei Beachtung des Aspekts deutlich, wonach für die Lagerung bestimmter Materialien Speziallager existieren müssen (z.B. bei empfindlichen Metallen, flüssigen Stoffen, explosiven Materialien usw.), für deren Installation unter Umständen erhebliche Investitionen notwendig sind. Ausgehend von diesen Überlegungen wird im weiteren unterstellt, daß im Rahmen einer übergreifenden langfristigen Lagerprogrammplanung entschieden wurde, für welche Materialarten eine innerbetriebliche Lagervoraussetzung bestehen soll. Innerhalb der hier im Mittelpunkt stehenden kurzfristigen Lagerprogrammplanung gilt es dann zu entscheiden, ob diese vorhandenen Möglichkeiten genutzt werden sollen und - falls ja - welche Materialarten wann und in welchen Mengen in das Lager aufgenommen werden sollen.

Ähnlich wie bei der Beschaffungsmethodenplanung fallen die ablauf- und aufbauorganisatorischen Gestaltungsmöglichkeiten der Lagerplanung und ihre Ausfüllung in den Aufgabenbereich der Lagermethodenplanung. Aufgrund des unterstellten Planungszeitraums erscheint auch hier die Annahme gerechtfertigt, daß wesentliche Bestandteile der Lagermethodenplanung für das Problem der kurzfristigen Materialplanung determiniert und demnach als Daten im Modell zu berücksichtigen sind. Anhand der von den einzelnen Materialarten zu durchlaufenden organisatorischen Einheiten werden daher die Wirkungen dieser unterstellten Gegebenheiten beschrieben.

Die von den Lieferanten zugestellten Materialien müssen sämtlich vor ihrer Weiterleitung eine zentrale Materialeingangsstelle durchlaufen, in der neben der reinen quantitativen auch die notwendige qualitative Prüfung der Lieferung vorgenommen wird. Aus Gründen der Vereinfachung wird auf die Möglichkeit der teilweisen organisatorischen Ausgliederung der Qualitätsprüfung an unternehmungsexterne Organisationen verzichtet und vielmehr unterstellt, daß der betrachtete Materialbereich sowohl personell als auch anlagenmäßig in der Lage ist, die anfallenden Aufgaben selbst auszuführen.

Die die Materialeingangsstelle passierenden Einheiten werden anschließend der eigentlichen Lagerung bzw. der geplanten Verwendung zugeführt. Für die Lagerung der Materialien steht ein zentrales Lager zur Verfügung; demnach wird im weiteren von der Fiktion der gemeinsamen Lagerung ausgegangen. Vernachlässigt bleiben Probleme, die aus der Existenz von Speziallagern resultieren, obwohl eine Erfassung dieser Situation im Modell prinzipiell möglich wäre. Eine indirekte Erweiterung der Lagerkapazität kann der Materialbereich dadurch erreichen, schon bestellte und lieferbereite Materialeinheiten beim jeweiligen Lieferanten über bestimmte Zeiträume zu belassen, falls dieser dem Materialbereich diese Entscheidungsfreiheit einräumt.

Ausgeklammert werden in den weiteren Ausführungen Fragen, die im Zusammenhang mit dem innerbetrieblichen Materialtransport stehen. Unterstellt wird im weiteren die Existenz einer zentralen innerbetrieblichen Transportabteilung, die neben anderen Aufgaben auch für den Transport der Materialien zu den entsprechenden Lagerstätten und von diesen zu den jeweiligen Produktionsstätten zuständig ist. Restriktive Wirkungen seien von der zur Verfügung stehenden Transportkapazität her nicht zu erwarten.[1)]

2.2. Das finanzwirtschaftliche Instrumentarium

Analog zur Darstellung der verbleibenden Instrumente des Materialbereichs werden im folgenden die im Modell zu berücksichtigenden finanzwirtschaftlichen Instrumente in Hinblick auf den unterstellten Planungszeitraum untersucht. Hierbei wird nicht der Versuch unternommen, die Vielzahl möglicher Ausgestaltungsformen in ihrer Gesamtheit zu berücksichtigen - vielmehr beschränken sich die nachstehenden Ausführungen auf einige charakteristische Varianten, die für jede Unternehmung individuelle Abwandlungen erforderlich machen können. Die Untersuchung erfolgt differenziert nach Instrumenten des Finanzierungsprogramms, der Finanzierungsmethode, zur Gestaltung der Kredit- und Anlagekonditionen sowie der Finanzierungswerbung.

Im Rahmen des Finanzierungsprogramms hat der Finanzbereich Entscheidungen darüber zu treffen, in welcher Periode er welche Kredit- und Anlagemöglichkeiten in welchem Umfang zur Gestaltung der Ein- und Auszahlungen der Unternehmung einsetzen will. Die Darstellung der im Modell erfaßten Instrumente erfolgt anhand der Tabelle 1.

	Eingehen von Verpflichtungen	Auflösen von Verpflichtungen
Zahlungsmittelbeschaffung	(1)	(3)
Zahlungsmittelverwendung	(2)	(4)

Tabelle 1

1. Vgl. zu Fragen des innerbetrieblchen Transports BERG [1979], S. 60 ff. sowie die dort angegebene Literatur.

Zu (1): Zu den vorrangigen Möglichkeiten, sich kurzfristig Zahlungsmittel zu beschaffen, zählen für den Finanzbereich die von den Kreditinstituten angebotenen Formen kurzfristiger Kredite, die als Kontokorrent-, Diskont-, Akzept- und Effektenlombardkredit in Anspruch genommen werden können.[1] Darüber hinaus kann der Finanzbereich sonstige Kredite mit unterschiedlichen Laufzeiten aufnehmen, wobei es sich dabei sowohl um vorzeitig tilgbare als auch um nicht vorzeitig tilgbare Kredite handeln kann; hierzu wird im weiteren auch die Inanspruchnahme von Tages- und Termingeldern gerechnet.

Zu (2): Übersteigen in einer Periode die prognostizierten Einzahlungen die aus den nicht im betrachteten Partialmodell erfaßten Aktivitäten resultierenden Auszahlungen - herrscht also kein Finanzmittelbedarf, sondern liegt vielmehr ein Finanzmittelüberschuß vor -, so stellt sich für den Finanzbereich das Problem der Verwendung dieser überschüssigen Zahlungsmittel. Neben der Möglichkeit, diese Mittel in Form täglich fälliger Sichteinlagen als Guthaben auf Kontokorrentkonten zu halten, kann der Finanzbereich verschiedene Geldanlageformen mit unterschiedlichen Kündigungsfristen sowie den Erwerb von Wertpapieren mit unterschiedlichen Laufzeiten ins Kalkül ziehen.

Zu (3): Durch die Veräußerung im Besitz befindlicher Wertpapiere sowie die vorzeitige Kündigung angelegter Gelder - falls

1. Zur allgemeinen Darstellung dieser Kreditformen vgl. u.a. BREUER [1964], S. 226 ff., STRAUB [1974], S. 74 ff., VORMBAUM [1977], S. 221 ff., SÜCHTING [1978], S. 148 ff. und GUTENBERG [1980], S. 178 ff. Unberücksichtigt bleiben andere Formen des Lombardkredits (z.B. Warenlombardkredite), da ihnen nur eine untergeordnete Bedeutung im Rahmen der Finanzmittelbeschaffung zuerkannt wird; vgl. HIELSCHER/LAUBSCHER [1976], S. 102 f. Ebenfalls ausgeschlossen bleiben Formen der Exportfinanzierung; vgl. hierzu BLOMEYER [1979].

hierzu jeweils die Möglichkeit besteht - kann der Finanzbereich versuchen, eine bestehende Lücke im finanziellen Gleichgewicht zu schließen.

Zu (4): Schließlich können Zahlungsmittel dazu verwendet werden, bestehende Verpflichtungen aufzulösen. Hierzu werden im folgenden sowohl die vorzeitige Tilgung bestehender Lieferantenverbindlichkeiten zur Erzielung von Skontoerträgen als auch die Möglichkeit der vorzeitigen Kreditrückzahlungen gerechnet, falls hierfür entsprechende Freiräume bestehen.[1)]

Analog zum Inhalt der Beschaffungsmethodenplanung lassen sich im Rahmen der Planung der Finanzierungsmethode ebenfalls unternehmungsinterne und -externe Aspekte unterscheiden; einerseits besteht die planerische Aufgabe in der organisatorischen Gestaltung der unternehmungseigenen Finanzorganisation, andererseits steht der Aufbau und die Pflege der Beziehungen zu den unternehmungsexternen Kredit- und Anlagequellen im Vordergrund.

Der Aufbau unternehmungsinterner Organisationseinheiten, die mit der Lösung der im Vordergrund stehenden Liquiditätssicherungsaufgabe betraut sind, zählt zweifelsohne zu den unternehmerischen Aktivitäten, die im längerfristigen Rahmen geplant werden.[2)] Für die weiteren Überlegungen wird daher davon ausgegangen, daß im Modell keine Instrumente im Rahmen der Planung der unternehmungsinternen Finanzorganisation zu berücksichtigen sind und die Aufgaben des Finanzbereichs von einer existierenden zentralen Finanzorganisation wahrgenommen werden.

---

1. Vgl. zur Bedeutung der Formen kurzfristiger Finanzmittelbeschaffung und -anlage in der deutschen Industrie SCHÜTT [1979], S. 142 ff.
2. Vgl. zu den Gestaltungsmöglichkeiten der unternehmungsinternen Finanzorganisation u.a. FRIEMAUTH [1966], S. 411 ff., die empirischen Befunde HAUSCHILDTs [1970], S. 33 ff. und RÖSSLE [1973], S. 72 ff.

Bei dem Entscheidungsproblem, an welche unternehmungsexternen Quellen zur Kreditaufnahme herangetreten wird, erfolgt im Modell insofern eine Einschränkung der prinzipiell zur Auswahl stehenden Möglichkeiten, als hierzu lediglich Institute in Frage kommen, zu denen bereits Geschäftsbeziehungen bestehen. Der Aufbau neuer Beziehungen zur Erweiterung der Kreditaufnahmemöglichkeiten wird aufgrund der damit seitens der kreditgewährenden Quellen notwendigen und zeitbeanspruchenden Kreditwürdigkeitsprüfungen ausgeschlossen. Diese Vorgehensweise impliziert insbesondere, daß die betrachtete Unternehmung für die einzelnen im Modell erfaßten Kreditarten die von Seiten der verschiedenen Quellen nach erfolgter Kreditwürdigkeitsprüfung zugestandenen Kreditlinien kennt und diese kurzfristig ausschöpfen kann. Damit reduziert sich das Problem für den Finanzbereich auf die Frage, welche der skizzierten Kreditformen in welcher Periode in welchem Umfang bei den jeweiligen kreditgebenden Quellen in Anspruch genommen werden sollen.

In Verbindung mit der Tilgung offenstehender Lieferantenrechnungen wird im folgenden davon ausgegangen, daß im Rahmen der Lieferungs- und Zahlungsbedingungen festgelegt ist, in welcher Form die Rechnungsbegleichung zu erfolgen hat. Insbesondere existieren innerhalb dieser Bedingungen Vereinbarungen darüber, ob neben der Rechnungsbegleichung durch Überweisungen auch weitere Möglichkeiten der Tilgung - z.B. Wechselabtretungen - bestehen. Die betrachtete Unternehmung ist im Planungszeitpunkt in Kenntnis darüber, welcher Lieferant welche Form der Rechnungsbegleichung akzeptiert, und sucht demnach in Verbindung mit den Instrumenten des Materialbereichs das Problem zu lösen, wann welche Rechnungen wie zu begleichen sind.

Zusammenfassend kann somit festgehalten werden, daß in der unterstellten Planungssituation sich der Finanzbereich einem Bündel von Gegebenheiten im Rahmen der Finanzierungsmethode gegenübersieht und diese als Daten bei der Entscheidungsfindung zu beachten hat. Er ist demnach nicht in der Lage, im betrachteten kurzfristigen Planungszeitraum Instrumente einzusetzen, die diese, den Dispositionsspielraum verengenden Daten im Sinne der verfolgten Zielgrößen verändern.

Wesentliche Bestandteile einer jeden Kredit- und Anlageform sind in der Überlassungsdauer, den Erfolgskomponenten, den Rückzahlungsvereinbarungen und den erforderlichen Sicherheiten zu sehen.[1] Die Gesamtheit dieser Kriterien wird im folgenden unter den Begriff der Konditionen subsummiert. Unabhängig vom Einfluß des Finanzbereichs bei der Ausgestaltung dieser Konditionen werden im weiteren die daraus resultierenden Größen für die Modellformulierung als Daten betrachtet. Sie lassen sich - analog der Entgeltsituation für den Materialbereich - als ein bestehendes Anreizsystem für den Einsatz der zur Disposition stehenden Instrumente des Finanzierungsprogramms interpretieren. Instrumente zur Planung der Kredit- und Anlagekonditionen werden daher im Modell nicht berücksichtigt.

Unter Finanzierungswerbung kann in Analogie zur Beschaffungswerbung die Beeinflussung der potentiellen Kredit- und Anlagequellen durch verschiedene Instrumente zur Erfüllung der Ziele der werbetreibenden Unternehmung verstanden werden. Die im Rahmen dieses Komplexes zur Verfügung stehenden Instrumente sind in ihrer Wirkung auf die weiter unten darzustellenden kurzfristigen Zielgrößen bei der Material- und Finanzplanung als vernachlässigbar anzusehen, da durch ihren Einsatz in erster Linie Voraussetzungen geschaffen werden, auf deren Grundlage es dem Finanzbereich ermöglicht wird, günstige, den verfolgten Zielgrößen entsprechende Konditionen auszuhandeln. Das Modell sieht diese Verhandlungsaktivitäten bzw. deren Resultate jedoch als Daten an; mithin können diese vorgelagerten Aktivitäten im Rahmen der Finanzierungswerbung im weiteren vernachlässigt werden.

---

1. Vgl. zu diesen Kriterien u.a. STRAUB [1974], S. 77 und ROSENBERG [1975], S. 74.

3. Das Entscheidungsfeld der kurzfristigen Material- und Finanzplanung

Wie bei der Diskussion einzelner, den Material- und Finanzbereich betreffender Aspekte anklang, unterliegen beide Unternehmungsbereiche hinsichtlich des Einsatzes ihres zur Verfügung stehenden Instrumentariums zur kurzfristigen Material- und Finanzplanung Beschränkungen, die sie verpflichtet sind einzuhalten. Im folgenden werden daher für die beiden Unternehmungsbereiche die sich aus den vorgelagerten Planungen ergebenden und zu beachtenden Beschränkungen in Form linearer Restriktionen beschrieben. Der dreimonatige Planungszeitraum wird dabei in T gleichlange Perioden eingeteilt; als Planungszeitpunkt wird der Beginn der ersten Periode - also $t = 1$ - gewählt.

3.1. Restriktionen des Materialbereichs

3.1.1. Die Befriedigung des Materialbedarfs

Die Zielsetzung des im folgenden zu entwickelnden Modells ist unter anderem in der Berücksichtigung wesentlicher, im Rahmen der gemeinsamen kurzfristigen Material- und Finanzplanung auftretender Interdependenzen zu sehen. Aus Gründen der Planungsökonomie erscheint es daher angebracht, nur die Materialarten in das Modell einzubeziehen, die sich durch eine hohe Kapitalbindung bei einer eventuellen Lagerung auszeichnen. Grundlage für eine solche, außerhalb des Modells zu treffende Entscheidung, welche Materialarten isoliert und welche hingegen in Abstimmung mit der kurzfristigen Finanzplanung disponiert werden, kann eine ABC-Analyse bilden, deren Ergebnis in Form einer Lorenz-Kurve für ein Materiallager exemplarisch in Abbildung 4 wiedergegeben ist.[1)]

1. Zur ABC-Analyse vgl. u.a. FÄSSLER/KUPSCH [1978], S. 258 ff.

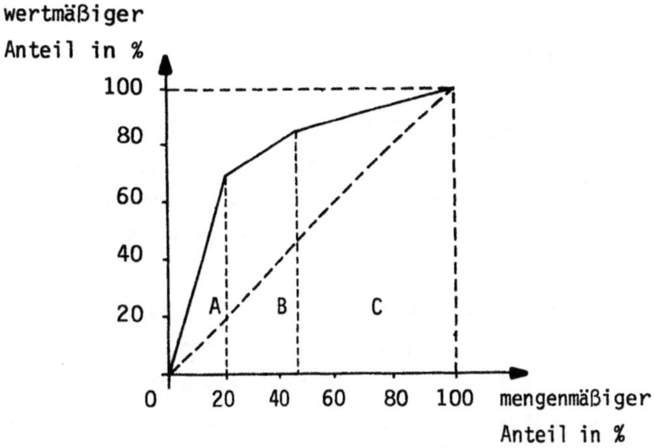

Abbildung 4

Deutlich kommt zum Ausdruck, daß ein relativ kleiner mengenmäßiger Teil der gelagerten Materialarten einen relativ hohen Anteil des gesamten Lagermaterialwertes ausmacht. Zur ausreichenden Berücksichtigung der Interdependenzen zwischen kurzfristiger Material- und Finanzplanung erscheint es daher gerechtfertigt, sich auf die Einbeziehung eines Teiles aller Materialarten - nämlich auf die sogenannten A-Teile - in das Modell zu beschränken. Jede ausgewählte und demnach im Modell zu berücksichtigende Materialart wird mit einem Materialindex a gekennzeichnet. Sämtliche Materialindizes werden ihrerseits in der Menge $\{1,\ldots,A\}$ zusammengefaßt.

Aus Gründen der Qualitätssicherung ist es für den Materialbereich - wie oben schon angeführt wurde - nicht sinnvoll, für eine zu beschaffende Materialart an jeden Lieferanten heranzutreten, der diese Materialart auf dem Markt anbietet. Durch die im Rahmen der Beschaffungsmethodenplanung getroffene Festlegung, an welche Lieferanten bei der Bestellung einer Materialart im Planungszeitraum herangetreten werden darf, erfolgt somit eine Einschränkung auf einen potiellen Lieferantenkreis und damit eine Teillösung des gesamten Lieferantenwahlproblems, auf deren Zustandekommen im weiteren nicht eingegangen wird. Ihren Niederschlag findet diese Vorabentscheidung in den folgenden A Indexmengen:

(3.1.1.0) I_a^{Li} := Menge aller Lieferantenindizes, an deren zugehörige Lieferanten bei der Bestellung der Materialart a während des Planungszeitraums herangetreten werden darf (a=1(1)A).

Die Erfüllung der zentralen Aufgabe des Materialbereichs, die in der Bedarfsbefriedigung des von den verschiedenen Unternehmungsbereichen an ihn herangetragenen Bedarfs nach einzelnen Materialarten zu sehen ist, zwingt ihn zu entscheiden, an welchen Lieferanten zur Bestellung welcher Materialart in welcher Periode in welchem Umfang heranzutreten ist. Diese Entscheidungsfreiheit bringt die Variable $y_{alt'}$ zum Ausdruck, die angibt, welche Materialart a bei welchem Lieferanten l in welcher Periode t' in welchem Umfang bestellt wird.

Bei der Auftragsvergabe hat der Materialbereich existierende material- und lieferantenspezifische Lieferfristen, die in den Grössen c_{al} erfaßt werden, in seine Planung einzubeziehen. Somit können in der Periode t' bestellte Materialien frühestens in der Periode $t'+c_{al}$ durch den Lieferanten zugestellt und für die Bedarfsbefriedigung verwendet werden. Weiter wird im folgenden davon ausgegangen, daß die bestellten Materialien auch nach diesem Termin bis einschließlich der Periode $t'+c_{al}+c^*_{al}$ beim Lieferanten verbleiben können. Erscheint eine Lagerung der bestellten Materialien beim Lieferanten nicht möglich, ist c^*_{al} Null zu setzen. Wann innerhalb dieses Zeitraums die Materiallieferung und in welchem Umfang erfolgen soll, liegt im Ermessen des Materialbereichs. Unter Verwendung der Variablen $x_{alt't}$, die zum Ausdruck bringt, in welcher Periode t die in Periode t' bestellte Materialart a vom Lieferanten l in welchem Umfang geliefert wird, läßt sich durch die Bedingungen (3.1.1.1) sicherstellen, daß nicht mehr Materialeinheiten von der Unternehmung bezogen werden können, als zuvor im Planungszeitraum von ihr bestellt wurden.

$$(3.1.1.1)\quad y_{alt'} - \sum_{t=t'+c_{al}}^{h} x_{alt't} \geqq 0$$

$$(a=1(1)A;\ l\in I_a^{Li};\ t'=1(1)T-c_{al};$$
$$h:=\min\{T;\ t'+c_{al}+c^*_{al}\}).$$

Verfügt der Materialbereich über Materialforderungen gegenüber Lieferanten aufgrund von Bestellungen, die vor dem Planungszeitraum aufgegeben wurden ($t' \leqq 0,\ c_{al}+c^*_{al} \geqq 1$), so sind die nachstehenden Bedingungen in Ansatz zu bringen.

$$(3.1.1.2)\quad y_{alt'1} - \sum_{t=k}^{h} x_{alt't} \geqq 0$$

$$(a=1(1)A;\ l\in I_a^{Li};\ t'=-c_{al}-c^*_{al}+1(1)0;$$
$$h:=\min\{T;\ t'+c_{al}+c^*_{al}\};\ k:=\max\{1;$$
$$t'+c_{al}\}).$$

Hierin kennzeichnet die Konstante $y_{alt'1}$ die in Periode t' beim Lieferanten l bestellten und zu Beginn der Periode 1 - also zu Beginn des Planungszeitraums - noch ausstehenden Einheiten der Materialart a.

Die Bestellmenge kann sich den obigen Formulierungen entsprechend auf mehrere Anlieferungsmengen verteilen. Den jeweiligen Restbestand einer Bestellung der Materialart a, der zu Beginn der Periode t noch beim Lieferanten l lagert, beinhaltet die Variable $y_{alt't}$, die folgender Beziehung genügt:

$$(3.1.1.3)\quad y_{alt't} = y_{alt'} - \sum_{s=t'+c_{al}}^{t-1} x_{alt's}$$

$$(a=1(1)A;\ l\in I_a^{Li};\ t'=t-c_{al}-c^*_{al}(1)$$
$$t-c_{al};\ t=2(1)T+1).$$ [1)]

1. Als Variablen eingeführte Größen, deren Zeitindizes sämtlich nicht positiv sind, sind als Daten anzusehen.

Insgesamt bezieht der Materialbereich demnach

$$(3.1.1.4) \quad x_{at} = \sum_{l \in I_a^{Li}} \sum_{t'=t-c_{al}-c^*_{al}}^{t-c_{al}} x_{alt't} \qquad (a=1(1)A;\ t=1(1)T)$$

Einheiten der Materialart a in Periode t von den verschiedenen Lieferanten.

Zur Deckung des in einer Periode t bestehenden Bedarfs nach einer Materialart a - gekennzeichnet durch die Konstante B_{at} - können neben der jeweiligen Periodenlieferung auch Teile des zu Beginn der Periode vorhandenen Lagerbestandes der betreffenden Materialart herangezogen werden. Der gesamte, zu Beginn einer Periode t vorhandene Lagerbestand der Materialart a wird durch die Variable x^B_{at} gekennzeichnet und kann als Lageranfangsbestand zu Beginn des Planungszeitraums (x^B_{a1}) zuzüglich aller bis zur Vorperiode eingegangenen Lieferungen abzüglich des gesamten, bis zur Vorperiode angefallenen Bedarfs der entsprechenden Materialart berechnet werden:[1)]

$$(3.1.1.5)^* \quad x^B_{at} = x^B_{a1} + \sum_{s=1}^{t-1} x_{as} - \sum_{s=1}^{t-1} B_{as}$$

$$(a=1(1)A;\ t=2(1)T+1).$$

Für einige Materialarten erscheint es dem Materialbereich gewöhnlich notwendig, gewisse Mengen - sogenannte Sicherheits- oder Lagermindestbestände - stets auf Lager zu halten. Der Grund hierfür ist vor allen Dingen in dem Bestreben zu sehen, bei Lieferungsausfällen einschneidende Produktionsveränderungen, die unter Umständen mit hohen Kosten verbunden sein können, zu vermeiden.

Aufgrund der Modellkonstruktion erweist es sich hingegen als sinnvoll, für alle zur Disposition stehenden Materialarten Lagermindestbestän-

---

1. Mit * gekennzeichnete Beziehungen dienen lediglich der Erläuterung und sind nicht Gegenstand des Gesamtmodells.

de anzulegen. Denn durch die im Modell vorgenommene Zeitraumbetrachtung und der damit verbundenen Aufgabe einer zeitpunktgenauen Abbildung der Realität in das Modell kann der Fall eintreten, daß innerhalb einer Planungsperiode bei einzelnen Materialarten Knappheitssituationen auftreten. Dies wird stets dann der Fall sein, wenn der zur Deckung des Periodenbedarfs dienende Lageranfangsbestand und die entsprechenden Materialzugänge bis zu einem Zeitpunkt innerhalb einer Planungsperiode nicht ausreichen, um den bis zu diesem Zeitpunkt auftretenden Bedarf zu decken, obwohl für die gesamte Periode betrachtet Lageranfangsbestand plus Materialzugänge den Periodenbedarf insgesamt nicht unterschreiten. Durch die Existenz erhöhter Lageranfangsbestände für alle Materialarten soll im weiteren dieser, aus der Periodenbetrachtung des Modells resultierenden Schwäche begegnet werden.

Der gesamte Lageranfangsbestand einer Periode t teilt sich demnach in einen Posten auf, der zur Deckung des Bedarfs in der Periode planmäßig herangezogen werden kann (x_{at}^{BV}), während der andere Posten den Teil des Lageranfangsbestandes darstellt, der zu Beginn der Periode t+1 mindestens noch auf Lager liegen muß (x_{at}^{BS}); dieser Größe wird somit für die Periode t eine Art Reservefunktion zugeschrieben.

(3.1.1.6) $$x_{at}^{B} = x_{at}^{BS} + x_{at}^{BV} \qquad (a=1(1)A;\ t=1(1)T).$$

Die modellmäßige Erfassung der Forderung nach einer Befriedigung des Bedarfs an einer Materialart a in Periode t wird unter Verwendung der vorstehenden Überlegungen durch den Ansatz der folgenden Restriktionen gesichert:

(3.1.1.7) $$x_{at}^{BV} + x_{at} \geqq B_{at} \qquad (a=1(1)A;\ t=1(1)T).$$

Auf die Höhe der zu installierenden Lagermindestbestände der einzelnen Materialarten in den jeweiligen Perioden des Planungszeitraums wird im Rahmen der Diskussion des Zielsystems des Materialbereichs eingegangen.

Die bisherigen Formulierungen gehen von der Annahme aus, daß die lagernden Materialeinheiten keiner Mengen- oder Qualitätsveränderung unterliegen. Beide Einschränkungen können durch entsprechende Abwandlungen der Restriktionen (3.1.1.5) bzw. die Formulierung zusätzlicher Restriktionen berücksichtigt werden.

Mengenverluste der lagernden Einheiten führen dazu, daß nicht mehr der gesamte Lagerbestand einer Materialart zu Beginn einer Periode für die Bedarfsbefriedigung oder die Reservefunktion verwendet werden kann, sondern lediglich der Teil, der nach den Mengenverlusten noch auf dem Lager verbleibt. Der Faktor φ_a drückt im weiteren aus, mit welchem Mengenverlust pro Einheit und Lagerperiode bei der Materialart a zu rechnen ist, und kann Werte aus dem Intervall (0, 1] annehmen. Gilt für eine Materialart $\varphi_a=1$, so kommt dies einer Nichtlagerfähigkeit der betreffenden Materialart gleich.

Wird der Lagerbestand der Materialart a zu Beginn der Periode t durch die dem Ausdruck (3.1.1.5) äquivalente Formulierung (3.1.1.8) ermittelt

(3.1.1.8)* $\quad x^B_{at} = x^B_{at-1} + x_{at-1} - B_{at-1} \quad (a=1(1)A;\ t=2(1)T+1),$

dann lassen sich Mengenverluste der lagernden Einheiten durch die Restriktionen (3.1.1.9) erfassen:

(3.1.1.9) $\quad x^B_{at} = (1-\varphi_a)\,(x^B_{at-1} + x_{at-1} - B_{at-1})$

$(a\in I^{Ma}_{MV};\ t=2(1)T+1).$

Die Menge I^{Ma}_{MV} ist hierbei wie folgt definiert:

(3.1.1.10) $\quad I^{Ma}_{MV}$:= Menge aller Materialindizes, deren zugehörige Materialarten bei Lagerung einem Mengenverlust unterliegen.

Es handelt sich bei dieser Vorgehensweise insofern um eine problematische Formulierung, als unterstellt wird, daß lediglich die nicht zur Bedarfsbefriedigung dienenden lagernden Einheiten einem Mengenverlust unterliegen. Hingegen sind die der Bedarfsbefriedigung dienenden Materialeinheiten von diesen Mengenverlusten nicht betroffen, obwohl auch diese innerhalb der Periode den Faktoren, die für die auftretenden Mengenverluste verantwortlich sind, ausgesetzt sind.

Qualitätsveränderungen werden im vorliegenden Modell durch die Einführung von Lagerzeitbeschränkungen berücksichtigt. Dieser Vorgehensweise liegt die Annahme zugrunde, daß eine Materialart a nach der Bereitstellung durch den Lieferanten sowie einer anschließenden, länger als d_a Perioden dauernden Lagerung entscheidende Qualitätsveränderungen aufweist und somit für die Weiterverwendung in der geplanten Form nicht mehr geeignet ist.[1)2)] Die hiervon betroffenen Materialarten werden in der Indexmenge I_Q^{Ma} zusammengefaßt:

(3.1.1.11) I_Q^{Ma} := Menge aller Materialindizes, deren zugehörige Materialarten bei einer Lagerung über eine bestimmte Periodenzahl hinaus entscheidende Qualitätsveränderungen aufweisen.[3)]

Will der Materialbereich die Möglichkeit eines Verderbs gelagerter Materialeinheiten vermeiden, darf er in einer Periode t nicht über mehr Einheiten verfügen, als in dieser und den anschließenden d_a Perioden insgesamt zur Bedarfsbefriedigung benötigt werden. Diese Forderung beinhalten die folgenden Restriktionen:[4)]

---

1. Für d_a gilt dabei $d_a \in [1,T]$; für $d_a=0$ ($a \in \{1,\ldots,A\}$) würde dies einer Nichtlagerfähigkeit des entsprechenden Materials gleichkommen.
2. Unberücksichtigt bleiben Fragen der Weiterverwendung durch Nachbearbeitung oder der anderweitigen Verwendung derartiger Materialarten im Produktionsprozeß.
3. Im weiteren wird $I_Q^{Ma} \cap I_{MV}^{Ma} = \emptyset$ unterstellt.
4. Vgl. KILGER [1973], S. 466 f.

$$(3.1.1.12)^* \quad x^B_{at} + x_{at} \leq \sum_{s=t}^{t+d_a} B_{as} \qquad (a \in I_Q^{Ma};\ t=1(1)T).$$

Aufgrund der Berücksichtigung von Lagermindestbeständen im vorliegenden Modell führt eine Formulierung der Art (3.1.1.12) unter Umständen zu einem Widerspruch zur geforderten Bedarfsbefriedigung nach den einzelnen Materialarten in den jeweiligen Perioden. Dies erläutert das folgende Beispiel.

Betrachtet wird eine Materialart a=1, die von nur einem Lieferanten l=1 in der Periode der Bestellung auch geliefert wird ($c_{11}=c^*_{11}=0$). Bei Lagerung ist die Materialart unter Berücksichtigung der geplanten Verwendung maximal zwei Perioden haltbar ($d_a=2$). Des weiteren ist der in Tabelle 2 angebene Bedarf in den vier Perioden nach dem Planungszeitpunkt mit den jeweiligen vom Entscheidungsträger gewünschten Lagermindestbeständen gegeben.

t	1	2	3	4
B_{1t}	60	80	10	10
x^{BS}_{1t}	20	30	2	2

Tabelle 2

Die Unternehmung verfügt über einen Lageranfangsbestand von 30 Einheiten ($x^B_{11}=30$). Der Materialbereich sucht nach einer Bestellpolitik, die eine Sicherung des Bedarfs gewährleistet, wobei ein Verderb gelagerter Materialien ausgeschlossen werden soll.

Daß eine solche Bezugspolitik aber bei Beachtung der Restriktionen (3.1.1.7) und (3.1.1.12) nicht existiert, wird durch die nachstehende Plausibilitätsüberlegung offenbar. Zur Deckung des Bedarfs in der ersten Periode stehen dem Materialbereich aus dem Lageranfangsbestand nach Abzug des als Lagermindestbestand gedachten Teiles 10 Mengeneinheiten zur Verfügung. Dadurch wird er gezwungen, mindestens

60 Mengeneinheiten in der ersten Periode zu beziehen, von denen 50 Mengeneinheiten in derselben Periode der Bedarfsdeckung dienen und 10 Mengeneinheiten für den Aufbau des Lagermindestbestands in der zweiten Periode gedacht sind. Zu Beginn der zweiten Periode führt dieses Bestellverhalten zu einem Lageranfangsbestand von 30 Mengeneinheiten, die sämtlich dem Lagermindestbestand für eben diese Periode zugeschlagen werden. Um trotzdem den Periodenbedarf befriedigen zu können, sind in der zweiten Periode demnach 80 Mengeneinheiten zu beziehen. Diese Bestellpolitik steht jedoch im Gegensatz zu der Forderung, einen Verderb gelagerter Materialeinheiten bei gleichzeitiger Bedarfsbefriedigung auszuschließen; denn laut den Restriktionen (3.1.1.12) dürfen in der zweiten Periode maximal 70 Mengeneinheiten ($30+x_{12} \leqq 100$) bezogen werden, was aber offenbar der gleichzeitigen Forderung nach einer Bedarfsbefriedigung widerspricht.

Die beiden Forderungen - einerseits die Notwendigkeit einer Bedarfsbefriedigung, andererseits der Wunsch, den Verderb gelagerter Materialien zu vermeiden - führen unter Heranziehung der bisher formulierten Restriktionen nur dann zu keinem Widerspruch, wenn der Lagermindestbestand einer Materialart a in Periode t nicht größer ist als der Bedarf an der entsprechenden Materialart in den darauf folgenden d_a Perioden. Denn addiert man zu einer Restriktion aus (3.1.1.12) für eine Materialart $a \in I_Q^{Ma}$ und Periode t die entsprechende mit -1 multiplizierte Restriktion aus (3.1.1.7), so erhält man:

$$(3.1.1.13)^* \quad x_{at}^{BS} \leqq \sum_{s=t+1}^{t+d_a} B_{as} \qquad (a \in I_Q^{Ma};\ t=1(1)T).$$

An dieser Stelle bieten sich für die weitere Vorgehensweise zwei verschiedene Wege an. Entweder man sichert durch die Aufnahme der Restriktionen (3.1.1.13) stets die Widerspruchsfreiheit der Ausdrükke (3.1.1.7) und (3.1.1.12). Das bedeutet aber in der Konsequenz, daß der Materialbereich bei der Planung seiner Lagermindestbestände für einzelne Materialarten in einzelnen Perioden keine vollkommene Handlungsfreiheit mehr besitzt (im Beispiel dürfte der Lagermindestbestand der zweiten Periode demnach maximal 20 Mengeneinheiten betragen). Oder man versucht, durch Abwandlung des Ausdrucks (3.1.1.12) eine Beschränkung hinsichtlich der Dispositionsmöglichkeiten der Lagermindestbestände bei einzelnen Materialarten in einzelnen Perioden zu vermeiden.

Im folgenden wird der zweite Weg beschritten, da es nicht einzusehen ist, weshalb die Befriedigung der Sicherheitsbedürfnisse durch das Halten von Lagermindestbeständen nur so lange möglich sein soll, wie der Verderb gelagerter Materialien ausgeschlossen ist. Aus diesem Grunde erfährt der Ausdruck (3.1.1.12) folgende Modifikation:

$$(3.1.1.14) \qquad x^B_{at} + x_{at} \leqq \sum_{s=t}^{t+d_a} B_{as} + v_{at} \qquad (a \in I_Q^{Ma};\ t=1(1)T).$$

Dementsprechend sind die Restriktionen des Ausdrucks (3.1.1.8) wie folgt abzuwandeln:

$$(3.1.1.15) \qquad x^B_{at} = x^B_{at-1} + x_{at-1} - (B_{at-1} + v_{at-1})$$

$$(a=1(1)A;\ t=2(1)T+1).$$

Die nichtnegative Variable v_{at} kennzeichnet in den obigen Formulierungen die Anzahl der Einheiten der Materialart a, die am Ende der Periode t einer anderen Verwendung als der geplanten zuzuführen sind. In den weiteren Überlegungen wird unterstellt, daß der Materialbereich stets versuchen wird, diese Einheiten noch am Ende der betreffenden Periode t gegen ein Entgelt zu veräußern. Der erzielbare Erlös pro Einheit der am Ende der Periode t zu veräußernden Materialart a beträgt dabei p^v_{at}.

3.1.2. Kapazitätsbeschränkungen des Lagerbereichs

Die von den jeweiligen Lieferanten zugestellten Materialeinheiten müssen vor ihrer Einlagerung oder Zuführung zur geplanten Verwendung die Materialeingangsstelle passieren. Als wesentliche Aufgabe dieser Materialeingangsstelle ist die Prüfung der eingehenden Materialien hinsichtlich der geforderten Qualitäten und Quantitäten anzusehen. Aufgrund der nur begrenzt verfügbaren Kapazitäten ist im Modell eine mögliche restriktive Wirkung dieser Stelle auf eine potentielle Materialdisposition zu berücksichtigen.

Beträgt die Kapazität der Materialeingangstelle A_t Kapazitätseinheiten pro Periode und drückt m_a den Kapazitätsbedarf für die Annahme und Prüfung einer Mengeneinheit der Materialart a aus, dann lassen sich folgende Restriktionen in Ansatz bringen:

$$(3.1.2.0)^{*} \quad \sum_{a=1}^{A} m_a x_{at} \leqq A_t \qquad (t=1(1)T).$$

Da es unrealistisch erscheint, jede Einheit einer Lieferung einer Qualitätskontrolle unterziehen zu wollen - der dafür notwendige Aufwand stünde in keinem Verhältnis zu dem sich daraus ergebenden Ertrag -, begnügt man sich in der Realität mit einer stichprobenartigen Prüfung einer Lieferung. Ohne an dieser Stelle auf Einzelheiten möglicher Stichproben und Prüfverfahren einzugehen, wird angenommen, daß von den in Periode t gelieferten Einheiten $100\nu_a$% ($0 \leqq \nu_a \leqq 1$) entnommen und geprüft werden.[1] Der Koeffizient m_a in den Restriktionen (3.1.2.0) ist dann zu ersetzen durch:

$$(3.1.2.1)^{*} \quad m_a' = \nu_a m_a \qquad (a=1(1)A).$$

---

1. Vgl. zu möglichen Prüfverfahren u.a. ARNOLDS/HEEGE/TUSSING [1978], S. 289 ff.

Existieren darüber hinaus Erfahrungswerte, die es nahelegen, einen nach jeweiligen Lieferanten unterschiedlichen Stichprobenumfang einer Prüfung zu unterziehen, so ist die Größe ν_a zusätzlich mit dem Lieferantenindex l zu versehen, und man erhält:

$$(3.1.2.2) \quad \sum_{a=1}^{A} \sum_{l \in I_a^{Li}} \sum_{t'=t-c_{al}-c^*_{al}}^{t-c_{al}} \nu_{al} m_a x_{alt't} \leq A_t$$

$$(t=1(1)T).$$

Im folgenden wird davon ausgegangen, daß fehlerhafte Materialeinheiten einer Lieferung an den jeweiligen Lieferanten zurückgegeben werden und dieser wiederum in der Lage ist, noch in der gleichen Periode im notwendigen Umfang Ersatzlieferungen zu leisten. Durch diese Annahme kann in den weiteren Ausführungen auf eine Differenzierung von Anlieferungsmengen und Mengen, die nach der Materialannahme für die Bedarfsdeckung herangezogen werden können, verzichtet werden.

Die die Materialannahme und -prüfung passierenden Einheiten belasten anschließend die zur Verfügung stehende und als konstant unterstellte Kapazität des Lagers L_t^o, wenn eine sofortige Zuführung zur geplanten Verwendung nicht möglich ist. Zu beachten ist an dieser Stelle, daß L_t^o lediglich die Restkapazität wiedergibt, die von den außerhalb des Modells getrennt disponierten B und C Teilen nicht in Anspruch genommen wird. Geht man darüber hinaus von der Möglichkeit einer gemeinsamen Lagerung der verschiedenen Materialarten aus, dann lassen sich folgende Restriktionen formulieren:

$$(3.1.2.3)^* \quad \sum_{a=1}^{A} l_a \left(x_{at}^B + x_{at} \right) + L_t^+ = L_t^o \qquad (t=1(1)T).$$

Der Koeffizient l_a symbolisiert in den Restriktionen (3.1.2.3) die Lagerinanspruchnahme einer Einheit der Materialart a; die nichtnegative Variable L_t^+ bringt die in Periode t nicht genutzte Lagerkapazität zum Ausdruck.

Die Formulierung (3.1.2.3) setzt bezüglich der Lagerkapazitätsinanspruchnahme voraus, daß Lagerentnahmen innerhalb einer Periode erst erfolgen, wenn alle in der Periode zu beziehenden Materialeinheiten eingelagert worden sind. Es handelt sich bei dieser Implikation der Formulierung (3.1.2.3) um einen von zwei Extremfällen, dessen Vorteil darin zu sehen ist, daß durch die Modellösung auch innerhalb einer Periode die vorhandene Restlagerkapazität L_t^o nicht überschritten wird. Der andere Extremfall baut auf der Unterstellung einer möglichst geringen Belastung des Lagers innerhalb einer Periode auf. Bei Verfolgung der in Abbildung 5 beschriebenen Bezugspolitik innerhalb einer Periode erhält man den Lagerbestand, der bei feststehenden Materialzugangs- und Materialabgangsmengen in einer Periode t für die entsprechende Materialart maximal realisiert wird.

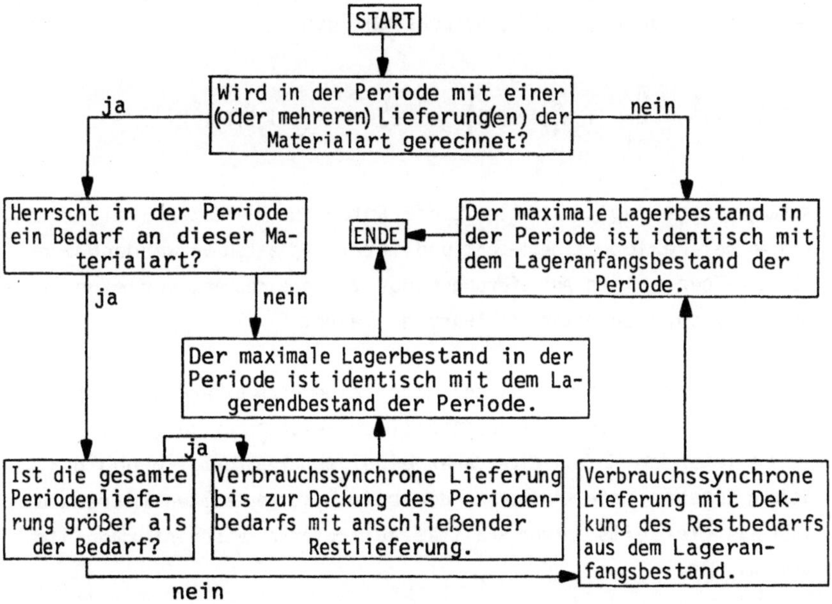

Abbildung 5

Aus dieser Oberlegung heraus errechnet sich der maximale Lagerbestand einer Materialart a in der Periode t als:

$$(3.1.2.4)^{*} \quad x^{B'}_{at} = \max \{x^{B}_{at}, x^{B}_{at+1}\} \qquad (a=1(1)A;\ t=1(1)T).$$

Unter Berücksichtigung des weiter unten darzustellenden Zielsystems kann hierfür formuliert werden:

$$(3.1.2.5) \quad x^{B'}_{at} \geqq x^{B}_{at} \qquad (a=1(1)A;\ t=1(1)T),$$

$$(3.1.2.6) \quad x^{B'}_{at} \geqq x^{B}_{at+1} \qquad (a=1(1)A;\ t=1(1)T).$$

Die beschränkt vorhandene Lagerkapazität läßt sich durch den Ansatz der Restriktionen (3.1.2.7) berücksichtigen

$$(3.1.2.7)^{*} \quad \sum_{a=1}^{A} l_a x^{B'}_{at} + L^{+}_{t} = L^{o}_{t} \qquad (t=1(1)T),$$

solange es gelingt, mit allen Lieferanten für die Materialeinheiten, die in der Periode t geliefert und ihrer geplanten Verwendung zugeführt werden, einen Anlieferungsmodus zu vereinbaren, der einer verbrauchssynchronen Materialzuführung gleicht.

Nur in Extremfällen wird es dem Materialbereich allerdings gelingen, mit seinen Lieferanten einen derartigen Bezugsmodus zu vereinbaren. Im vorliegenden Modell wird daher einer anderen Formulierung der Vorzug gegeben, die einerseits die beiden vorgestellten Extrema umfaßt, andererseits in der Realität auftretende Zwischenformen nicht ausschließt.

Hierzu werden zunächst die Variablen $x^{B''}_{at}$ eingeführt, die sich wie folgt berechnen:

(3.1.2.8) $$x_{at}^{B''} = x_{at}^{B} + x_{at} - x_{at}^{B'} \qquad (a=1(1)A;\ t=1(1)T).$$

Inhaltlich handelt es sich bei diesen Variablen um die in der Periode t gelieferten Mengen der Materialart a, die noch in der gleichen Periode der Bedarfsbefriedigung zugeführt werden. Unter Verwendung dieser Größen wird die vorhandene Beschränkung der Lagerkapazitäten wie folgt erfaßt:

(3.1.2.9) $$\sum_{a=1}^{A} l_a \left(x_{at}^{B'} + \lambda_{at} x_{at}^{B''} \right) + L_t^{+} = L_t^{0}$$

$$(t=1(1)T).$$

Die durch den Entscheidungsträger vorzugebenden Konstanten $\lambda_{at} \in [0,1]$ sind entscheidend dafür, in welchem Ausmaß eine Lagerkapazitätsinanspruchnahme durch die in Periode t gelieferten und in der gleichen Periode der Bedarfsbefriedigung zugeführten Einheiten der Materialart a unterstellt wird. Nehmen alle λ_{at} den Wert 1 an, so geht der Ausdruck (3.2.1.9) in die Restriktionen der Art (3.1.2.3) über, gilt hingegen für alle λ_{at} der Wert 0, liegen Beziehungen entsprechend der Formulierung (3.1.2.7) vor.

Daß die vorgeschlagene Formulierung eine Lagerkapazitätsinanspruchnahme ausweist, die in den einzelnen Perioden nie unter der des Ausdrucks (3.1.2.7) und nie über der des Ausdrucks (3.1.2.3) liegt, läßt sich mit Hilfe der nachstehenden Ungleichungen zeigen.

Zwischen den Restriktionen (3.1.2.3) und (3.1.2.9) muß demnach für alle Perioden die folgende Beziehung gelten:

(3.1.2.10)* $$\sum_{a=1}^{A} l_a \left(x_{at}^{B} + x_{at} \right) \geqq \sum_{a=1}^{A} l_a \left(x_{at}^{B'} + \lambda_{at} x_{at}^{B''} \right)$$

$$(t=1(1)T),$$

beziehungsweise

$$(3.1.2.11)^{*} \quad \sum_{a=1}^{A} l_a (x_{at}^{B} + x_{at} - x_{at}^{B'}) \geqq \sum_{a=1}^{A} l_a \lambda_{at} x_{at}^{B''}$$

$$(t=1(1)T).$$

Substituiert man den Ausdruck in der Klammer durch die Variable $x_{at}^{B''}$, so erhält man:

$$(3.1.2.12)^{*} \quad \sum_{a=1}^{A} l_a x_{at}^{B''} \geqq \sum_{a=1}^{A} l_a \lambda_{at} x_{at}^{B''} \qquad (t=1(1)T).$$

Da aber λ_{at} sich stets nur zwischen den Werten 0 und 1 bewegen darf, ist die Richtigkeit der Beziehung (3.1.2.12) - und damit die der Beziehung (3.1.2.10) - gezeigt, wenn die Nichtnegativität der Variablen $x_{at}^{B''}$ nachgewiesen werden kann.

Für diesen Nachweis wird folgende Fallunterscheidung durchgeführt:

<u>Fall 1:</u> $x_{at}^{B'} = x_{at}^{B}$;

daraus folgt für die Variable $x_{at}^{B''}$ unter Beachtung der Formulierung (3.1.2.8)

$$x_{at}^{B''} = x_{at} \geqq 0.$$

<u>Fall 2:</u> $x_{at}^{B'} = x_{at+1}^{B}$;

daraus folgt für die Variable $x_{at}^{B''}$ wiederum unter Beachtung der Formulierung (3.1.2.8)

$$x_{at}^{B''} = x_{at}^{B} + x_{at} - x_{at+1}^{B} = B_{at} \geqq 0.$$

Hingegen muß zwischen den Restriktionen der Beziehungen (3.1.2.7) und (3.1.2.9) für alle Perioden t gelten:

$$(3.1.2.13)^{*} \quad \sum_{a=1}^{A} l_a \left(x_{at}^{B_{I}} + \lambda_{at} x_{at}^{B_{II}} \right) \geqq \sum_{a=1}^{A} l_a x_{at}^{B_{I}}$$

(t=1(1)T).

Nach der Subtraktion von $\sum_{a=1}^{A} l_a x_{at}^{B_{I}}$ auf beiden Seiten geht der Ausdruck (3.1.2.13) über in

$$(3.1.2.14)^{*} \quad \sum_{a=1}^{A} l_a \lambda_{at} x_{at}^{B_{II}} \geqq 0. \qquad (t=1(1)T).$$

Unter Beachtung der vorhergehenden Oberlegungen ist damit auch die Richtigkeit der Beziehung (3.1.2.13) gezeigt.

Die konkrete Bestimmung der Koeffizienten λ_{at} erweist sich für den Entscheidungsträger mit gewissen Schwierigkeiten verbunden; es lassen sich hierfür lediglich Tendenzaussagen formulieren. Glaubt der Entscheidungsträger, auf die Lieferanten, die als potentielle Bezugsquellen für die Beschaffung der Materialart a herangezogen werden können, einen Einfluß in Periode t derart zu besitzen, daß die Anlieferungsmengen entsprechend der Modelllösung synchron zur Verteilung des Periodenbedarfs bezogen werden können, wird für λ_{at} ein relativ geringer Wert zu setzen sein. Ist dieser Einfluß seitens des Entscheidungsträgers hingegen als gering einzuschätzen und darüber hinaus das Lieferzeitverhalten der potentiellen Lieferanten innerhalb der Periode t einer verbrauchssynchronen Bezugsweise widersprechend, muß der Wert für λ_{at} entsprechend höher ausfallen.[1)]

1. Ein entsprechendes Korrekturglied befindet sich in der Formulierung von LEWANDOWSKI [1967], S. 45; vgl. auch KILGER [1973], S. 411 f., der vom "Faktor der lagerinternen Strukturierung" spricht.

3.1.3. Die Abbildung von Unabhängigkeitsaspekten

Die Möglichkeit, eine Materialart von mehreren Lieferanten beziehen zu können, beinhaltet für den Materialbereich eine erweiterte Dispositionsfreiheit im Vergleich zur Situation, nur einer potentiellen Bezugsquelle gegenüberzustehen. Ob und inwieweit dieser größere Entscheidungsspielraum durch die Lösung des Modells genutzt wird, läßt sich von vornherein nicht bestimmen.

Liegt es jedoch im Interesse des Entscheidungsträgers, die Lieferbereitschaft mehrerer Lieferanten aufrechtzuerhalten, und erscheint dies unter anderem nur dann möglich, wenn innerhalb einer bestimmten, durch den jeweiligen Lieferanten zum Ausdruck gebrachten Zeitspanne bei ihm Bestellungen aufgegeben werden, die in ihrer Summe einen fixierten Mindestwert erreichen oder übersteigen, muß dies in der Modellformulierung berücksichtigt werden.[1)]

Der Teil der Lieferanten, die derartige Mindestbestellwerte fordern, werden in die nachstehend definierte Indexmenge I_M^{Li} aufgenommen:

(3.1.3.0) I_M^{Li} := Menge aller Lieferantenindizes, deren zugehörige Lieferanten Mindestbestellwerte fordern, damit die Geschäftsbeziehungen zur betrachteten Unternehmung aufrecht erhalten werden.

Kennzeichnet $\overline{BW}_l$ den Mindestbestellwert, der beim Lieferanten l in einem z_l Perioden umfassenden Zeitraum mindestens erreicht werden muß ($z_l \geqq 1$, $l \in I_M^{Li}$), so lassen sich folgende Restriktionen formulieren:

---

1. Zu diesem Motiv der Lieferantenpolitik vgl. u.a. REDDEWIG/DUBBERKE [1959], S. 123 f., Arbeitskreis WEBER-HAX [1960], S. 114, MELLEROWICZ [1963], S. 246 f., WESTERMANN [1969], S. 711, THEISEN [1970], S. 346 f. und FÄSSLER/KUPSCH [1978], S. 225.

$$(3.1.3.1) \quad \sum_{a \in I_l^{Ma}} \sum_{t'=t}^{t+z_l-1} p_{alt'} y_{alt'} \geqq \overline{BW}_l$$

$$(l \in I_M^{Li};\ t = 1(z_l)[T/z_l]z_l - z_l).$$

Die L Indexmengen I_l^{Ma} besitzen dabei folgende Bedeutung:

(3.1.3.2) I_l^{Ma} := Menge aller Materialindizes, deren zugehörige Materialarten beim Lieferanten l bestellt werden können (l=1(1)L).

Der Bestellwert bei einem Lieferanten l errechnet sich demnach in jeder Periode t' aus der Summe der mit ihren jeweiligen Preisen pro Einheit ($p_{alt'}$) bewerteten bestellten Materialeinheiten.

Werden bei einem Lieferanten $l \in I_M^{Li}$ in einem z_l Perioden umfassenden Zeitraum Materialarten bestellt, die aufgrund der vorgeschalteten ABC-Analyse nicht im Modell berücksichtigt werden, so ist die Größe $\overline{BW}_l$ gerade um den sich daraus ergebenden Wert zu verringern.

Ebenfalls unter dem Gesichtspunkt einer zu erhaltenden Unabhängigkeit und Dispositionsfreiheit kann der Unternehmung daran gelegen sein, bei der Beschaffung einzelner Materialarten nicht in die Abhängigkeit eines Lieferanten zu gelangen.[1)] Diese Gefahr besteht bei den Materialarten, bei deren Bezug ein Ausweichen auf einen oder mehrere andere Lieferanten, zu denen bisher keine Geschäftsbeziehungen unterhalten wurden, kurzfristig nicht möglich erscheint. Die bisherigen Lieferanten erhalten durch das Wissen über die eingeengte Flexibilität des Materialbereichs bei der Beschaf-

---

1. Vgl. zu diesem Aspekt die Ausführungen von THEISEN [1970], S. 346 und die dort angegebene Literatur.

fung der entsprechenden Materialarten eine gewisse Monopolstellung und können unter Umständen dazu tendieren, den ihnen daraus erwachsenden Einfluß zum Nachteil der betrachteten Unternehmung zu nutzen.

Um dieser Entwicklung vorzubeugen, kann durch den Materialbereich gefordert werden, einige wichtige Materialarten von vornherein bei verschiedenen Lieferanten zu bestellen, um dadurch eintretenden Abhängigkeiten von einem Lieferanten vorzubeugen. Die Materialarten, die von diesen Oberlegungen betroffen sind, werden zur Indexmenge I_{mL}^{Ma} zusammengefaßt.

(3.1.3.3) I_{mL}^{Ma} := Menge aller Materialindizes, deren zugehörige Materialarten von mehreren Lieferanten zu beschaffen sind.

Aufgrund der Kürze der einzelnen Perioden innerhalb des gesamten Planungszeitraums erscheint es wenig sinnvoll, für jede einzelne Periode zu fordern, bei der Bestellung einer Materialart an mehrere Lieferanten heranzutreten. Demnach wird in der hier vorgeschlagenen Formulierung nicht die gesamte, in einer Periode zu bestellende Menge einer Materialart, sondern die innerhalb mehrerer Perioden zu bestellende Menge als Bezugsgröße für die Fixierung einer Obergrenze verwendet, bis zu der einzelne Lieferanten für die Bestellung der entsprechenden Materialart herangezogen werden dürfen. Kennzeichnet z_a $(z_a > 1)$ die Anzahl der Perioden bei Betrachtung der Materialart a $(a \in I_{mL}^{Ma})$ und ω_{al} den durch den Entscheidungsträger fixierten Anteil an der Gesamtbestellung der Materialart a innerhalb der z_a Perioden, der beim Lieferanten l nicht überstiegen werden darf, dann läßt sich der nachstehende Ausdruck formulieren:

(3.1.3.4) $$\sum_{t'=t}^{t+z_a-1} y_{alt'} \leqq \omega_{al} \sum_{l \in I_a^{Li}} \sum_{t'=t}^{t+z_a-1} y_{alt'}$$

$$(a \in I_{mL}^{Ma};\ l \in I_a^{Li};\ t=1(z_a)[T/z_a]z_a - z_a).$$

Um die logische Widerspruchsfreiheit zu sichern, ist zusätzlich vom Entscheidungsträger bei der Formulierung der Restriktionen (3.1.3.4) zu beachten:

(3.1.3.5)* $\sum_{l \in I_a^{Li}} \omega_{al} \geqq 1 \qquad (a \in I_{mL}^{Ma})$.

3.1.4. Beschränkung der Lieferbereitschaft einzelner Lieferanten

Neben den bisher formulierten Bedingungen, die der Materialbereich bei der Disposition zu beachten hat, erweist sich darüber hinaus auch die Erfassung der Beschränkungen als notwendig, die ihm von Seiten der Lieferanten auferlegt werden. Hierzu ist die Einschränkung der Lieferbereitschaft einzelner Lieferanten zu zählen, bei bestimmten Materialarten in einer Zeitspanne lediglich Bestellungen bis zu einer Höchstgrenze entgegenzunehmen.

Um diesen Aspekt in der Modellformulierung zu erfassen, werden zunächst die nachstehenden Indexmengen definiert.

(3.1.4.0) I_B^{Ma} := Menge aller Materialindizes, deren zugehörige Materialarten nicht von allen Lieferanten in unbeschränkter Höhe bezogen werden können.

(3.1.4.1) $I_{B(a)}^{Li}$:= Menge aller Lieferantenindizes, deren zugehörige Lieferanten bei der von ihnen angebotenen Materialart a Bestellbeschränkungen angeben ($a \in I_B^{Ma}$).

Kennzeichnet HG_{al} eine solche Höchstgrenze für die Materialart a des Lieferanten l, die dieser lediglich bereit ist, in einem z_{al}

Perioden umfassenden Zeitraum an Bestellungen entgegenzunehmen, so lassen sich die folgenden Restriktionen formulieren:

(3.1.4.2) $$\sum_{t'=t}^{t+z_{al}-1} y_{alt'} \leqq HG_{al}$$

$$(a \in I_B^{Ma};\ l \in I_{B(a)}^{Li};\ t=1(z_{al})[T/z_{al}]z_{al} - z_{al}).$$

Existieren mit verschiedenen Lieferanten über einzelne Materialarten abgeschlossene Abrufaufträge, durch die unter anderem geregelt wird, wie viele Mengeneinheiten einer Materialart durch den Materialbereich bestellt und bezogen werden müssen, dann verbleibt dem Materialbereich lediglich die Entscheidungsfreiheit darüber zu befinden, zu welchen Zeitpunkten dies geschehen soll.[1] Zur modellmäßigen Erfassung dieses Sachverhalts werden zunächst wiederum Indexmengen gebildet.

(3.1.4.3) I_A^{Ma} := Menge aller Materialindizes, deren zugehörige Materialarten vom Materialbereich im Rahmen bestehender Abrufaufträge bezogen werden können.

(3.1.4.4) $I_{A(a)}^{Li}$:= Menge aller Lieferantenindizes, deren zugehörige Lieferanten bezüglich der Materialart a mit dem Materialbereich einen Abrufauftrag abgeschlossen haben ($a \in I_A^{Ma}$).

Die Menge der Materialart a, die laut Vertrag beim Lieferanten l im Planungszeitraum zu bestellen ist, wird durch SM_{al} ausgedrückt;

1. Vgl. KAHLE [1980], S. 104.

folglich gilt:

$$(3.1.4.5) \qquad \sum_{t'=1}^{T} y_{alt'} = SM_{al} \qquad (a \in I_A^{Ma};\ l \in I_{A(a)}^{Li}).$$

3.2. Restriktionen des Finanzbereichs

3.2.1. Zahlungsreihen und Restriktionen finanzwirtschaftlicher Instrumente

Im folgenden werden die aus dem Einsatz der reinen finanzwirtschaftlichen Instrumente resultierenden Zahlungsreihen dargestellt sowie Restriktionen in Verbindung mit den einzelnen Instrumenten erfaßt. Generell wird davon ausgegangen, daß die Zahlungswirksamkeit der einzelnen Instrumente stets zu Beginn der jeweiligen Periode eintritt. Ein- und Auszahlungen des Zeitraums [t, t+1) werden demnach dem Zeitpunkt t zugeordnet.

a) Kontokorrentkredite und -anlagen als finanzwirtschaftliche Instrumente

Durch Unterhaltung von Kontokorrentkonten bei Kreditinstituten wird der Finanzbereich einerseits in die Lage versetzt, kurzfristig der Unternehmung Zahlungsmittel zuzuführen, als auch auf der anderen Seite befähigt, überschüssige Zahlungsmittel - wenn auch zu einem sehr niedrigen Zinssatz - ertragsbringend anzulegen. Stets dann, wenn Überweisungen und sonstige Abhebungen von einem Kontokorrentkonto die Einzahlungen auf das entsprechende Konto zuzüglich eines unter Umständen vorhandenen positiven Anfangsbestands einer Periode übersteigen, entsteht ein von Seiten des jeweiligen Kreditinstituts an die Unternehmung gewährter Kontokorrentkredit.

Hinsichtlich der Beurteilungskriterien der einzelnen Kreditarten, die in den Kreditkosten, der Laufzeit, der Tilgungsart und den erforderlichen Sicherheiten zu sehen sind, lassen sich für einen Kontokorrentkredit folgende Aussagen treffen. Spezielle Sicherheiten sind bei der Aufnahme eines Kontokorrentkredits seitens der kreditnehmenden Unternehmung in der Regel nicht zu erbringen, da ihre Kreditwürdigkeit durch das kreditgewährende Institut im Rahmen der Fixierung einer Kreditlinie - also des Betrages, bis zu dem ein Kontokorrentkonto zu den jeweils ausgehandelten Bedingungen überzogen werden darf - als festgestellt angesehen werden kann.[1)]

Kontokorrentkredite sind von ihrer Intention her kurzfristige Kredite, die jedoch aufgrund der jeweiligen Kontobewegungen de facto langfristige Überlassungsdauern beinhalten können.[2)] Im Modell wird davon ausgegangen, daß ein zu Beginn der Periode t aufgenommener Kontokorrentkredit zu Beginn der folgenden Periode zurückzuzahlen ist, wobei eine gleichzeitige Neuaufnahme zulässig ist.[3)]

Schließlich sind die Kostenkomponenten darzustellen, die im Rahmen der Kontokorrentkreditinanspruchnahme für den Finanzbereich verbunden sind. Hierzu gehören neben dem Sollzinssatz (:= Diskontsatz + Aufschlag des jeweiligen Kreditinstituts) die Kreditprovision, die Überziehungsprovision und in Einzelfällen sonstige Gebühren. Wird die erhobene Kreditprovision dem Sollzinssatz zugeschlagen[4)], dann lassen sich die durch das Kreditinstitut k berechneten Kosten pro Einheit und Periode des zu Beginn der Periode t in Anspruch genommenen Kontokorrentkredits in einer Größe f_{kt}^{Ko+} zusammenfassen. Auf die Berücksichtigung von sonstigen Gebühren wird im weiteren aufgrund ihrer geringen Bedeutung verzichtet.

---

1. Zu den Möglichkeiten einer hier nicht unterstellten Sicherung von Kontokorrentkrediten vgl. u.a. HAGENMÜLLER [1978], S. 47.
2. Vgl. u.a. VORMBAUM [1977], S. 223.
3. Analoge Annahmen werden von ROSENBERG [1976], Sp. 584 und BÜHLER/GEHRING/GLASER [1979], S. 24 getroffen.
4. Es handelt sich hierbei um eine bei Kreditinstituten verbreitete Berechnungsmethode; vgl. HIELSCHER/LAUBSCHER [1976], S. 83 f. und HAGENMÜLLER [1978], S. 47 ff.

Der Finanzbereich steht somit zu Beginn jeder Periode t vor der Frage, ob und wenn ja in welcher Höhe er einen Kontokorrentkredit bei welchem Kreditinstitut k aufnehmen soll - diese Entscheidungsfreiheit wird durch die Variablen w_{kt}^{Ko+} im Modell erfaßt.[1)] Um die gesamten Zahlungsbewegungen auf einem Kontokorrentkonto zu beschreiben, sind zusätzlich die Möglichkeiten der Kreditlinienüberziehung und der Anlage liquider Mittel zu berücksichtigen. Die Variable $w_{kt}^{Ko+'}$ drückt den Betrag aus, den der Finanzbereich zu Beginn der Periode t beim Kreditinstitut k über die Kreditlinie hinaus als Kredit aufnimmt; pro Einheit und Periode dieser Kreditlinienüberziehung erhebt das Kreditinstitut k Kosten in Höhe von $f_{kt}^{Ko+'}$. Anlagen auf Kontokorrentkonten werden schließlich durch die Variablen w_{kt}^{Ko-} erfaßt; die gewährten Zinsen betragen pro Einheit und Periode des Guthabens f_{kt}^{Ko-} ($f_{kt}^{Ko-} < f_{kt}^{Ko+} \leqq f_{kt}^{Ko+'}$).

Zur Darstellung der Zahlungsreihen eines Kontokorrentkontos erscheint darüber hinaus eine Differenzierung der Perioden des Planungszeitraums hinsichtlich des Abrechnungsverhaltens der einzelnen Kreditinstitute notwendig. Hierzu werden die einzelnen Perioden des Planungszeitraums in die beiden nachstehenden disjunkten Indexmengen aufgeteilt.

(3.2.1.0) I_{KA}^{Pe} := Menge aller Periodenindizes, deren zugehörige Perioden als Abrechnungsperioden der betrachteten Kreditinstitute gelten.

(3.2.1.1) I_{KN}^{Pe} := Menge aller Periodenindizes, deren zugehörige Perioden nicht als Abrechnungsperioden der betrachteten Kreditinstitute gelten.

Unter Beachtung dieser Differenzierung lassen sich die Zahlungsreihen auf den jeweiligen Kontokorrentkonten wie folgt beschreiben:

1. Zur Annahme, daß die Unternehmung mehrere Kontokorrentkonten unterhält, vgl. STRAUB [1974], S. 66.

$$(3.2.1.2) \quad KK_t = \sum_{k=1}^{K} (w_{kt}^{Ko+} + w_{kt}^{Ko+'} - w_{kt}^{Ko-} - w_{kt-1}^{Ko+} - w_{kt-1}^{Ko+'} + w_{kt-1}^{Ko-}) \qquad (t \in I_{KN}^{Pe}),$$

$$(3.2.1.3) \quad KK_t = \sum_{k=1}^{K} [w_{kt}^{Ko+} + w_{kt}^{Ko+'} - w_{kt}^{Ko-} - w_{kt-1}^{Ko+} - w_{kt-1}^{Ko+'} + w_{kt-1}^{Ko-} - \sum_{r=t-z_{Ab}}^{t-1} (f_{kr}^{Ko+} w_{kr}^{Ko+} + f_{kr}^{Ko+'} w_{kr}^{Ko+'} - f_{kr}^{Ko-} w_{kr}^{Ko-})] \qquad (t \in I_{KA}^{Pe}).$$

Während die nicht vorzeichenbeschränkte Variable KK_t den in Periode t insgesamt durch Transaktionen auf den Kontokorrentkonten zu verzeichnenden Zahlungsmittelzufluß ($KK_t \geqq 0$) bzw. Zahlungsmittelabfluß ($KK_t < 0$) ausdrückt, gibt die Größe z_{Ab} die Periodenzahl an, die zwischen zwei aufeinanderfolgenden Abrechnungsperioden liegt. Demnach wird im weiteren unterstellt, daß alle Kreditinstitute in den gleichen Perioden des Planungszeitraums Zinsen aus der Inanspruchnahme von Kontokorrentkrediten in Rechnung stellen bzw. aus Guthaben auf Kontokorrentkonten gutschreiben.

Ohne die Einführung von Kreditlinien, bis zu denen ein Kontokorrentkredit zu den vereinbarten Konditionen durch die Unternehmung in Anspruch genommen werden kann, besteht für den Finanzbereich keine Notwendigkeit, einen unter Umständen teureren Überziehungskredit aufzunehmen. Begrenzt das Kreditinstitut k die Höhe des Kontokorrentkredits durch eine über den Planungszeitraum hinweg konstante Kreditlinie $\bar{W}_k^{Ko}$, so sind die nachstehenden Restriktionen in Ansatz zu bringen:

$$(3.2.1.4) \quad w_{kt}^{Ko+} + LR_{kt}^{Ko+} = \bar{W}_k^{Ko} \qquad (k=1(1)K;\ t=1(1)T).$$

Die nicht negative Variable LR_{kt}^{Ko+} bringt den Betrag zum Ausdruck, der vom Finanzbereich in der Periode t auf dem Kontokorrentkonto des Kreditinstituts k als Beitrag zu einer Liquiditätsreserve angesehen werden kann, ohne daß hierfür Oberziehungskredite in Anspruch genommen werden müssen.

Auch Oberziehungskredite auf Kontokorrentkonten werden durch die jeweiligen Kreditinstitute in der Regel nicht in beliebiger Höhe bewilligt. Demnach sind für diese Kredite ebenfalls Obergrenzen im Modell zu erfassen. $\bar{W}_{k}^{Ko'}$ kennzeichnet dabei den maximalen Oberziehungskredit, den das Kreditinstitut k bereit ist, der Unternehmung zu gewähren.[1)]

$$(3.2.1.5) \qquad w_{kt}^{Ko+'} + LR_{kt}^{Ko+'} = \bar{W}_{k}^{Ko'} \qquad (k=1(1)K;\ t=1(1)T).$$

Den nicht negativen Variablen $LR_{kt}^{Ko+'}$ kommt hier die analoge Interpretation als Beitrag zur Liquiditätsreserve in Periode t zu, wobei dieser Beitrag aus der Inanspruchnahme von Oberziehungskrediten beim Kreditinstitut k herrührt.

Auf Reihenfolgebedingungen, die sicherstellen, daß vor der Inanspruchnahme von Krediten im Rahmen der bestehenden Kreditlinien zunächst ein unter Umständen vorhandenes Guthaben auf einem Kontokorrentkonto abgebaut wird, kann ebenso verzichtet werden wie auf Bedingungen, die erst dann eine Kreditlinienüberziehung gestatten, wenn zuvor der bewilligte Kontokorrentkredit in vollem Umfang genutzt wurde. In beiden Fällen sorgt das weiter unten darzustellende Zielsystem des Finanzbereichs dafür, daß diese Bedingungen automatisch eingehalten werden. Ebenso verhält es sich in Perioden, in

---

1. Hierbei erscheint es für die Modellformulierung als gleichgültig, ob diese Grenzen für Oberziehungskredite der Unternehmung direkt von den jeweiligen Kreditinstituten mitgeteilt wurden oder ob der Finanzbereich meint, daß die einzelnen Institute bereit sind, bis zu diesen Grenzen weitere Kontokorrentkredite zu bewilligen; vgl. zur Kenntnis der Unternehmung über ihre Kontokorrentkreditlinien STRAUB [1974], S. 86 ff.

denen der Finanzbereich über liquide Mittel verfügt, die in Finanzanlagen kurzfristig investiert werden können. Er wird erst in dem Moment Finanzanlagen in Form von Kontokorrentguthaben bilden, wenn zuvor bestehende Kontokorrentkredite abgebaut worden sind. Demnach gelten stets die Beziehungen

$$(3.1.2.6)^{*} \quad w_{kt}^{Ko-} \cdot w_{kt}^{Ko+} = 0 \qquad (k=1(1)K;\ t=1(1)T),$$

$$(3.2.1.7)^{*} \quad w_{kt}^{Ko-} \cdot w_{kt}^{Ko+'} = 0 \qquad (k=1(1)K;\ t=1(1)T).$$

b) Diskontkredite als finanzwirtschaftliche Instrumente

Gelangt die betrachtete Unternehmung aufgrund der Zahlungsgewohnheiten ihrer Kunden in den Besitz von Handelswechseln[1], so bieten sich für die Verwendung dieser Wertpapiere die nachstehenden Möglichkeiten an. Der Finanzbereich kann die Wechsel

- zur Rechnungsbegleichung an die Lieferanten weitergeben,
- zum Diskont einem Kreditinstitut abtreten, um dadurch Zahlungsmittel zu beschaffen, oder
- bei Fälligkeit dem Wechselschuldner zur Einlösung vorlegen.[2]

Beim Diskontkredit handelt es sich analog zum Kontokorrentkredit um einen kurzfristigen Kredit, durch den der Finanzbereich den Zahlungsmittelzufluß von den auf den jeweiligen Wechseln vermerkten

---

1. Der Ankauf von noch nicht fälligen Wechseln als Anlagemöglichkeit überschüssiger liquider Mittel bleibt im folgenden außerhalb der Betrachtungen; eine Berücksichtigung dieser Möglichkeit bietet das Modell von BÜHLER/GEHRING/GLASER [1979], S. 25 ff.

2. Vgl. zu den Verwendungsformen von Besitzwechseln VORMBAUM [1977], S. 224.

Fälligkeitsperioden in von ihr gewünschten Perioden vorverlegen kann. Charakteristisch ist für den Diskontkredit, daß die kreditnehmende Unternehmung im Gegensatz zum Kontokorrentkredit nicht als Kreditschuldner, sondern lediglich als Kreditgläubiger fungiert, der unter Umständen erst dann zur Kredittilgung von Seiten des kreditgewährenden Instituts herangezogen wird, wenn der eigentliche Wechselschuldner seinen eingegangenen Verpflichtungen nicht nachkommt.

Die Diskontierung von Wechseln bei Kreditinstituten ist für den Wechseleinreicher mit Kosten verbunden, die im wesentlichen aus dem Sollzins bestehen; auf die Berücksichtigung von Gebühren wird aufgrund ihrer untergeordneten Bedeutung im weiteren verzichtet.[1] Die Wechselsteuer als Kostenbestandteil spielt für die wechseleinreichende Unternehmung in diesem Zusammenhang keine Rolle, da sie im Zeitpunkt der erstmaligen Inumlaufsetzung des jeweiligen Wechsels fällig wird und in der Regel dann vom Wechselschuldner beim gezogenen Wechsel oder vom Wechselaussteller beim Solawechsel zu tragen ist.

Im weiteren wird davon ausgegangen, daß der Finanzbereich zu Beginn des Planungszeitraums lediglich im Besitz von Wechseln ist bzw. im Laufe des Planungszeitraums gelangt, die den Anforderungen der K Kreditinstitute, mit denen die Unternehmung Geschäftsbeziehungen unterhält, genügen, um von diesen diskontiert zu werden. Demnach kann der Finanzbereich an jedes der Kreditinstitute zwecks Wechseldiskontierung herantreten; eine eventuell von Seiten eines Kreditinstituts notwendig erscheinende Kreditwürdigkeitsprüfung wird als im Rahmen der Kreditliniengewährung für Kontokorrentkredite durchgeführt erachtet. Darüber hinausgehend sind aufgrund der herrschenden Wechselstrenge durch die wechseleinreichende Unternehmung

1. Die Kostenkomponenten des Diskontkredits werden u.a. von HIELSCHER/LAUBSCHER [1976], S. 95 ff. und HAGENMÜLLER [1978], S. 65 ff. beschrieben.

gewöhnlich keine Sicherheiten bereitzustellen.

Der vom diskontierenden Kreditinstitut in Rechnung gestellte Diskont ist neben der Restlaufzeit eines eingereichten Wechsels im wesentlichen von dessen Bundesbankfähigkeit abhängig.[1] Pro Einheit der zu diskontierenden Wechselsumme berechnet das zu Beginn der Periode t diskontierende Kreditinstitut k beim Ankauf eines bundesbankfähigen, mit einer Laufzeit von c Perioden versehenen, in der Periode r ausgestellten Wechsels - im folgenden mit Typ cr bezeichnet - einen Abschlag in Höhe von f^{WB}_{kcrt}, bei nicht bundesbankfähigen Wechseln hingegen f^{WN}_{kcrt} ($f^{WB}_{kcrt} \leqq f^{WN}_{kcrt}$). Die in der Regel üblichen Wechsellaufzeiten sind in den nachstehenden Indexmengen zusammengefaßt:

(3.2.1.8) I^{L}_{WB} := Menge aller Laufzeitindizes, mit deren zugehörigen Laufzeiten bundesbankfähige Wechsel versehen sind.

(3.2.1.9) I^{L}_{WN} := Menge aller Laufzeitindizes, mit deren zugehörigen Laufzeiten nicht bundesbankfähige Wechsel versehen sind.

Ein wesentliches Merkmal für die Bundesbankfähigkeit eines zu diskontierenden Wechsels ist in dessen Restlaufzeit zu sehen. Verlangen Kreditinstitute, bei denen die Unternehmung Wechsel diskontieren kann, Mindestrestlaufzeiten für zu diskontierende bundesbankfähige Wechsel, so können die folgenden Mengen gebildet werden.

---

1. Zu den Bedingungen, denen ein bundesbankfähiger Wechsel genügen muß, vgl. VORMBAUM [1977], S. 225 f.

$$(3.2.1.10)\qquad I^L_{WB(k)} := I^L_{WB} \cap \{ c^{WB}_k, c^{WB}_k + 1, \ldots, c^{WB}_k + Z \} \qquad (k=1(1)K).$$ [1]

Hierin bezeichnet c^{WB}_k die vom Kreditinstitut k geforderte Restlaufzeit eines zu diskontierenden bundesbankfähigen Wechsels. Kennzeichnen darüber hinaus die Variablen w^{WB}_{kcrt} bzw. w^{WN}_{kcrt} die beim Kreditinstitut k zu Beginn der Periode t zu diskontierenden Wechselbeträge vom Typ cr, dann bringt die nicht negative Variable DK_t den sich aus der Inanspruchnahme von Diskontkrediten zu Beginn der Periode t der Unternehmung zufließenden Betrag an Zahlungsmitteln zum Ausdruck:

$$(3.2.1.11)\qquad DK_t = \sum_{k=1}^{K} \Big[\sum_{c\in I^L_{WB(k)}} \sum_{r=t-c+c^{WB}_k}^{t} (1 - f^{WB}_{kcrt})\, w^{WB}_{kcrt} + \sum_{c\in I^L_{WB}} \sum_{r=t-c+1}^{t-c+c^{WB}_k-1} (1 - f^{WN}_{kcrt})\, w^{WB}_{kcrt} + \sum_{c\in I^L_{WN}} \sum_{r=t-c+1}^{t} (1 - f^{WN}_{kcrt})\, w^{WN}_{kcrt} \Big] \qquad (t=1(1)T).$$

Demnach werden im Modell zum Diskont gereichte bundesbankfähige Wechsel, deren Restlaufzeiten nicht den Anforderungen des diskontierenden Kreditinstituts genügen, wie nicht bundesbankfähige Wechsel behandelt. Für die zu Beginn ihrer Fälligkeitsperiode im Portefeuille

1. Die Größe Z beinhaltet eine beliebige, hinreichend große Zahl. Auf eine Berücksichtigung von Mindestrestlaufzeiten für nicht bundesbankfähige Wechsel, deren Erfassung ebenfalls möglich wäre, wird im weiteren verzichtet.

des Finanzbereichs befindlichen Wechsel wird unterstellt, daß sie dem Wechselschuldner vorgelegt werden und zu Einzahlungen in der Wechselbetragshöhe führen.

Analog zu Kreditlinien bei Kontokorrentkrediten sieht sich die Unternehmung auch bei der Beantwortung der Frage, wann sie in welcher Höhe welche Wechsel bei welchem Kreditinstitut zum Diskont einreichen soll, den von den einzelnen Kreditinstituten geäußerten Beschränkungen gegenüber. So räumen Kreditinstitute in der Regel Diskontlinien ein, bis zu der sie bei der betrachteten Unternehmung bereit sind, noch nicht fällige Wechsel anzukaufen.[1)]

Zur Erfassung dieser Beschränkungen der Dispositionsfreiheit des Finanzbereichs werden die nachstehenden Restriktionen formuliert, in denen $\bar{W}_k^W$ das Wechselobligo zum Ausdruck bringt, bis zu dem das Kreditinstitut k bereit ist, von der Unternehmung insgesamt Wechsel anzukaufen, während $\bar{W}_k^{WN}$ demgegenüber den Betrag des Wechselobligos angibt, der durch nicht bundesbankfähige Wechsel ausgeschöpft werden darf ($\bar{W}_k^W \geqq \bar{W}_k^{WN}$):

$$(3.2.1.12) \quad \sum_{c \in I_{WB}^L} \sum_{r=t-c+1}^{t} \sum_{s=r}^{t} w_{kcrs}^{WB} + \sum_{c \in I_{WN}^L} \sum_{r=t-c+1}^{t} \sum_{s=r}^{t} w_{kcrs}^{WN} + LR_{kt}^W = \bar{W}_k^W \qquad (k=1(1)K;\ t=1(1)T),$$

$$(3.2.1.13) \quad \sum_{c \in I_{WB}^L} \sum_{r=t-c+1}^{t-c+c_k^{WB}-1} \sum_{s=r+c-c_k^{WB}+1}^{t} w_{kcrs}^{WB} + \sum_{c \in I_{WN}^L} \sum_{r=t-c+1}^{t} \sum_{s=r}^{t} w_{kcrs}^{WN} + LR_{kt}^{WN} \leqq \bar{W}_k^{WN} \qquad (k=1(1)K;\ t=1(1)T).$$

1. Vgl. hierzu HIELSCHER/LAUBSCHER [1976], S. 95.

Bundesbankfähige Wechsel, die mit einer Restlaufzeit von weniger als c_k^{WB} Perioden beim Kreditinstitut k zum Diskont gereicht werden, belasten demnach das Wechselobligo für nicht bundesbankfähige Wechsel. Die nicht negative Variable LR_{kt}^{W} beinhaltet das beim Kreditinstitut k in Periode t nicht ausgeschöpfte Wechselobligo und ist im weiteren als maximal möglicher Beitrag zur Liquiditätsreserve zu verstehen. Demgegenüber bringt die nicht negative Variable LR_{kt}^{WN} den Betrag zum Ausdruck, in dessen Höhe beim Kreditinstitut k in Periode t maximal zusätzlich nicht bundesbankfähige Wechselbeträge diskontiert werden können. Demnach ist zu fordern:

$$(3.2.1.14) \qquad LR_{kt}^{WN} \leqq LR_{kt}^{W} \qquad (k=1(1)K;\ t=1(1)T).$$

c) Mehrperiodige Anlagen als finanzwirtschaftliche Instrumente

Neben Sichteinlagen in Form der oben dargestellten Kontokorrentguthaben kann der Finanzbereich sowohl befristete Einlagen bei Kreditinstituten (z.B. Fest- und Kündigungsgelder[1]) als auch den Erwerb von Wertpapieren für die Anlage liquider Mittel heranziehen.[2] Im Hinblick auf die Struktur des Kapitalrückflusses, die aus den Finanzanlagen erzielbaren Erträge sowie die bei den Transaktionen zu entrichtenden Entgelte können für die hier zu berücksichtigenden Finanzanlageformen folgende Aussagen getätigt werden.

1. Aufgrund der geringen Bedeutung von Kündigungsgeldern als Finanzanlageform wird auf ihre weitere Berücksichtigung verzichtet.

2. Formal handelt es sich bei der Anlage in Sichteinlagen und befristeten Einlagen um einen identischen Vorgang; ökonomisch stehen hinter diesen Maßnahmen andere Motive. Während Sichteinlagen in erster Linie der Abwicklung des Zahlungsverkehrs dienen, kommt befristeten Einlagen vordringlich die Aufgabe zu, vorübergehend nicht benötigte Mittel ertragsbringend anzulegen.

Bei Festgeldanlagen handelt es sich um befristete Einlagen bei Kreditinstituten, die über eine gewisse Periodenzahl angelegt werden. Zinszahlungen seitens der Kreditinstitute sind in der Regel in Perioden der Auflösung von Festgeldanlagen zu entrichten. Auf die Berechnung von Gebühren wird meistens durch die Kreditinstitute verzichtet.[1)]

Prinzipiell wird im weiteren davon ausgegangen, daß alle Kreditinstitute, mit denen die Unternehmung in Geschäftsbeziehungen steht, Festgeldanlagen mit den in der jeweiligen Indexmenge $I^{L}_{FG(k)}$ zusammengefaßten, unterschiedlichen Laufzeiten anbieten.

(3.2.1.15) $I^{L}_{FG(k)}$:= Menge aller Laufzeitindizes, deren zugehörige Laufzeiten der Unternehmung für Festgeldanlagen vom Kreditinstitut k angeboten werden (k=1(1)K).

Unterschiedlich ist dabei das Verhalten der Kreditinstitute hinsichtlich der Möglichkeit einer vorzeitigen Festgeldauflösung zu beurteilen. Während einige Kreditinstitute die Auflösung von Festgeldanlagen vor dem vereinbarten Fälligkeitstermin generell ablehnen, bejahen andere diese Möglichkeit unter Berechnung von Zinsabschlägen. Beide Varianten werden im weiteren durch die Bildung der disjunkten Indexmengen I^{Kr+}_{FG} und I^{Kr-}_{FG} erfaßt:

(3.2.1.16) I^{Kr+}_{FG} := Menge aller Kreditinstitutindizes, deren zugehörige Kreditinstitute der Unternehmung Festgeldanlagen anbieten und dabei eine Auflösung der angelegten Gelder vor dem vereinbarten Fälligkeitstermin zulassen.

---

1. Vgl. STRAUB [1974], S. 68

(3.2.1.17) I^{Kr-}_{FG} := Menge aller Kreditinstitutindizes, deren zugehörige Kreditinstitute der Unternehmung Festgeldanlagen anbieten und dabei eine Auflösung der angelegten Gelder vor dem vereinbarten Fälligkeitstermin generell ausschliessen.

Als Variablen zur Berücksichtigung dieser finanzwirtschaftlichen Instrumente werden die Größen w^{FG-}_{kct} definiert, durch die die Beträge gekennzeichnet sind, die beim Kreditinstitut k in Form von Festgeldanlagen mit der vereinbarten Laufzeit von c Perioden zu Beginn der Periode t angelegt werden. Nur für den Fall, daß vorzeitige Festgeldauflösungen möglich sind, ist die Einführung der Variablen w^{FG+}_{kcst} notwendig; sie beinhalten die beim Kreditinstitut k angelegten Geldbeträge vom Typ cs (zu Beginn der Periode s mit einer ursprünglichen Laufzeit von c Perioden angelgten Geldbeträge), die zu Beginn der Periode t aufgelöst werden.

Weiter wird bei dieser Anlagenform vereinfachend davon ausgegangen, daß der Unternehmung Zinsen zusammen mit dem investierten Betrag in der Periode der Auflösung ausgezahlt werden. Bei nicht vorzeitig auflösbaren Anlagen zahlt dabei das Kreditinstitut k pro Einheit f^{FG}_{kct} Zinsen für die in Periode t mit der vereinbarten Laufzeit von c Perioden angelegten Gelder. Festgeldanlagen, bei denen die Möglichkeit einer vorzeitigen Auflösung besteht, erwirtschaften pro Einheit hingegen einen Zins von f^{FG}_{kcst}, wenn die beim Kreditinstitut k angelegten Gelder vom Typ cs in Periode t aufgelöst werden ($t-s \leqq c$; $t>s$).[1]

Neben den Einlagen bei Kreditinstituten stehen dem Finanzbereich der Kauf und Verkauf von Wertpapieren zur Finanzanlage bzw. zur Beschaf-

1. Mindestanlagezeiten, die entweder vom jeweiligen Institut vorgegeben werden oder wegen alternativer Finanzanlagemöglichkeiten aufgrund erfolgswirtschaftlicher Überlegungen einzuhalten sind, lassen sich prinzipiell ebenfalls berücksichtigen, worauf in der vorliegenden Arbeit jedoch verzichtet werden soll.

fung von Zahlungsmitteln als Instrumente zur Verfügung. Zu den Papieren, die durch Nichtbanken zur Erfüllung der skizzierten Zwecksetzung erworben werden können, zählen in vorrangiger Weise die festverzinslichen Wertpapiere - wie z.B. Schuldverschreibungen - sowie die nicht festverzinslichen Wertpapiere mit der am weitesten verbreiteten Form der Aktie. Neben diesen langläufigen Effekten kommen auch Wertpapiere mit kürzeren Laufzeiten in Betracht, zu denen insbesondere die von den öffentlichen Gebietskörperschaften und Sondervermögen des Bundes angebotenen Schatzwechsel und unverzinslichen Schatzanweisungen gehören.

Allen diesen Anlageformen ist ihre hohe Fungibilität gemeinsam; unterschiedlich ist hingegen die Ertragserwartung zu beurteilen. Während die lang- und kurzfristigen, mit einem Fälligkeitstermin versehenen Wertpapiere als ertragssichere Anlagemöglichkeiten angesehen werden können, denen lediglich bei vorzeitiger Veräußerung ein entsprechendes Kursrisiko anhaftet, tritt bei der Aktie neben das Kursrisiko auch die Unsicherheit hinsichtlich der Ertragsfähigkeit hinzu, da in der Regel nicht von einer Dividendensicherheit ausgegangen werden kann. Der Finanzbereich steht somit zu Beginn jeder Periode vor dem Entscheidungsproblem, welche Finanzanlageform er in welchem Umfang zur Anlage von Zahlungsmitteln heranziehen bzw. zur Erlangung dieser auflösen will.

Im folgenden werden die skizzierten Finanzanlagevarianten des Wertpapiererwerbs hinsichtlich eines vorhandenen Fälligkeitstermins differenziert und jeweils zu den disjunkten Indexmengen I_{VF}^{FA} und I_{KF}^{FA} zusammengefaßt.[1)]

(3.2.1.18) I_{VF}^{FA} := Menge aller Finanzanlageindizes, deren zugehörige Finanzanlagen Wertpapiere mit einem Fälligkeitstermin darstellen.

---

1. Vgl. zu dieser Vorgehensweise BÖHLER/GEHRING/GLASER [1979], S. 25.

(3.2.1.19) I_{KF}^{FA} := Menge aller Finanzanlageindizes, deren zugehörige Finanzanlagen Wertpapiere ohne einen Fälligkeitstermin darstellen.

Die Variable v_{gst}^{-} kennzeichnet die Anzahl der Einheiten der Finanzanlage g, die zu Beginn der Periode s fällig und zu Beginn der Periode t durch den Finanzbereich erworben wird; v_{gst}^{+} beinhaltet in analoger Weise die zu veräußernden Einheiten.[1] Dabei werden die Fälligkeitsperioden einer Finanzanlageform g in der Indexmenge $I_g^{Fä}$ erfaßt.

(3.2.1.20) $I_g^{Fä}$:= Menge aller Periodenindizes, in deren zugehörigen Perioden Finanzanlagen der Art g fällig werden ($g \in I_{VF}^{FA}$).

Bei Finanzanlageformen, die keinen Fälligkeitstermin besitzen, kann folglich auf den Index s verzichtet werden. Dementsprechend werden durch die Variable v_{gt}^{-} die zu Beginn der Periode t zu erwerbenden Einheiten und durch die Variable v_{gt}^{+} die zu Beginn der Periode t zu veräußernden Einheiten der Finanzanlageform g erfaßt. Bestände zu Beginn des Planungszeitraums werden durch die Größen v_{gs0} bzw. v_{g0} berücksichtigt.

Als erfolgswirtschaftliche Bestandteile sind bei diesen Anlageformen im Gegensatz zu Festgeldanlagen neben Zinsen bzw. Dividenden der jeweils herrschende Kurs sowie die mit dem Erwerb oder der Veräußerung eines Wertpapiers verbundenen Aufwendungen zu beachten. Im weiteren kennzeichnet p_{gst}^{+} bzw. p_{gt}^{+} den Kurs einer zu Beginn der Periode t zu veräußernden Einheit der Finanzanlage g, die - für alle $g \in I_{VF}^{FA}$ - in Periode s fällig ist. In analoger Weise beinhaltet p_{gst}^{-} bzw. p_{gt}^{-} den jeweiligen Kaufkurs ($p_{gst}^{+} \leqq p_{gst}^{-}$; $p_{gt}^{+} \leqq p_{gt}^{-}$). Die von den Kreditinstituten in Rechnung gestellten Provisionen für An- und Verkauf der entsprechenden Wertpapiere werden als periodenunabhängig und proportio-

---

1. Eine analoge Variablendefinition verwendet ROSENBERG [1976], Sp. 586.

nal zum wertmäßigen Umsatz unterstellt; pr_g^- gibt die pro wertmäßige Umsatzeinheit berechnete Gebühr beim Kauf der Anlageform g wieder, pr_g^+ die entsprechende Gebühr beim Verkauf der Wertpapiere.[1)]

Für festverzinsliche und dividendenberechtigte Wertpapiere wird angenommen, daß in bestimmten Perioden des Planungszeitraums Zins- bzw. Dividendenzahlungen in Höhe von f_{gst} bzw. f_{gt} für eine Einheit der Finanzanlageform g erfolgen bzw. erwartet werden. Eine Besonderheit ist bei Transaktionen festverzinslicher Wertpapiere zwischen zwei Zinsterminen zu beachten. Während sich bei Aktien die Dividendenerwartung in der Kursentwicklung und damit in den Größen p_{gt}^+ bzw. p_{gt}^- niederschlägt, sind bei festverzinslichen Wertpapieren neben dem jeweiligen Kurs die bis zur Kauf- bzw. Verkaufsperiode angelaufenen Stückzinsen ins Kalkül einzubeziehen. Für die Modellformulierung wird davon ausgegangen, daß in den Kursen der entsprechenden festverzinslichen Wertpapiere die jeweiligen angelaufenen Stückzinsen eingerechnet sind.[2)]

Für eine zu Beginn der Periode t zu veräußernde Einheit der Finanzanlage g erhält die Unternehmung demnach:

$$(3.2.1.21)^* \quad p_{gst}^{ko+} = (1-pr_g^+)\, p_{gst}^+ \qquad (g\in I_{VF}^{FA};\ t=1(1)T;\ s\geqq t;\ s\in I_g^{Fä}),$$

$$(3.2.1.22)^* \quad p_{gt}^{ko+} = (1-pr_g^+)\, p_{gt}^+ \qquad (g\in I_{KF}^{FA};\ t=1(1)T).$$

Entsprechend ergeben sich folgende Auszahlungen für eine zu Beginn der Periode t zu erwerbende Einheit der Finanzanlage g:

---

1. Auf eine Differenzierung nach Kreditinstituten kann verzichtet werden, da die von diesen erhobenen Gebühren keine wesentlichen Unterschiede aufweisen; vgl. HAGENMÜLLER [1978], 215. Im weiteren wird davon ausgegangen, daß die Börsenumsatzsteuer in den An- und Verkaufsprovisionen enthalten ist.

2. Nicht vorgeschrieben nach § 24 KVStG (Kapitalverkehrsteuergesetz in der Fassung vom 17.11.1972) ist die Einbeziehung der Stückzinsen in die Bemessungsgrundlage der Börsenumsatzsteuer; aufgrund der geringen liquiditätsmäßigen Auswirkungen wird sie jedoch beibehalten.

$$(3.2.1.23)^* \quad p^{ko-}_{gst} = (1+pr^-_g)\, p^-_{gst} \quad (g \in I^{FA}_{VF};\ t=1(1)T;\ s>t;\ s \in I^{Fä}_g),$$

$$(3.2.1.24)^* \quad p^{ko-}_{gt} = (1+pr^-_g)\, p^-_{gt} \quad (g \in I^{FA}_{KF};\ t=1(1)T).$$

Unter Beachtung dieser einzelnen, die Zahlungsstruktur bestimmenden Komponenten im Rahmen der Transaktionen von zur Verfügung stehenden Finanzanlagemöglichkeiten läßt sich die Höhe der Zahlungsmittelzuflüsse ($FL_t \geqq 0$) bzw. der Zahlungsmittelabflüsse ($FL_t < 0$) in Periode t durch die nicht vorzeichenbeschränkte Variable FL_t bestimmen.

$$\begin{aligned}(3.2.1.25) \quad FL_t = & \sum_{k \in I^{Kr+}_{FG}} \sum_{c \in I^{L}_{FG(k)}} \sum_{s=t-c}^{t-1} (1+f^{FG}_{kcst})\, w^{FG+}_{kcst} \\ & + \sum_{k \in I^{Kr-}_{FG}} \sum_{c \in I^{L}_{FG(k)}} (1+f^{FG}_{kct-c})\, w^{FG-}_{kct-c} \\ & - \sum_{k=1}^{K} \sum_{c \in I^{L}_{FG(k)}} w^{FG-}_{kct} \\ & + \sum_{g \in I^{FA}_{VF}} \sum_{s \geqq t, s \in I^{Fä}_g} (p^{ko+}_{gst}\, v^+_{gst} - p^{ko-}_{gst}\, v^-_{gst}) \\ & + \sum_{g \in I^{FA}_{KF}} (p^{ko+}_{gt} v^+_{gt} - p^{ko-}_{gt} v^-_{gt}) \\ & + \sum_{g \in I^{FA}_{Z(t)}} \sum_{s \geqq t, s \in I^{Fä}_g} f_{gst} [v_{gs0} + \sum_{r=1}^{t} (v^-_{gsr} - v^+_{gsr})] \\ & + \sum_{g \in I^{FA}_{D(t)}} f_{gt}\, [\, v_{g0} + \sum_{r=1}^{t} (v^-_{gr} - v^+_{gr})] \\ & \qquad (t=1(1)T),\end{aligned}$$

wobei die Indexmengen $I^{FA}_{Z(t)}$ und $I^{FA}_{D(t)}$ wie folgt definiert sind:

(3.2.1.26) $I^{FA}_{Z(t)}$:= Menge aller Finanzanlagenindizes, deren zugehörige Finanzanlagen in Form festverzinslicher Wertpapiere gehalten werden und in Periode t einen Zinstermin besitzen (t=1(1)T).

(3.2.1.27) $I^{FA}_{D(t)}$:= Menge aller Finanzanlagenindizes, deren zugehörige Finanzanlgen in Form dividendenberechtigter Wertpapiere gehalten werden und in Periode t einen Dividendentermin besitzen (t=1(1)T).

Finanzanlagen, die vom Finanzbereich in Wertpapieren gehalten werden, beinhalten aufgrund schwankender Kurse und - zumindest bei dividendenberechtigten Papieren - der einzelnen Ertragsbestandteile das Moment des Risikos. Um sich nicht der Gefahr eines plötzlichen, schwerwiegenden Verlustes aus unvorhergesehenen stark sinkenden Kursen auszusetzen, werden im Modell relative Höchstgrenzen formuliert, bis zu denen einzelne Anlageformen maximal im jeweiligen Portefeuille enthalten sein dürfen. Im weiteren kennzeichnet Φ^{Z}_{g} den wertmäßigen Anteil der Finanzanlageart $g \in I^{FA}_{VF}$ an den gesamten durchgeführten wertmäßigen Finanzanlagen in Form festverzinslicher Wertpapiere, der in keiner Periode des Planungszeitraums überschritten werden darf.[1]

(3.2.1.28)
$$p^{+}_{gst} \left[v_{gs0} + \sum_{r=1}^{t} (v^{-}_{gsr} - v^{+}_{gsr}) \right] \leq$$
$$\Phi^{Z}_{g} \sum_{g \in I^{FA}_{VF}} \sum_{s>t, s \in I^{Fä}_{g}} p^{+}_{gst} \left[v_{gs0} + \sum_{r=1}^{t} (v^{-}_{gsr} - v^{+}_{gsr}) \right]$$
$$(g \in I^{FA}_{VF};\ t=1(1)T;\ s>t;\ s \in I^{Fä}_{g})$$

---

1. Derartige Restriktionen formuliert auch ROSENBERG [1976], Sp. 587.

Mit der analogen Interpretation der Größe Φ_g^D für dividendenberechtigte Wertpapiere erhält man:

$$(3.2.1.29) \quad p_{gt}^{+} [v_{g0} + \sum_{r=1}^{t} (v_{gr}^{-} - v_{gr}^{+})] \leqq$$

$$\Phi_g^D \sum_{g\in I_{KF}^{FA}} p_{gt}^{+} [v_{g0} + \sum_{r=1}^{t} (v_{gr}^{-} - v_{gr}^{+})]$$

$$(g\in I_{KF}^{FA};\ t=1(1)T).$$

Aus Gründen einer widerspruchsfreien Modellformulierung müssen die durch den Entscheidungsträger vorzugebenden Größen Φ_g^Z und Φ_g^D die nachfolgenden Beziehungen erfüllen.

$$(3.2.1.30)^{*} \quad \sum_{g\in I_{VF}^{FA}} \Phi_g^Z \geqq 1,$$

$$(3.2.1.31)^{*} \quad \sum_{g\in I_{KF}^{FA}} \Phi_g^D \geqq 1.$$

Weiter ist zu beachten, daß lediglich die Finanzanlagen zu Beginn einer Periode aufgelöst werden dürfen, die zuvor gebildet wurden. Für Festgeldanlagen entspricht dieser Forderung der nachstehende Ausdruck.

$$(3.2.1.32) \quad w_{kct}^{FG-} - \sum_{r=t+1}^{h} w_{kctr}^{FG+} \geqq 0$$

$$(k\in I_{FG}^{Kr+};\ c\in I_{FG(k)}^{L};\ t=-c+1(1)T-1;\ h := \min\{T,t+c\}).$$

Bevor derartige Beschränkungen für Wertpapiere formuliert werden können, ist eine weitere Verwendungsmöglichkeit dieser Finanzanlageform -

die Verpfändung zur Erlangung von Lombardkrediten - modellmäßig zu erfassen.

d) Lombardkredite als finanzwirtschaftliche Instrumente

Durch die Aufnahme eines Fffektenlombardkredits[1] wird es für die Unternehmung möglich, kurzfristig Zahlungsmittel zu beschaffen. Technisch gesehen handelt es sich bei dieser Kreditform um einen durch Verpfändung von Wertpapieren gesicherten kurzfristigen Buchkredit. Deutlich kommt damit die durch die Aufnahme eines Lombardkredits eingeschränkte Verwendungsmöglichkeit der verpfändeten Wertpapiere zum Ausdruck - mit der Entscheidung, Wertpapiere zum Zweck der Aufnahme eines Lombardkredits zu verpfänden, ist ihre Veräußerung zur Zuführung liquider Mittel ausgeschlossen.

Analog zur Annahme bei der Gewährung von Diskontkrediten wird im folgenden davon ausgegangen, daß jedes der K Kreditinstitute, bei dem die Unternehmung ein Kontokorrentkonto unterhält, bereit ist, der Unternehmung Lombardkredite zu gewähren. Des weiteren wird angenommen, daß ein zu Beginn der Periode t über c Perioden gewährter Lombardkredit des Kreditinstituts k - dargestellt durch die Variable w_{kct}^{Lo} - am Ende seiner Laufzeit, also zu Beginn der Periode t+c, inklusive der vereinbarten Zinsen zurückzuzahlen ist.[2] Die für eine Einheit eines zu Beginn der Periode t aufgenommenen über c Perioden vom Kreditinstitut k gewährten Lombardkredits berechneten Zinsen werden in der Konstanten f_{kct}^{Lo} erfaßt.

---

1. In den weiteren Ausführungen werden die Begriffe Effektenlombardkredit und Lombardkredit als synonym betrachtet.
2. Weitere Gebühren werden seitens der Kreditinstitute im Rahmen der Lombardkreditgewährung selten erhoben; in den Fällen, in denen Provisionen erhoben werden, lassen sie sich - analog zum Vorgehen bei Kontokorrentkrediten - in den Zinssatz f_{kct}^{Lo} einbringen; vgl. HIELSCHER/LAUBSCHER [1976], S. 103 und HAGENMOLLER [1978], S. 111.

Die finanzielle Wirkung aus der Aufnahme und Tilgung von Lombardkrediten zu Beginn der Periode t wird durch die nicht vorzeichenbeschränkte Variable LK_t erfaßt, die die Zahlungsmittelzuflüsse ($LK_t \geq 0$) bzw. Zahlungsmittelabflüsse ($LK_t < 0$) wiedergibt.

$$LK_t = \sum_{k=1}^{K} \sum_{c \in I^L_{Lo(k)}} [\, w^{Lo}_{kct} - (1+f^{Lo}_{kct-c})\, w^{Lo}_{kct-c}] \tag{3.2.1.33}$$

(t=1(1)T).

Die Indexmengen $I^L_{Lo(k)}$ sind dabei wie folgt definiert:

(3.2.1.34) $I^L_{Lo(k)}$:= Menge aller Laufzeitindizes, deren zugehörige Laufzeiten der Unternehmung bei der Gewährung von Lombardkrediten das Kreditinstitut k anbietet (k=1(1)K).

Im Gegensatz zu Kontokorrent-, Diskont- und den weiter unten darzustellenden Akzeptkrediten arbeiten Kreditinstitute im Zusammenhang mit der Lombardkreditgewährung in der Regel nicht mit starren Kreditlinien. Aufgrund der Besicherung der gewährten Lombardkredite durch Verpfändung von Wertpapieren besteht hierzu auch kein Anlaß, da durch die entsprechende Wahl der Beleihungsgrenze der seitens der Kreditinehmer eingereichten Wertpapiere das Kreditausfallrisiko der kreditgewährenden Institute gering gehalten werden kann.

Der Finanzbereich sieht sich demnach von jedem Kreditinstitut mit zwei Angaben konfrontiert - zum einen gibt ein Kreditinstitut vor, welche Wertpapiere es überhaupt als Pfänder für die Gewährung von Lombardkrediten akzeptiert, zum anderen bestimmt es für jede dieser Wertpapierarten einen prozentualen Beleihungssatz, bis zu dem es bereit ist, Kreditbeträge bereitzustellen. Dieser durch das Kreditinstitut k zum Ausdruck gebrachte Beleihungssatz für die Wertpapierart g wird mit $\gamma_{gk} \in [0,1)$ bezeichnet.[1] Nimmt γ_{gk} den Wert 0 an, so wird die betreffende Finanzanlageart g nicht als Wertpapierart zur Gewährung von Lombardkrediten vom Kreditinstitut k akzeptiert.

Wird durch die Variable v^{Lo}_{gkcst} die Anzahl der in Periode s fälligen Einheiten der Finanzanlage g bezeichnet, die die Unternehmung zu Beginn der Periode t als Pfand an das Kreditinstitut k zur Erlangung eines über c Perioden befristeten Lombardkredits abtritt, und beinhaltet die Variable v^{Lo}_{gkct} die analoge Interpretation für Wertpapierarten ohne Fälligkeitstermin, so lassen sich die nachstehenden Restriktionen formulieren:[2]

$$(3.2.1.35)\quad w^{Lo}_{kct} \leqq \sum_{g\in I^{FA}_{VF}} \gamma_{gk} \sum_{s \geqq t+c,\, s\in I^{Fä}_{g}} p^{+}_{gst}\, v^{Lo}_{gkcst} + \sum_{g\in I^{FA}_{KF}} \gamma_{gk}\, p^{+}_{gt}\, v^{Lo}_{gkct}$$

$$(k=1(1)K;\ c\in I^{L}_{Lo(k)};\ t=1(1)T).$$

Aus der Formulierung (3.2.1.35) wird ersichtlich, daß nur die Wertpapiere für einen über c Perioden laufenden Lombardkredit als Pfänder herangezogen werden dürfen, deren Fälligkeitstermin nicht vor dem Ende der jeweiligen Laufzeit des entsprechenden Lombardkredits liegt.

Der Finanzbereich hat in Verbindung mit den von ihm zur Finanzanlage gehaltenen Wertpapieren darauf zu achten, daß nicht mehr die-

---

1. Vgl. HAGENMÜLLER [1978], S. 106 f. zu den Beleihungsgrenzen der verschiedenen Wertpapierarten.
2. Derartigen Restriktionen werden auch von ROSENBERG [1976], Sp. 588 formuliert.

ser Wertpapiere den beiden im Modell erfaßten Verwendungsmöglichkeiten - einerseits der Veräußerung und andererseits der Verpfändung zur Erlangung von Lombardkrediten - zugeführt werden können, als im disponiblen Besitz der Unternehmung vorhanden sind. Demnach sind die nachstehenden Restriktionen in Ansatz zu bringen:

$$(3.2.1.36) \quad v_{gs0} + \sum_{r=1}^{t} (v^-_{gsr} - v^+_{gsr}) - \sum_{k=1}^{K} \sum_{c \in I^L_{Lo(k)}} \sum_{r=t-c+1}^{t} v^{Lo}_{gkcsr} \geqq 0$$

$$(g \in I^{FA}_{VF};\ t=1(1)T;\ s \geqq t;\ s \in I^{Fä}_{g}),$$

$$(3.2.1.37) \quad v_{g0} + \sum_{r=1}^{t} (v^-_{gr} - v^+_{gr}) - \sum_{k=1}^{K} \sum_{c \in I^L_{Lo(k)}} \sum_{r=t-c+1}^{t} v^{Lo}_{gkcr} \geqq 0$$

$$(g \in I^{FA}_{KF};\ t=1(1)T).$$

e) Akzeptkredite und Solawechsel als finanzwirtschaftliche Instrumente

Akzeptkredite unterscheiden sich von den bisher skizzierten Kreditformen in erster Linie dadurch, daß es sich bei ihnen nicht um ein Geldleihgeschäft, sondern vielmehr um ein Kreditleihgeschäft handelt.[1] Bei dieser Kreditform akzeptiert ein Kreditinstitut einen auf sich gezogenen Wechsel unter der gleichzeitigen Versicherung des

1. Vgl. HAGENMÜLLER [1978], S. 149.

Ausstellers, vor Fälligkeit den entsprechenden Wechselbetrag dem akzeptierenden Kreditinstitut bereitzustellen.

Der Wechselaussteller kann den mit der Kreditwürdigkeit des Kreditinstituts ausgestatteten Wechsel in zweifacher Hinsicht verwenden - zum einen kann er diesen an einen Lieferanten zur Rechnungsbegleichung weiterreichen, zum anderen kann er diesen Wechsel zum Diskont geben, um auf diese Art und Weise in den Besitz von Zahlungsmitteln zu gelangen. Allein im zweiten Fall ist das akzeptausstellende Kreditinstitut genötigt, eigene liquide Mittel im Rahmen der Akzeptkreditgewährung einzusetzen.

Im weiteren wird davon ausgegangen, daß wiederum alle K Kreditinstitute, mit denen die Unternehmung in Geschäftsbeziehungen steht, prinzipiell Akzeptkredite einräumen. Besondere Sicherheiten werden im Rahmen der Akzeptkreditgewährung in der Regel seitens der Kreditinstitute nicht verlangt, da lediglich Kunden mit einer zweifelsfreien Bonität die Möglichkeit des Bankakzepts durch die Kreditinstitute eingeräumt bekommen.

Die einzelnen im folgenden zu beachtenden Laufzeiten von Akzeptkrediten beinhalten die nachstehenden Indexmengen.

(3.2.1.38) I^L_{Ak} := Menge aller Laufzeitindizes, deren zugehörige Laufzeiten dem Finanzbereich bei der Inanspruchnahme von Akzeptkrediten zur Verfügung stehen.

(3.2.1.39) $I^L_{Ak(k)}$:= Menge aller Laufzeitindizes, deren zugehörige Laufzeiten das Kreditinstitut k der Unternehmung bei der Akzeptkreditgewährung anbietet (k=1(1)K).[1]

---

1. Offensichtlich gilt $\bigcup_{k=1}^{K} I^L_{Ak(k)} = I^L_{Ak}$.

Je nach Verwendungsart entstehen der Unternehmung verschieden hohe Kosten im Rahmen der Akzeptkreditinanspruchnahme.[1] Für die Akzepterteilung berechnen die Kreditinstitute in der Regel eine Provision, die vom Wechselaussteller zu tragen ist. Darüber hinaus ist vom Finanzbereich die Wechselsteuer zu entrichten, da von ihm erstmals der Wechsel in Umlauf gebracht wird. Die Konstante pr^{Ak}_{kct} beinhaltet die pro Einheit der Wechselsumme durch das Kreditinstitut k zu Beginn der Periode t erhobene Gebühr für einen über c Perioden gewährten Akzeptkredit inklusive der anfallenden Wechselsteuer.[2] Entschließt sich der Finanzbereich, mit einem Bankakzept versehene Wechsel zum Diskont zu geben, fallen darüber hinaus die im Rahmen der Diskontgewährung entstehenden Kosten in Höhe von f^{WB}_{kct} pro Einheit der Wechselsumme an. Aufgrund der Zurechnung zu den bundesbankfähigen Wechseln wird davon ausgegangen, daß der Finanzbereich allein Wechsel zum Diskont geben darf, deren Zufluß an liquiden Mitteln zur Rechnungsbegleichung von offenstehenden Lieferantenverbindlichkeiten herangezogen werden, da Kreditinstituten die Refinanzierungsmöglichkeit bei der Deutschen Bundesbank lediglich für Wechsel, die der Finanzierung von Warengeschäften dienen, erhalten bleibt.

Zur Beschreibung der Zahlungsreihen von Akzeptkrediten werden die Variablen w^{Ak}_{kct} eingeführt, die den Betrag angeben, der zu Beginn der Periode t vom Finanzbereich beim Kreditinstitut k mit der vereinbarten Laufzeit von c Perioden in Form eines Akzeptkredits aufgenommen wird. Für den zu Beginn der Periode t zum Diskont gegebenen Teil des aufgenommenen Akzeptkredits werden die Variablen w^{Ak+}_{kct} definiert. Obwohl prinzipiell die Diskontierung bei jedem Kreditinstitut möglich wäre, wird im folgenden davon ausgegangen, daß hierzu nur an das je-

1. Zu den einzelnen Kostenkomponenten eines Akzeptkredits vgl. HIELSCHER/LAUBSCHER [1976], S. 103 und HAGENMÜLLER [1978], S. 152 f.

2. Nach § 8 WStG beträgt die Wechselsteuer 0.15 DM für je 100 DM oder einen Bruchteil dieses Betrages; in den weiteren Ausführungen wird sie stets als proportional zur Wechselsumme betrachtet. Mit WStG ist das Wechselsteuergesetz in der Fassung vom 24.7.1959 angesprochen.

weils bezogene Kreditinstitut herangezogen wird.

Zu Beginn der Periode t sieht sich der Finanzbereich demnach mit Zahlungen in Verbindung mit der Aufnahme und Tilgung von Akzeptkrediten gegenüber, die in der nicht vorzeichenbeschränkten Variablen AK_t zum Ausdruck kommen und entweder Zahlungsmittelzuflüsse ($AK_t \geqq 0$) oder Zahlungsmittelabflüsse ($AK_t < 0$) beinhalten.

$$(3.2.1.40) \quad AK_t = \sum_{k=1}^{K} \sum_{c \in I^L_{Ak(k)}} [-pr^{Ak}_{kct}\, w^{Ak}_{kct} + (1-f^{WB}_{kct})\, w^{Ak+}_{kct} - w^{Ak}_{kct-c}] \qquad (t=1(1)T).$$

Bezogene Kreditinstitute werden in der Regel lediglich bereit sein - analog ihrem Verhalten bei Gewährung anderer Kreditarten -, der Unternehmung Akzepte insgesamt bis zu einer bestimmten Summe auszustellen. Diese durch das Kreditinstitut k zum Ausdruck gebrachte Grenze wird mit $\bar{W}^{Ak}_k$ bezeichnet.

$$(3.2.1.41) \quad \sum_{c \in I^L_{Ak(k)}} \sum_{r=t-c+1}^{t} w^{Ak}_{kcr} + LR^{Ak}_{kt} = \bar{W}^{Ak}_k \qquad (k=1(1)K;\ t=1(1)T).$$

Der Akzeptkreditbetrag, der von der Unternehmung in der Periode t beim Kreditinstitut k zusätzlich zu den bestehenden Akzeptkrediten aufgenommen werden kann, wird durch die vorzeichenbeschränkte Variable LR^{Ak}_{kt} beschrieben und als Beitrag zur Liquiditätsreserve in der entsprechenden Periode angesehen. In Verbindung mit den Ausdrücken (3.2.1.12) bzw. (3.2.1.13) wird deutlich, daß in der hier beschriebenen Vorgehensweise das Wechselobligo für den Ankauf von Wechseln durch die Transaktionen in Verbindung mit der Akzeptkreditgewährung unberührt bleibt.

Im Gegensatz zum gezogenen Wechsel ist beim Solawechsel der Aussteller mit dem Wechselschuldner identisch. In ihm leistet der Aussteller das Versprechen, an einem bestimmten Termin die Wechselsumme an den Wechselnehmer zu zahlen. Die mit der Ausstellung eines Solawechsels verbundenen Aufwendungen sind für den Finanzbereich lediglich in der Wechselsteuer zu sehen. Bezeichnet die Variable w_{ct}^{So} den zu Beginn der Periode t in Umlauf gebrachten Solawechselbetrag, der nach c Perioden fällig ist, und st^{So} die pro Einheit des Wechselbetrages zu entrichtende Wechselsteuer, dann lassen sich die Zahlungswirkungen dieses Instruments zu Beginn der Periode t wie folgt beschreiben:

$$(3.2.1.42) \qquad SO_t = \sum_{c \in I_{So}^L} (st^{So} w_{ct}^{So} + w_{ct-c}^{So}) \qquad (t=1(1)T).$$

Hierin ist die Indexmenge I_{So}^L wie folgt definiert:

(3.2.1.43) I_{So}^L := Menge aller Laufzeitindizes, deren zugehörige Laufzeiten die Unternehmung bei der Ausstellung von Solawechseln verwendet.

Die nichtnegative Variable SO_t beinhaltet demnach den zu Beginn der Periode t durch die Unternehmung aufzubringenden Betrag, der aus der Ausstellung und Einlösung von Solawechseln resultiert.

f) Sonstige Kredite als finanzwirtschaftliche Instrumente

Neben den geschilderten Formen der Zahlungsmittelzuführung durch Aufnahme von Kontokorrentkrediten bzw. Auflösung von Kontokorrentguthaben, der Inanspruchnahme von Diskontkrediten, der Auflösung von Finanzanlagen und der Aufnahme von Lombardkrediten wird dem Finanzbereich die Möglichkeit unterstellt, sonstige Kredite in Anspruch nehmen zu können. Gegenüber anderen Kreditformen zeichnen sich diese sonstigen Kredite dadurch aus, daß sie nicht an den Besitz von Wechseln oder Wertpapieren gebunden sind, wie dies bei der Gewährung von Diskont- oder Lombardkrediten der Fall ist, und daß sie von ihrer Laufzeit längerfristiger als Kontokorrentkredite ausgestaltet sein können. Besitzt die Unternehmung Zutritt zu den Geldmärkten, wird in dieser Gruppe der finanzwirtschaftlichen Instrumente auch die Finanzmittelbeschaffung in Form von Tages- und Termingeldern erfaßt.[1]

Bei der modellmäßigen Berücksichtigung dieser Instrumente werden die sonstigen Kredite im weiteren hinsichtlich des Kriteriums differenziert, ob vorzeitige Tilgungen der aufgenommenen Kreditbeträge vorgenommen werden können oder nicht.[2]

(3.2.1.44) $I^{L}_{K1(q)}$:= Menge aller Laufzeitindizes, deren zugehörige Laufzeiten der Unternehmung für Kredite ohne vorzeitige Tilgungsmöglichkeit von der kreditgewährenden Quelle q angeboten werden (q=1(1)Q).

(3.2.1.44) $I^{L}_{K2(q)}$:= Menge aller Laufzeitindizes, deren zugehörige Laufzeiten der Unternehmung für Kredite mit vorzeitiger Tilgungsmöglichkeit von der kreditgewährenden Quelle q angeboten werden (q=1(1)Q).[3]

Die Kostenkomponenten in Verbindung mit der Aufnahme sonstiger Kredite sind für den Finanzbereich in vorrangiger Weise in einer ein-

1. Vgl. zur Möglichkeit von Industrieunternehmen, einen direkten Zutritt zu den Geldmärkten zu besitzen, u.a. NIEBLING [1973], S. 102, WITTE/KLEIN [1974], S. 123 f. und SCHOTT [1979], S. 142 ff.
2. Vgl. hierzu auch BÖHLER/GEHRING/GLASER [1979], S. 22.
3. Offensichtlich gilt $c \geqq 2$ $(c \in I^{L}_{K2(q)})$.

malig zu entrichtenden Kreditprovision und in den anfallenden Zinszahlungen zu sehen. Im folgenden symbolisiert g^{K1}_{qct} den Anteil pro Einheit der zu Beginn der Periode t bei der kreditgewährenden Quelle q aufgenommenen Kreditsumme w^{K1}_{qct} mit der vereinbarten Laufzeit von c Perioden, der vom Finanzbereich als Disagio im Zeitpunkt der Kreditaufnahme zu tragen ist. Die zu Beginn jeder Periode nachschüssig auf die Restschuld berechneten Zinsen betragen pro Einheit und Periode f^{K1}_{qct} für einen zu Beginn der Periode t mit einer vereinbarten Laufzeit von c Perioden bei der kreditgewährenden Quelle q aufgenommenen Kredit. Die analogen Symbole finden für vorzeitig tilgbare Kredite Verwendung, die im Gegensatz zu den mit einer hochgestellten 1 gekennzeichneten nicht vorzeitig tilgbaren Krediten mit einer hochgestellten 2 versehen sind. Zu Auszahlungen führen diese anfallenden Zinsen erst nach einem mehrere Perioden umfassenden Abrechnungszeitraum, der bei der kreditgewährenden Quelle q für einen über c Perioden laufenden Kredit z_{qc} Perioden beträgt. Die Kreditaufnahmeperioden, die in Periode t Zinszahlungen nach sich ziehen, sind in den nachstehenden Indexmengen enthalten.

(3.2.1.46) I^{Pe}_{qct} := Menge aller Periodenindizes, in deren zugehörigen Perioden die Unternehmung Kredite bei der kreditgewährenden Quelle q mit der Laufzeit von c Perioden aufnehmen kann und dafür in Periode t Zinszahlungen entrichten muß ($q=1(1)Q$; $c \in I^{L}_{K1(q)} \cup I^{L}_{K2(q)}$; $t=1(1)T$).

Durch die Variablen w^{K2-}_{qcrt} werden die Beträge erfaßt, die durch den Finanzbereich zu Beginn der Periode t zwecks Tilgung eines in Periode r mit einer vereinbarten Laufzeit von c Perioden bei der kreditgewährenden Quelle q aufgenommenen vorzeitig tilgbaren Kredits aufgebracht werden.[1)]

1. Andere Zins- und Tilgungskonditionen können bei der Modellformulierung ebenfalls erfaßt werden, worauf an dieser Stelle verzichtet wird.

Die nicht vorzeichenbeschränkte Variable KS_t drückt unter Verwendung der eingeführten Symbole die zu Beginn der Periode t aus den Aktivitäten der Kreditaufnahme und -tilgung resultierenden Zahlungsmittelzuflüsse ($KS_t \geqq 0$) bzw. Zahlungsmittelabflüsse ($KS_t < 0$) aus:

$$(3.2.1.47) \quad KS_t = \sum_{q=1}^{Q} \{ \sum_{c \in I^L_{K1(q)}} [(1-g^{K1}_{qct}) w^{K1+}_{qct} - w^{K1+}_{qct-c} - \sum_{r \in I^{Pe}_{qct}} z_{qc} f^{K1}_{qcr} w^{K1+}_{qcr}] + \sum_{c \in I^L_{K2(q)}} [(1-g^{K2}_{qct}) w^{K2+}_{qct} - \sum_{r=t-c}^{t-1} w^{K2-}_{qcrt} - \sum_{r \in I^{Pe}_{qct}} \sum_{s=t-z_{qc}}^{t-1} f^{K2}_{qcr} (w^{K2+}_{qcr} - \sum_{\tau=r+1}^{s} w^{K2-}_{qcr\tau})]\}$$

$$(t=1(1)T).$$

Die gesamten Zahlungsmittelzu- bzw. -abflüsse einer Periode setzen sich demnach bei den sonstigen Krediten aus

- den um die Kreditprovisionen verminderten Teil der Kreditaufnahmesumme,
- den vorzunehmenden Tilgungszahlungen und
- den anfallenden Zinszahlungen

zusammen.

In der Regel werden die einzelnen kreditgewährenden Quellen nicht bereit sein, der Unternehmung in unbeschränkter Höhe Kredite zu bewilligen. Im weiteren wird daher die Annahme getroffen, daß in keiner Periode des Planungszeitraums die Summe der aufgenommenen und noch nicht getilgten Kredite eine durch die kreditgewährende Quelle q vorgegebene Schranke $\overline{KS}_q$ übersteigen darf.

$$(3.2.1.48)\quad \sum_{c\in I^L_{K1(q)}} \sum_{r=t-c+1}^{t} w^{K1+}_{qcr}$$

$$+ \sum_{c\in I^L_{K2(q)}} \left[\sum_{r=t-c+1}^{t} w^{K2+}_{qcr} - \sum_{r=t-c+1}^{t-1} \sum_{\tau=r+1}^{t} w^{K2-}_{qcr\tau} \right]$$

$$+ LR^K_{qt} = \bar{\bar{KS}}_q \qquad (q=1(1)Q;\ t=1(1)T).$$

Auch hier wird der Teil einer durch die kreditgewährende Quelle q zugesicherten Kreditlinie, die von der Unternehmung in Periode t nicht ausgeschöpft wurde, durch die nichtnegative Variable LR^K_{qt} erfaßt, die als Bestandteil einer Liquiditätsreserve in den weiteren Obergungen zu berücksichtigen ist.

Die vertragsgerechte Tilgung vorzeitig kündbarer Kredite sichern die nachfolgenden Restriktionen.

$$(3.2.1.49)\quad w^{K2+}_{qct} - \sum_{s=t+1}^{t+c} w^{K2-}_{qcts} = 0 \qquad (q=1(1)Q;\ c\in I^L_{K2(q)};\ t=-c+1(1)T-c),$$

$$(3.2.1.50)\quad w^{K2+}_{qct} - \sum_{s=t+1}^{T} w^{K2-}_{qcts} \geqq 0 \qquad (q=1(1)Q;\ c\in I^L_{K2(q)};\ t=T-c+1(1)T-1).$$

Hingegen sind derartige Restriktionen für nicht vorzeitig tilgbare Kredite nicht erforderlich, da nach der Kreditaufnahme keinerlei weitere Dispositionsfreiheit für den Finanzbereich im Rahmen der Tilgung besteht.

Unterliegen die einzelnen Kreditaufnahmemöglichkeiten bei den einzelnen Kreditinstituten und sonstigen kreditgewährenden Quellen gemeinsamen unternehmungsinternen oder -externen Beschränkungen, so sind auch diese im Modell zu berücksichtigen. Im weiteren wird hierauf nicht eingegangen.[1)]

3.2.2. Die Koppelung der kurzfristigen Material- und Finanzplanung

a) Rechnungseingang und Zahlungsbedingungen

Der Rechnungseingang - als Auswirkung der materialwirtschaftlichen Disposition - und die damit verbundene Frage nach der Art der Rechnungsbegleichung - als Entscheidungsproblem des Finanzbereichs - lassen sich als Bindeglieder der Aktivitäten der kurzfristigen Material- und Finanzplanung verstehen. Ohne auf die Vielfalt der Möglichkeiten bei der Rechnungsausgestaltung und der Fülle der Zahlungsbedingungen im einzelnen einzugehen, wird im weiteren von folgenden Annahmen ausgegangen. Jede aus einer Materialbestellung resultierende Rechnung wird in der Periode der frühest möglichen Zustellung der entsprechenden Materialien durch den Lieferanten der Unternehmung übergeben. Der gesamte Rechnungsbetrag setzt sich dabei aus zwei voneinander zu trennenden Bestandteilen zusammen - zum einen aus dem durch den Lieferanten in Rechnung gestellten Entgelt und zum anderen aus der zusätzlich aufgeführten Umsatzsteuer.

Innerhalb des deutschen Steuersystems, das in seiner Gesamtheit nahezu 50 Steuerarten kennt[2)], besitzt die Umsatzsteuer vom Umfang und Liquiditätswirkungen aus betrachtet für die Unternehmung eine immense Bedeutung. Sie führt aufgrund ihres Charakters als durchlaufender Posten in einzelnen Perioden zu Auszahlungen, die von der Unternehmung an das zuständige Finanzamt und/oder an Lieferanten zu leisten

---

1. Derartige Restriktionen werden in den Modellen von SPÄTH/GUTGESELL/GRÜN [1972], S. B194 und BÖHLER/GEHRING/GLASER [1979], S. 36 f. berücksichtigt.

2. Vgl. WÖHE [1978], S. 55 ff.

sind, bzw. zu Einzahlungen, die die Unternehmung vom Finanzamt und/ oder ihren Kunden erhält. Der sachliche Partialcharakters des vorliegenden Modells führt dazu, daß Umsatzsteuereinzahlungen von Seiten der Kunden durch den als vorgelagert anzusehenden Absatzplan bis auf die aus der Veräußerung nicht benögtigter Materialeinheiten resultierenden Beträge feststehen. Noch nicht determiniert hingegen und von den Handlungsmöglichkeiten einer simultanen Material- und Finanzplanung abhängig erweisen sich zu zahlende Umsatzsteuerbeträge an Lieferanten und das Finanzamt bzw. Umsatzsteuerrückerstattungen vom Finanzamt. Denn das seit dem 1.1.1968 die Form einer nichtkumulativen Allphasen-Umsatzsteuer vorschreibende Umsatzsteuergesetz[1] ermöglicht durch seinen Kern, der in der Variante des Vorsteuerabzugs zu sehen ist, der Unternehmung ihre Umsatzsteuerschuld gegenüber dem Finanzamt in den einzelnen Voranmeldungszeiträumen zu beeinflussen. Eröffnet wird diese Dispositionsmöglichkeit einerseits durch die Form der Soll-Soll-Besteuerung - das Umsatzsteuergesetz geht bei der Berechnung der durch die Unternehmung geschuldeten Umsatzsteuer als auch bei der in Ansatz zu bringenden Vorsteuer in der Regel von der Fiktion des vereinbarten Entgelts aus[2] - und andererseits durch die Aufforderung des Umsatzsteuergesetzes, am jeweiligen Ende der Voranmeldungszeiträume - sie betragen in der Regel einen Monat - Umsatzsteuerschuld und Vorsteuererstattungsansprüche gegeneinander aufzurechnen und daraus resultierende Zahlungen an das Finanzamt zu leisten.[3]

Liquiditätspolitisch kann hierdurch der nachstehend geschilderte Effekt eintreten: Umsatzsteuerbeträge können durch die betrachtete Unternehmung in den Voranmeldungszeiträumen als Vorsteuern geltend gemacht werden, in denen sowohl die Lieferung oder die sonstige Lei-

---

1. Vgl. WÖHE [1978], S. 252 f. und ROSE [1980], S. 83.
2. Vgl. § 13 Abs. 1 UStG, § 16 Abs. 1 Satz 1 UStG. Mit UStG wird im folgenden das Umsatzsteuergesetz in der Fassung vom 26.11.1979 angesprochen.
3. Vgl. § 18 Abs. 1 UStG.

stung erfolgt ist und dazu die Rechnung mit dem ausgewiesenen Umsatzsteueranteil durch den Lieferanten zugestellt wurde.[1] Weiter wird unterstellt, daß am Ende eines Voranmeldungszeitraumes die Unternehmung Materiallieferungen mit der gleichzeitigen Rechnungszustellung erhält verbunden mit der Aufforderung des Lieferanten, den Rechnungsbetrag bis zu einer in den nächsten Voranmeldungszeitraum hineinreichenden Periode zu begleichen. Nimmt die Unternehmung das gewährte Zahlungsziel in Anspruch, so führt dieses Verhalten zu zwei voneinander zu trennenden Liquiditätswirkungen für die materialbeziehende Unternehmung: Einerseits tritt die übliche Lieferantenkreditgewährung ein[2], andererseits erfolgt eine Verminderung der Umsatzsteuerschuld für den Voranmeldungszeitraum, in dem die Rechnung des Lieferanten die betrachtete Unternehmung erreicht, ohne daß hierfür zusätzliche liquide Mittel durch die Unternehmung eingesetzt werden müssen. Denn nach § 13 Abs. 1 UStG ist die Steuer entsprechend des Prinzips des vereinbarten Entgelts im Voranmeldungszeitraum entstanden und nach § 15 Abs. 1 UStG im selben Voranmeldungszeitraum zum Vorsteuerabzug anzumelden.

Für die weiteren Ausführungen wird davon ausgegangen, daß die Unternehmung berechtigt ist, alle ihr durch ihre Lieferanten in Rechnung gestellten Umsatzsteuerbeträge als Vorsteuern zu verrechnen. Darüber hinaus werden im Modell alle Umsätze im Rahmen der Materialbeschaffung mit einem einheitlichen Umsatzsteuersatz, der durch die Größe us gekennzeichnet ist, besteuert.[3]

---

1. Vgl. § 15 Abs. 1 UStG. Auf den Fall, daß Umsatzsteuerzahlungen an Lieferanten aufgrund vorliegender Rechnungen vor Ausführung der Lieferung oder sonstigen Leistung geleistet werden und somit als Vorsteuern abziehbar sind, wird im weiteren verzichtet, da annahmegemäß die Rechnungszustellung im Zeitpunkt der frühest möglichen Materiallieferung erfolgt; vgl. auch ROSE [1980], S. 116 ff.
2. Vgl. zum Lieferantenkredit DEMPENWOLF [1964], S. 609 ff.
3. Verzichtet wird demnach auf eine Differenzierung in abzugsfähige und nichtabzugsfähige Vorsteuern; vgl. hierzu ROSE [1980], S. 192 ff. Ebenso erfolgt im Modell keine Berücksichtigung von Lieferungen und sonstigen Leistungen, für die ein niedrigerer Steuersatz anzusetzen ist bzw. die steuerbefreit sind; vgl. auch hierzu ROSE [1980], S. 190 f. und 206 ff.

Zur Ermittlung der in einer Periode durch die Lieferanten in Rechnung gestellten Umsatzsteuer, die gleichzeitig als Vorsteuer wiederum absetzbar ist, gilt es zunächst, die zugrundeliegende Steuerbemessungsgrundlage zu untersuchen. Ausgangspunkt für die Behandlung dieses Problems ist der Entgeltbegriff des Umsatzsteuergesetzes. Für Lieferungen und sonstige Leistungen schreibt das Umsatzsteuergesetz vor, zum Entgelt zu zählen, "was der Leistungsempfänger aufwendet, um die Leistung zu erhalten, jedoch abzüglich der Umsatzsteuer."[1)] Eine in Periode t^o die Unternehmung vom Lieferanten l erreichende Rechnung kann sich neben der Umsatzsteuer aus zwei weiteren Komponenten in der hier verfolgten Vorgehensweise zusammensetzen. Neben den externen Lagerungskosten, die durch den Lieferanten l in Periode t^o in Höhe von EL_{lt^o} berechnet werden, tritt in der Rechnung der Einstandswert der bestellten und lieferbereiten bzw. gelieferten Materialeinheiten EW_{lt^o} auf. In diesem Einstandswert sind auch die vom Lieferanten l in Periode t^o berechneten Beträge enthalten, die aus der Beschaffung von Produktionsfaktoren resultieren, auf die der Materialbereich im Planungszeitraum keine Einflußmöglichkeit mehr besitzt bzw. die laut Voraussetzung getrennt von den im Modell erfaßten Materialarten disponiert werden. Aufgrund des Entgeltbegriffs des Umsatzsteuergesetzes ist demnach nicht der Warenwert, sondern der um Preiskorrekturen (z.B. Mindermengenaufschläge, Rabatte u.ä.) veränderte Wert - der Einstandswert EW_{lt^o} - in die Bemessungsgrundlage einzubeziehen. Als Umsatzsteuerbetrag der vom Lieferanten l in Periode t^o erhaltenen Rechnung ergibt sich demnach für die Unternehmung:

$$(3.2.2.0) \qquad US_{lt^o} = us\,(EW_{lt^o} + EL_{lt^o}) \qquad (l=1(1)L;\ t^o=1(1)T).$$

Der gesamte Rechnungsbetrag RB_{lt^o}, der die Unternehmung vom Lieferanten l in Periode t^o erreicht, berechnet sich als:

1. § 10 Abs. 1 Satz 2 UStG.

$$(3.2.2.1)\qquad RB_{lt^o} = EW_{lt^o} + EL_{lt^o} + US_{lt^o}$$

$$= (1 + us)\,(EW_{lt^o} + EL_{lt^o})$$

$$(l=1(1)L;\ t^o=1(1)T).$$

An dieser Stelle kommt deutlich der Unterschied zwischen isoliert formulierten kurzfristigen Finanzplanungsmodellen und dem hier verfolgten Ansatz zum Ausdruck, die kurzfristige Finanzplanung simultan mit der kurzfristigen Materialplanung abzustimmen. Während in den isolierten Finanzplanungsmodellen die entsprechende Größe RB_{lt^o} eine Konstante darstellt, besteht sie im vorliegenden Modell neben einem konstanten Teil aus einem durch durch die Materialplanung beeinflußbaren variablen Teil.[1)]

Werden schließlich die Einzahlungen VK_{t^o} in Periode t^o berücksichtigt, die aus dem Verkauf der in Periode t^o-1 nicht mehr benötigten Materialeinheiten hervorgehen

$$(3.2.2.2)\qquad VK_{t^o} = (1 + us) \sum_{a=1}^{A} p^v_{at^o-1}\ v_{at^o-1} \qquad (t^o=1(1)T),$$

so ergibt sich als Saldo eine aus den disponiblen Aktivitäten des Materialbereichs resultierende Umsatzsteuerbelastung in Periode t^o, die als Vorsteuer im entsprechenden Voranmeldungszeitraum in Ansatz zu bringen ist, in Höhe von:

$$(3.2.2.3)\qquad VS_{t^o} = \sum_{l=1}^{L} US_{lt^o} - us \sum_{a=1}^{A} p^v_{at^o-1}\ v_{at^o-1} \quad (t^o=1(1)T).$$

---

1. Vgl. hierzu ROSENBERG [1976], Sp. 588 ff., WEGENER [1976], S. 806 ff. und BÖHLER/GEHRING/GLASER [1979], S. 31 f.

Im Rahmen der Rechnungsbegleichung sieht sich der Finanzbereich dem Entscheidungsproblem gegenüber, wann er mit welchen Instrumenten welche Rechnungen begleichen soll; denn in der Regel räumen Lieferanten ihren Kunden eine Zeitspanne ein, innerhalb derer die Rechnungsbegleichung vorzunehmen ist. Ausgeschlossen aus den weiteren Oberlegungen bleibt die Möglichkeit einer bewußten Oberziehung der Zahlungsziele in der aufgrund der vorhandenen Marktstellung berechtigten Erwartung bzw. Hoffnung, keine Sanktionen durch die rechnungsausstellende Unternehmung zu erfahren.

Wie andere Kreditformen lassen sich auch die aus der Ausnutzung der jeweiligen Zahlungsziele resultierenden Lieferantenkredite unter Zuhilfenahme der Kriterien Kreditkosten, Laufzeit, Tilgungsart und erforderliche Sicherheiten beschreiben. Als Kreditkosten werden bei Lieferantenkrediten die entgangenen Skontovergünstigungen angesehen, die bei Ausnutzung der Zahlungsziele nicht wahrgenommen werden können. Die Laufzeit des Kredits ist dabei identisch mit der Skontobezugsspanne, also der Periodenzahl, die zwischen dem letzten Zahlungstermin und dem Termin liegt, an dem bei Zahlung zum letzten Mal die Skontovergünstigung in Anspruch genommen werden kann. Lieferantenkredite werden in der Regel ohne Forderung irgendwelcher Sicherheiten gewährt - häufig wird lediglich ein Eigentumsvorbehalt der zugestellten Materialien seitens des Lieferanten gefordert, bis der Rechnungsbetrag unter Beachtung der Zahlungsbedingungen durch die abnehmende Unternehmung beglichen ist.[1)]

Ohne auf eine Gegenüberstellung von Lieferantenkrediten und anderen kurzfristigen Kreditformen abzuheben[2)], gilt es im Modell die erfolgswirtschaftlichen und liquiditätsmäßigen Auswirkungen dieser Kreditform zu erfassen. Hierzu werden für eine vom Lieferanten 1 die Unternehmung in Periode t^0 erreichende Rechnung die Perioden,

1. Vgl. zu diesen Sicherungsmöglichkeiten RATHSMANN [1976], S. 122 ff.

2. Vgl. hierzu RATHSMANN [1976], S. 69 ff.

zu deren Beginn spätestens eine Zahlung erfolgen muß, damit die jeweilige Skontovergünstigung noch ausgenutzt werden kann, in einer der beiden nachstehenden Indexmengen erfaßt.

(3.2.2.4) $I^{Pe'}_{l(t^o)}$:= Menge aller Periodenindizes, an deren zugehörigen Periodenanfängen Zahlungen aufgrund einer in Periode t^o vom Lieferanten l erhaltenen Rechnung erfolgen müssen, damit die jeweils bis zu diesem Termin eingeräumte Skontovergünstigung in Anspruch genommen werden kann, einschließlich der innerhalb des Planungszeitraums liegenden Periode, bis zu der die Rechnung vollständig beglichen sein muß ($l=1(1)L$; $t^o=t^*_l(1)T-1$).

(3.2.2.5) $I^{Pe''}_{l(t^o)}$:= Menge aller Periodenindizes, an deren zugehörigen Periodenanfängen Zahlungen aufgrund einer in Periode t^o vom Lieferanten l erhaltenen Rechnung erfolgen müssen, damit die jeweils bis zu diesem Termin eingeräumte Skontovergünstigung in Anspruch genommen werden kann, wobei die Periode, bis zu der die entsprechende Rechnung vollständig beglichen sein muß, außerhalb des Planungszeitraums liegt ($l=1(1)L$; $t^o=t^*_l(1)T$).[1]

t^*_l bringt die Periode zum Ausdruck, die als früheste, unter Umständen vor dem Planungszeitpunkt liegende Rechnungseingangsperiode des

---

1. Dies bedeutet, daß bei einer in Periode t^o vom Lieferanten l eingehenden Rechnung entweder die Indexmenge $I^{Pe'}_{l(t^o)}$ oder die Indexmenge $I^{Pe''}_{l(t^o)}$ identisch mit der leeren Menge ist.

Lieferanten l im Modell zu berücksichtigen ist. Rechnungsbeträge, die der Unternehmung vor Beginn des Planungszeitraums von einem Lieferanten zugestellt wurden, sind stets dann im Modell zu erfassen, wenn innerhalb des Planungszeitraums Wahlmöglichkeiten für den Finanzbereich bestehen, wann und/oder wie eine Rechnungsbegleichung zu erfolgen hat. Die Größe RB_{lt^o} (t^o<1) drückt dann die für das Modell als Konstante aufzufassende Rechnungssumme aus, die der Lieferant l der Unternehmung in Periode t^o in Rechnung gestellt hat. In diesen Fällen enthalten die Indexmengen $I^{Pe'}_{l(t^o)}$ und $I^{Pe''}_{l(t^o)}$ unter Umständen auch Periodenindizes, die vor dem Planungszeitraum liegende Perioden repräsentieren.

Aufgrund der Existenz einer einperiodigen, ertragsbringenden Finanzanlagemöglichkeit (Sichtguthaben auf Kontokorrentkonten) wird es für den Finanzbereich nie sinnvoll sein, an anderen Terminen als den in den obigen Indexmengen erfaßten Perioden Zahlungen zum Zweck der Rechnungsbegleichung an einen Liefranten zu leisten.[1)] Weiterhin wird angenommen, daß der kleinste in den jeweiligen Indexmengen $I^{Pe'}_{l(t^o)}$ und $I^{Pe''}_{l(t^o)}$ enthaltene Index die Beziehung $t > t^o$ erfüllt; diese Voraussetzung kann durch die gewöhnlich eingeräumte Frist begründet werden, die der materialbeziehenden Unternehmung seitens der Lieferanten zur Abwicklung der Zahlungsvorbereitungen (z.B. Warenprüfung, Rechnungsprüfung usw.) zugestanden wird. Schließlich ist der Finanzbereich in Kenntnis der Skontoabzugsmöglichkeiten, die bei Zahlung an den entsprechenden Terminen wahrgenommen werden können. Die Konstante sk_{lt^ot} drückt diese Vergünstigung aus, die vom Lieferanten l für jede von der Unternehmung zu Beginn der Periode t geleistete Einheit zur Rechnungsbegleichung für eine in Periode t^o eingegangene Rechnung gewährt wird.

---

1. Es handelt sich hierbei um die übliche Schlußfolgerung im Rahmen der Diskussion der Rechnungsbegleichung und Inanspruchnahme von Lieferantenkrediten; vgl. u.a. HIELSCHER/LAUBSCHER [1976], S. 93.

b) Instrumente der Rechnungsbegleichung

In jeder Periode stehen dem Finanzbereich zur Rechnungsbegleichung prinzipiell die Möglichkeiten offen, Überweisungen vorzunehmen, Besitzwechsel abzutreten, Solawechsel auszustellen oder mit Bankakzepten versehene Wechsel zu übergeben. Die nachstehenden disjunkten Indexmengen differenzieren die Gesamtheit aller Lieferanten, mit denen die Unternehmung in Geschäftsbeziehungen steht, hinsichtlich ihrer Bereitschaft, Rechnungsbegleichungen durch die einzelnen Instrumente zu akzeptieren.

(3.2.2.6) I_{R+}^{Li} := Menge aller Lieferantenindizes, deren zugehörige Lieferanten sich bei der Rechnungsbegleichung durch die Unternehmung neben der Form der Überweisung auch mit der Annahme von Wechseln einverstanden erklären.

(3.2.2.7) I_{R-}^{Li} := Menge aller Lieferantenindizes, deren zugehörige Lieferanten sich bei der Rechnungsbegleichung durch die Unternehmung allein mit der Form der Überweisung einverstanden erklären.

Je nachdem, welches Instrument zur Rechnungsbegleichung durch den Finanzbereich eingesetzt wird, entstehen neben der eventuell zu berücksichtigenden Skontovergünstigung zusätzliche Korrekturen, die von den Lieferanten zusätzlich in Rechnung gestellt werden. Voraussetzung für ein derartiges Verhalten ist eine Marktstellung der Lieferanten, die sie zu diesem Vorgehen befähigt; hiervon wird im weiteren ausgegangen.

Verlangt ein Lieferant bei Rechnungsbegleichung durch Wechselübergabe Mindestrestlaufzeiten von c^1 Perioden der betreffenden Wechsel, damit diese ohne Schwierigkeiten von ihm zum Diskont gereicht werden können, so sind folgende Mengen zu bilden:

$$(3.2.2.8) \quad I^{L}_{WB(l)} := I^{L}_{WB} \cap \{c^{l}, c^{l}+1, \ldots, c^{l}+Z\} \quad (l \in I^{Li}_{R+}),$$

$$(3.2.2.9) \quad I^{L}_{WN(l)} := I^{L}_{WN} \cap \{c^{l}, c^{l}+1, \ldots, c^{l}+Z\} \quad (l \in I^{Li}_{R+}),$$

$$(3.2.2.10) \quad I^{L}_{Ak(l)} := I^{L}_{Ak} \cap \{c^{l}, c^{l}+1, \ldots, c^{l}+Z\} \quad (l \in I^{Li}_{R+}),$$

$$(3.2.2.11) \quad I^{L}_{So(l)} := I^{L}_{So} \cap \{c^{l}, c^{l}+1, \ldots, c^{l}+Z\} \quad (l \in I^{Li}_{R+}).$$

Schließlich wird im weiteren unterstellt, daß ein Lieferant bei allen Formen der Rechnungsbegleichung durch Wechselabtretung der Unternehmung den Betrag nachberechnet, der ihm bei Diskontierung entstehen würde. Werden demnach einem Lieferanten l zur Begleichung einer aus Periode t^{o} stammenden Rechnung bundesbankfähige Besitzwechsel vom Typ cr in Periode t abgetreten, so berechnet der Lieferant pro Einheit des abgetretenen Wechselbetrages einen Abschlag in Höhe von gb^{WB}_{lcrt}. Unter Berücksichtigung dieser Größe ergibt sich ein korrigierter Skontosatz $sk^{WB}_{lt^{o}crt}$ pro Einheit des Wechselbetrages, der durch den Finanzbereich zu berücksichtigen ist.

$$(3.2.2.12)^{*} \quad sk^{WB}_{lt^{o}crt} = (1 + sk_{lt^{o}t})\,(1 - gb^{WB}_{lcrt})$$

$$(l \in I^{Li}_{R+};\ t^{o}=t^{*}_{l}(1)T\text{-}1;\ c \in I^{L}_{WB(l)};$$

$$t \in I^{Pe'}_{l(t^{o})} \cup I^{Pe*}_{l(t^{o})};\ r=t-c+c^{l}(1)t).$$

Die Berechnung dieser korrigierten Skontosätze ist lediglich für die Perioden notwendig, in denen überhaupt Rechnungstilgungen vorgenommen werden bzw. vorgenommen wurden und die darüber hinaus nicht nach dem Ende des Planungszeitraums liegen. Während die Indexmengen $I^{Pe'}_{l(t^{o})}$ nur solche Periodenindizes enthalten, sind aus den Indexmengen $I^{Pe''}_{l(t^{o})}$ die entsprechenden Indizes zu generieren.

$$(3.2.2.13) \quad I^{Pe*}_{l(t^{o})} := I^{Pe''}_{l(t^{o})} \cap \{t^{o}+1, \ldots, T\} \quad (l \in I^{Li}_{R+};\ t^{o}=t^{*}_{l}(1)T\text{-}1).$$

Für die anderen Instrumente der Rechnungsbegleichung ergeben sich unter Beachtung der analogen Notation die folgenden korrigierten Skontosätze:

$$(3.2.2.14)^{*} \quad sk^{WN}_{1t^{o}crt} = (1 + sk_{1t^{o}t})\,(1 - gb^{WN}_{1crt})$$

$$(1 \in I^{Li}_{R+};\; t^{o}=t^{*}_{1}(1)T-1;\; c \in I^{L}_{WN(1)};$$
$$t \in I^{Pe}_{1(t^{o})} \cup I^{Pe}_{1(t^{*o})};\; r=t-c+c^{1}(1)t),$$

$$(3.2.2.15)^{*} \quad sk^{Ak}_{1t^{o}ct} = (1 + sk_{1t^{o}t})\,(1 - gb^{Ak}_{1ct})$$

$$(1 \in I^{Li}_{R+};\; t^{o}=t^{*}_{1}(1)T-1;\; c \in I^{L}_{Ak(1)};$$
$$t \in I^{Pe}_{1(t^{o})} \cup I^{Pe}_{1(t^{*o})}),$$

$$(3.2.2.16)^{*} \quad sk^{So}_{1t^{o}ct} = (1 + sk_{1t^{o}t})\,(1 - gb^{So}_{1ct})$$

$$(1 \in I^{Li}_{R+};\; t^{o}=t^{*}_{1}(1)T-1;\; c \in I^{L}_{Ak(1)};$$
$$t \in I^{Pe}_{1(t^{o})} \cup I^{Pe}_{1(t^{*o})}).$$ [1]

---

1. Zur Erläuterung dieser Größen dient das folgende Beispiel: Zu Beginn der Periode $t^{o}=2$ erhält die Unternehmung vom Lieferanten 1=1 eine Rechnung mit folgenden Angaben; der Rechnungsbetrag in Höhe von 100 DM einschließlich Mehrwertsteuer ist abzüglich 5% Skonto bis spätestens zu Beginn der Periode 3 oder bis spätestens zu Beginn der Periode 5 ohne Abzug zu begleichen. Bei Rechnungsbegleichung mit bundesbankfähigen Wechseln wird eine Gebühr (unabhängig von Laufzeit und Periode der Übergabe) von 3% des Wechselbetrages erhoben.
Bei Skontoausnutzung muß der Finanzbereich zu Beginn der Periode 3 einen Betrag von 95 DM überweisen, so daß $sk_{1t^{o}t} = sk_{123} =$ 0,0526 beträgt. Begleicht er diesen Betrag durch Wechselabtretung, muß zusätzlich die vom Lieferanten geforderte Gebühr von 3% in Ansatz gebracht werden. Demnach ist ein Wechsel in Höhe von 97,94 DM zu übergeben, da (1-0,03)97,94= 95. Als korrigierten Skontosatz erhält man
$$sk^{WB}_{1t^{o}t} = sk^{WB}_{123} = (1+0{,}0526)\,(1-0{,}03) = 1{,}021.$$

Für die modellmäßige Erfassung der Zahlungsbedingungen ist die Einführung der folgenden Variablen notwendig; $üw_{lt^o t}$ beinhaltet den Umfang der zu Beginn der Periode t an den Lieferanten l durchzuführenden Überweisung für die in Periode t^o eingegangene Rechnung, $w^{WB}_{lt^o crt}$ bzw. $w^{WN}_{lt^o crt}$ geben den Betrag wieder, der ebenfalls an den Lieferanten l für die Begleichung der in Periode t^o eingegangenen Rechnung in Form von bundesbankfähigen bzw. nicht bundesbankfähigen Besitzwechseln vom Typ cr zu Beginn der Periode t abzutreten ist. Schließlich drücken die Variablen $w^{Ak}_{lt^o ct}$ bzw. $w^{So}_{lt^o ct}$ die entsprechenden Beträge aus, die als mit einem Bankakzept versehene Wechsel bzw. als Solawechsel dem Lieferanten abzutreten sind.

Dementsprechend lassen sich für innerhalb des Planungszeitraums zu tilgende Rechnungsbeträge die folgenden Restriktionen formulieren:

$$(3.2.2.17) \quad RB_{lt^o} = \sum_{t \in I^{Pe,}_{l(t^o)}} [(1 + sk_{lt^o t})\, üw_{lt^o t}$$

$$+ \sum_{c \in I^L_{WB(l)}} \sum_{r=t-c+c^l}^{t} sk^{WB}_{lt^o crt}\, w^{WB}_{lt^o crt}$$

$$+ \sum_{c \in I^L_{WN(l)}} \sum_{r=t-c+c^l}^{t} sk^{WN}_{lt^o crt}\, w^{WN}_{lt^o crt}$$

$$+ \sum_{c \in I^L_{Ak(l)}} sk^{Ak}_{lt^o ct}\, w^{Ak}_{lt^o ct}$$

$$+ \sum_{c \in I^L_{So(l)}} sk^{So}_{lt^o ct}\, w^{So}_{lt^o ct}\,]$$

$$(l \in I^{Li}_{R+};\ t^o = t^*_l(1)T-1),$$

$$(3.2.2.18) \quad RB_{lt^o} = \sum_{t \in I^{Pe}_{l(t^o)}} (1 + sk_{lt^ot})\, üw_{lt^ot} \qquad (l \in I^{Li}_{R-};\ t^o = t^*_l(1)T-1).$$

Hingegen sind für Rechnungen, deren Begleichung nicht notwendigerweise im Planungszeitraum zu erfolgen hat, die nachstehenden Bedingungen in Ansatz zu bringen, in denen die Variable $RB^E_{lt^o}$ den Betrag ausdrückt, der von einer in Periode t^o eingegangenen, vom Lieferanten l stammenden Rechnung am Ende des Planungszeitraums noch nicht beglichen ist.

$$(3.2.2.19) \quad RB_{lt^o} = \sum_{t \in I^{Pe}_{l(t^{*o})}} \Big[(1 + sk_{lt^ot})\, üw_{lt^o} + \sum_{c \in I^L_{WB(l)}} \sum_{r=t-c+c^l}^{t} sk^{WB}_{lt^ocrt}\, w^{WB}_{lt^ocrt} + \sum_{c \in I^L_{WN(l)}} \sum_{r=t-c+c^l}^{t} sk^{WN}_{lt^ocrt}\, w^{WN}_{lt^ocrt} + \sum_{c \in I^L_{Ak(l)}} sk^{Ak}_{lt^oct}\, w^{Ak}_{lt^oct} + \sum_{c \in I^L_{So(l)}} sk^{So}_{lt^oct}\, w^{So}_{lt^oct}\Big] + RB^E_{lt^o} \qquad (l \in I^{Li}_{R+};\ t^o = t^*_l(1)T),$$

$$(3.2.2.20) \quad RB_{lt^o} = \sum_{t \in I^{Pe}_{l(t^{*o})}} (1 + sk_{lt^ot})\, üw_{lt^ot} + RB^E_{lt^o} \qquad (l \in I^{Li}_{R-};\ t^o = t^*_l(1)T).$$

Entsprechend dieser Formulierung ist es zulässig, mit Hilfe unterschiedlicher Instrumente zu verschiedenen Zeitpunkten eine erhaltene Rechnung zu begleichen. Die Forderung, eingegangene Rechnungen zu einem Zeitpunkt mit Hilfe eines Instrumentes zu begleichen, führt zu einem gemischt-ganzzahligen Planungsansatz.[1]

Als weitere, durch die Aktivitäten des Materialbereichs induzierte Zahlungsverpflichtungen sind die Versicherungsprämien P_t des Materiallagers anzusehen.[2] Es wird im folgenden davon ausgegangen, daß die jeweils in Rechnung gestellten Beträge in Form von Überweisungen in der Periode des Rechnungseingangs zu entrichten sind. Dementsprechend wendet die Unternehmung in einer Periode t zur Begleichung von Lieferantenrechnungen und Versicherungsprämien einen Überweisungsbetrag in Höhe von $LÜ_t$ auf.

$$(3.2.2.21) \qquad LÜ_t = \sum_{l=1}^{L} \sum_{t^o=t_l^*}^{t-1} üw_{lt^ot} + P_t \qquad (t=1(1)T)$$

Die zur Rechnungsbegleichung herangezogenen Instrumente unterliegen hinsichtlich des Ausmaßes ihres Einsatzes Beschränkungen, die es im folgenden zu erfassen gilt.

Wechsel können lediglich in dem Umfang in einer Periode zur Rechnungsbegleichung verwendet werden, wie abzüglich der zum Diskont gereichten Wechsel insgesamt in der jeweiligen Periode verfügbar sind. Kennzeicnnet die nicht negative Größe W_{crt}^{WB} den zu Beginn der Periode t vorhandenen Bestand an bundesbankfähigen Wechseln vom Typ cr, so muß offenbar gelten:

$$(3.2.2.22) \qquad W_{crt}^{WB} - \sum_{l\in I_{R+}^{Li}} \sum_{t^o=t_l^*}^{t-1} W_{lt^ocrt}^{WB} - \sum_{k=1}^{K} W_{kcrt}^{WB}$$

$$+ \bar{\bar{W}}_{crt}^{WB} = W_{crt+1}^{WB} \qquad (c\in I_{WB}^{L};\ t=1(1)T;\ r=t-c+1(1)t).$$

Im Ausdruck (3.2.2.22) beinhaltet die Konstante $\bar{W}^{WB}_{crt}$ die Zugänge an bundesbankfähigen Wechselbeträgen vom Typ cr zu Beginn der Periode t. Bestände am Ende des Planungszeitraums an bundesbankfähigen Wechselbeträgen vom Typ cr werden durch die Variablen W^{WB}_{crT+1} erfaßt.

Mit den analogen Symbolen sind entsprechende Beziehungen für nicht bundesbankfähige Wechselbeträge zu formulieren.

$$(3.2.2.23) \quad W^{WN}_{crt} - \sum_{l \in I^{Li}_{R+}} \sum_{t^o=t^*_l}^{t-1} w^{WN}_{lt^o crt} - \sum_{k=1}^{K} w^{WN}_{kcrt}$$

$$+ \bar{W}^{WN}_{crt} = W^{WN}_{crt+1} \qquad (c \in I^L_{WN};\ t=1(1)T;\ r=t-c+1(1)t).$$

Einzahlungen aus der Fälligkeit von Besitzwechseln kann die Unternehmung zu Beginn der Periode t in Höhe von BW_t erwarten.

$$(3.2.2.24) \quad BW_t = \sum_{c \in I^L_{WB}} W^{WB}_{ct-ct} + \sum_{c \in I^L_{WN}} W^{WN}_{ct-ct} \qquad (t=1(1)T).$$

Im Rahmen der Akzeptkreditinanspruchnahme sind folgende Beschränkungen durch den Finanzbereich zu berücksichtigen. Aufgrund der Zurechnung zu den bundesbankfähigen Wechseln hat die Unternehmung den einzelnen Kreditinstituten zu garantieren, daß die aus der Diskontierung der mit einem Bankakzept versehenen Wechsel resultierenden Zahlungsmittel lediglich zur Tilgung offenstehender Lieferantenrechnungen verwendet werden; dies sichern die nachfolgenden Restriktionen:

Fußnoten der Seite 97:

1. Vgl. hierzu den Vorschlag von WEGENER [1976], S. 803 ff.
2. Vgl. die Ausführungen in Kap. 4.1.3. dieser Arbeit.

$$(3.2.2.25) \quad \sum_{k=1}^{K} \sum_{c\in I^L_{Ak(k)}} w^{Ak+}_{kct} - \sum_{l=1}^{L} \sum_{t^o=t^*_l}^{t-1} \ddot{u}w_{lt^ot} \leqq 0 \qquad (t=1(1)T).$$

Darüber hinaus ist aufgrund der Annahme, daß im Rahmen der Akzeptkreditgewährung Kreditinstitute lediglich mit ihrem Akzept versehene Wechsel zum Diskont annehmen, zu fordern:

$$(3.2.2.26) \quad w^{Ak+}_{kct} - w^{Ak}_{kct} \leqq 0 \qquad (k=1(1)K;\ c\in I^L_{Ak(k)};\ t=1(1)T).$$

In einer Periode t könnnen nur die mit einem Akzept versehenen Wechsel mit der Laufzeit von c Perioden den Lieferanten zur Rechnungsbegleichung abgetreten werden, die abzüglich der diskontierten Wechsel zuvor bei den Kreditinstituten in Anspruch genommen wurden:

$$(3.2.2.27) \quad \sum_{k=1}^{K} (w^{Ak}_{kcr} - w^{Ak+}_{kct}) - \sum_{l\in I^{Li}_{R+}} \sum_{t^o=t^*_l}^{t-1} w^{Ak}_{lt^oct} \geqq 0 \qquad (c\in I^L_{Ak};\ t=1(1)T).$$

Schließlich sind die Solawechsel zusammenzufassen, die in Periode t zur Rechnungsbegleichung mit einer Laufzeit von c Perioden ausgestellt werden:

$$(3.2.2.28) \quad w^{So}_{ct} - \sum_{l\in I^{Li}_{R+}} \sum_{t^o=t^*_l}^{t-1} w^{So}_{lt^oct} = 0 \qquad (c\in I^L_{So};\ t=1(1)T).$$

3.2.3. Die Aufrechterhaltung des finanziellen Gleichgewichts

Dem Finanzbereich wird unternehmungsintern die Aufgabe zugewiesen, für die jederzeitige Aufrechterhaltung des finanziellen Gleichgewichts Sorge zu tragen. Für jeden Zeitpunkt des Planungszeitraums hat demnach zu gelten, daß - unter Einschluß eines positiven Zahlungsmittelanfangsbestandes - die Summe aller Einzahlungen nicht kleiner als die Summe aller Auszahlungen ist. In der hier verfolgten Periodenbetrachtung ist diese Forderung in ihrer Strenge nicht im Modell abbildbar; vielmehr ist das Modell lediglich in der Lage, für die abgebildeten Zeitpunkte die Aufrechterhaltung des finanziellen Gleichgewichts zu fordern.

Unter Berücksichtigung des von den Aktivitäten im Modell unabhängigen Einzahlungsüberschusses E_t einer Periode t muß gelten:

$$(3.2.3.0) \quad KK_t + DK_t + FL_t + AK_t + KS_t + VK_t + BW_t + LK_t - LÖ_t - SO_t + E_t \geqq 0 \qquad (t \in \{1,...,T\} \setminus I_{US}^{Pe}).$$

Die Indexmenge I_{US}^{Pe} ist dabei wie folgt definiert:

(3.2.3.1) I_{US}^{Pe} := Menge aller Periodenindizes, in deren zugehörigen Perioden Umsatzsteuerzahlungen an das Finanzamt zu leisten sind.

Der Ausdruck (3.2.3.0) beinhaltet demnach die Forderung, daß die Summe der disponiblen Einzahlungen resultierend aus

- der Aufnahme von Kontokorrentkrediten und Auflösung von Kontokorrentguthaben,

- der Aufnahme von Diskontkrediten,

- der Auflösung von Finanzanlagen und deren Verzinsung,
- der Aufnahme von sonstigen Krediten,
- dem Verkauf nicht mehr benötigter Materialeinheiten,
- der Fälligkeit von Besitzwechseln und
- der Aufnahme von Lombardkrediten

abzüglich der Summe der disponiblen Auszahlungen resultierend aus

- der Tilgung von Kontokorrentkrediten und der Anlage von Zahlungsmitteln auf Kontokorrentkonten einschließlich Zinszahlungen,
- der Anlage von Zahlungsmitteln in den verschiedenen Finanzanlageformen,
- der Aufnahme und Tilgung in Anspruch genommener Akzeptkredite,
- der Inumlaufsetzung und Tilgung ausgestellter Solawechsel,
- verschiedenen Überweisungen zur Rechnungsbegleichung,
- der Tilgung und Verzinsung aufgenommener sonstiger Kredite

zuzüglich des autonomen Einzahlungsüberschusses für jeden Periodenindex aus der Menge $\{1,\ldots,T\} \setminus I_{US}^{Pe}$ nicht negativ sein darf.

In den Perioden, in denen die Unternehmung Umsatzsteuerzahlungen an das Finanzamt zu entrichten hat, ist die Forderung nach der Aufrechterhaltung des finanziellen Gleichgewichts entsprechend zu modifizieren. Hierzu ist aus den im Modell erfaßten Größen zunächst die Höhe der Steuertransaktionen in den Perioden, deren Indizes in der Menge I_{US}^{Pe} enthalten sind, zu ermitteln.

Abrechnungstechnisch schreibt das Umsatzsteuergesetz vor, daß der Unternehmer nach Ablauf eines Voranmeldungszeitraums (in der Regel identisch mit einem Kalendermonat) innerhalb einer vorgeschriebenen Frist eine Umsatzsteuervoranmeldung beim Finanzamt einzureichen hat, "in der er die Steuer für den Voranmeldungszeitraum (Vorauszahlung) selbst zu berechnen hat."[1] Mit der Anmeldung ist bei einer sich ergebenden Steuerschuld gleichzeitig die Zahlung des entsprechenden Betrages fällig; ein Steuerrückerstattungsanspruch hingegen kann bei einem vorhandenen Überschuß zugunsten der Unternehmung von dieser geltend gemacht werden.

Die von der betrachteten Unternehmung während einer Periode eines Voranmeldungszeitraumes dem Finanzamt geschuldete Umsatzsteuer ergibt sich im vorliegenden Modell aus dem konstanten Teil $\bar{US}_t$ und dem aus dem Verkauf nicht mehr benötigter Materialeinheiten resultierenden Betrag $[us/(1+us)]\ VK_t$, der durch die im Modell erfaßten Instrumente variabel ist. Diese sich aus den beiden Komponenten zusammensetzende Größe erfährt durch den Abzug der Vorsteuern - also der Umsatzsteuern, die der Unternehmung in der Periode in Rechnung gestellt wurden - eine Verminderung.[2] Die Höhe eines möglichen Vorsteuerabzugs ist dabei u.a. von der Art und der Periode der Rechnungsbegleichung abhängig. Somit sind für die verschiedenen Instrumente, die zur Rechnungsbegleichung im Modell herangezogen werden können - Überweisungen, Wechselabtretungen und Wechselausstellungen -, die aus ihnen resultierenden Folgen für die Ermittlung der effektiven Umsatzsteu-

---

1. § 18 Abs. 1 Satz 1 UStG.

2. Im weiteren wird davon ausgegangen, daß die innerhalb eines Voranmeldungszeitraumes aufgelaufene Umsatzsteuerschuld der Unternehmung gegenüber dem Finanzamt (ohne Berücksichtigung der abziehbaren Vorsteuern) stets die zum Abzug berechtigten Vorsteuerbeträge übersteigt. Auch der andere Fall ließe sich erfassen, auf eine Darstellung soll jedoch verzichtet werden.

erschuld der Unternehmung gegenüber dem Staat innerhalb eines Voranmeldungszeitraumes zu untersuchen.

Der in Periode t für die Unternehmung aus ihren im Modell erfaßten Aktivitäten resultierende Vorsteuerbetrag wird durch die Variable VS_t beschrieben. Kennzeichnet die nicht negative Variable US^-_{t+4} die zu Beginn der Periode t+4 an das Finanzamt zu entrichtende Umsatzsteuerschuld, die sich im Laufe des mit der Periode t beginnenden und 3 Perioden umfassenden Zeitraums angesammelt hat und die eine Periode[1] nach dem Ende des jeweiligen Voranmeldungszeitraumes zu entrichten ist, so können die Restriktionen (3.2.3.2) formuliert werden:

(3.2.3.2)

$$
\begin{aligned}
US^-_{t+4} \;=\; & \sum_{r=t}^{t+2} (\bar{US}_r - VS_r) \\
& + [us/(1+us)] \{ \sum_{l=1}^{L} \sum_{t^o=t^*_l}^{t+1} \sum_{s\in I^{Pe}_{l(t^o)t}} sk_{lt^os}\, üw_{lt^os} \\
& + \sum_{l\in I^{Li}_{R+}} \sum_{t^o=t^*_l}^{t+1} \sum_{s\in I^{Pe}_{l(t^o)t}} [\sum_{c\in I^L_{WB(l)}} \sum_{r=s-c+c^l}^{s} (sk^{WB}_{lt^ocrs} - 1)\, w^{WB}_{lt^ocrs} \\
& + \sum_{c\in I^L_{WN(l)}} \sum_{r=s-c+c^l}^{s} (sk^{WN}_{lt^ocrs} - 1)\, w^{WN}_{lt^ocrs} \\
& + \sum_{c\in I^L_{Ak(l)}} (sk^{Ak}_{lt^ocs} - 1)\, w^{Ak}_{lt^ocs} \\
& + \sum_{c\in I^L_{So(l)}} (sk^{So}_{lt^ocs} - 1)\, w^{So}_{lt^ocs} \;] \;\} \qquad (t\in I^{Pe}_{Vo}).
\end{aligned}
$$

1. Nach § 18 Abs. 1 UStG beträgt die Frist, nach der die Unternehmung ihre Voranmeldung nach dem Ende eines Voranmeldungszeitraumes beim Finanzamt einzureichen hat, gerade 10 Tage.

Die Indexmenge I_{Vo}^{Pe} ist dabei wie folgt definiert:

(3.2.3.3) I_{Vo}^{Pe} := Menge aller Periodenindizes, deren zugehörige Perioden den Beginn eines Voranmeldungszeitraumes bilden und im Planungszeitraum zu Umsatzsteuerzahlungen an das Finanzamt führen.

Da nicht notwendigerweise in jedem Voranmeldungszeitraum Maßnahmen zur Rechnungsbegleichung einer in Periode t^o vom Lieferanten l eingegangenen Rechnung ergriffen werden bzw. werden können, erweist sich die Einführung der Indexmengen $I_{l(t^o)t}^{Pe}$ als sinnvoll.

(3.2.3.4) $I_{l(t^o)t}^{Pe}$:= Menge aller Periodenindizes, in deren zugehörigen Perioden - soweit sie im Voranmeldungszeitraum liegen, der mit der Periode t beginnt - Maßnahmen zur Rechnungsbegleichung einer vom Lieferanten l in Periode t^o eingegangenen Rechnung möglich sind ($l=1(1)L$; $t \in I_{Vo}^{Pe}$; $t^o=t_l^*(1)t+1$).

In der Formulierung (3.2.3.2) werden die in einer Rechnung aufgeführten Umsatzsteuerbeträge, die die Unternehmung zu entrichten hat, in ihrer gesamten Höhe als Vorsteuern verstanden. Nimmt die Unternehmung die Möglichkeit eines Skontoabzugs bei der Überweisung wahr, so vermindert sich damit das von ihr aufzubringende Entgelt zum Empfang der Lieferung oder sonstigen Leistung, wodurch gleichzeitig auch der anfallende, als Vorsteuer anzurechnende Umsatzsteuerbetrag sinkt. Demnach ist die Unternehmung auch nicht mehr zum Vorsteuerabzug in der auf der Rechnung ausgewiesenen Höhe berechtigt, sondern ist nach § 17 UStG vielmehr gehalten, eine entsprechende Korrektur in den jeweiligen Voranmeldungszeiträumen vorzunehmen.[1] Analoge Überlegungen sind auch für die Fälle anzustellen, in denen der Fi-

---

1. Vgl. ROSE [1980], S. 215 ff.

nanzbereich auf die anderen ihm zur Verfügung stehenden Instrumente zur Rechnungsbegleichung zurückgreift. Die hierbei durch die vom Lieferanten in Rechnung gestellten Gebühren erhöhen im Sinne des § 10 Abs. 1 UStG das Entgelt und wirken daher bei der betrachteten Unternehmung erhöhend für den Vorsteuerabzug.[1][2] Die Forderung nach der Aufrechterhaltung des finanziellen Gleichgewichts läßt sich unter Einbeziehung dieser Oberlegungen durch die nachstehenden Beziehungen vervollständigen.

$$(3.2.3.5) \quad KK_t + DK_t + FL_t + AK_t + KS_t + VK_t + BW_t + LK_t - LO_t - SO_t - US_t^- + E_t \geqq 0 \qquad (t \in I_{US}^{Pe}).$$

---

1. Diese Berechnungsmethode setzt voraus, daß der Lieferant die Unternehmung über die Rechnungskorrektur unterrrichtet; vgl. ZIMMERMANN [1968], S. 1774 ff., ROSE [1980], S. 178 f. sowie SAUERLAND [1980], S. 398 ff., die auch andere Abrechnungsverfahren vorstellen.

2. Für die Rechnungsbegleichung durch bundesbankfähige Wechsel führt die folgende Oberlegung zur Ermittlung des geeigneten Koeffizienten bei der Vorsteuerkorrektur.
Die Unternehmung erhält in Periode t^o eine Rechnung vom Lieferanten l in Höhe von RB_{lt^o} inklusive Umsatzsteuern im Betrag von $US_{lt^o}=[us/(1+us)]RB_{lt^o}$. Bei Rechnungsbegleichung in Periode t erfolgt pro beglichene Einheit eine Gutschrift laut Zahlungsbedingungen in Höhe von $sk_{lt^o t}$. Für die Wechselabtretung in Periode t eines bundesbankfähigen Wechsels vom Typ cr berechnet der Lieferant l eine Gebühr pro Einheit von gb_{lcrt}^{WB}. Der durch die Unternehmung aufzubringende Wechselbetrag $w_{lt^o crt}^{WB}$ in Periode t berechnet sich als
$$RB_{lt^o}=(1+sk_{lt^o t})(1-gb_{lcrt}^{WB})\ w_{lt^o crt}^{WB} = sk_{lt^o crt}^{WB}\ w_{lt^o crt}^{WB}.$$
Die Differenz zwischen Rechnungsbetrag und dem in Form der Wechselabtretung berechneten Betrag ergibt sich aus:
$$RB_{lt^o} - w_{lt^o crt}^{WB}.$$
Die anteilmäßige Umsatzsteuer - als Vorsteuerkorrektur zu interpretieren - berechnet sich als:
$$[us/(1+us)]\ (RB_{lt^o} - w_{lt^o crt}^{WB}) = [us/(1+us)]\ (sk_{lt^o crt}^{WB}-1)\ w_{lt^o crt}^{WB}.$$

4. Das Zielsystem der kurzfristigen Material- und Finanzplanung

Nach der Beschreibung der Restriktionen, denen sich ein Entscheidungsträger beim Einsatz der zur Verfügung stehenden Instrumente im Rahmen der kurzfristigen Material- und Finanzplanung gegenübersieht, gilt es im folgenden das Zielsystem modellmäßig zu erfassen, auf dessen Grundlage die beiden Unternehmungsbereiche ihren Instrumenteneinsatz planen. Neben Zielgrößen, anhand derer die Wirkungen des Einsatzes der zur Verfügung stehenden Instrumente gemessen werden, bilden die verschiedenen Präferenzrelationen die notwendigen Bestandteile des Zielsystems eines Entscheidungsträgers. Zu diesen Präferenzrelationen zählen im einzelnen die Höhen-, die Arten-, die Unsicherheits- und die Zeitpräferenzrelation.[1)]

Durch die Höhenpräferenzrelation bringt der Entscheidungsträger seine Einschätzung zum Ausdruck, in welchem Ausmaß eine bestimmte Zielgröße von ihm verfolgt wird; durch sie werden demnach Aussagen der Art getroffen, ob. z.B. Extremierungs- oder Satisfizierungsvorschriften bei der Lösung eines zugrundeliegenden Entscheidungsproblems zu beachten sind.[2)] Im Rahmen der Diskussion der jeweiligen Zielgrößen, die innerhalb der hier im Mittelpunkt stehenden kurzfristigen Material- und Finanzplanung zu beachten sind, wird im einzelnen auf die jeweils zu erfassende Höhenpräferenzrelation eingegangen. Ebenso wird bei der Berücksichtigung der Zeitpräferenzrelation verfahren, durch die der Entscheidungsträger die von ihm bevorzugte zeitliche Struktur der Ausprägungen seiner Zielgrößen zum Ausdruck bringt. Da im vorliegenden Modell von der Fiktion einwertiger Erwartungen der zu erfassenden Daten ausgegangen wird, erübrigt sich die Erfassung einer Unsicherheitspräferenzrelation.

---

1. Vgl. z.B. BAMBERG/COENENBERG [1977], S. 26 f., SIEBEN/SCHILDBACH [1980], S. 24 ff.

2. Zu verschiedenen Inhalten von Höhenpräferenzrelationen vgl. DINKELBACH [1980 b], S. 53 ff.

Als nicht notwendig erweist es sich in der hier verfolgten Vorgehensweise, daß ein Entscheidungsträger im Zeitpunkt der Modellformulierung - also vor Beginn der Modellösung - in Kenntnis einer vollständigen Artenpräferenzrelation ist, durch die bei Verfolgung mehrerer Zielgrößen eine Ordnung innerhalb dieser geschaffen wird.

Im weiteren wird davon ausgegangen, daß die Zielgrößen der beiden Unternehmungsbereiche sowie die Höhen- und Zeitpräferenzrelation feststehen und während des Modellösungsprozesses unverändert bleiben.[1] Gegenstand der folgenden Abschnitte wird demnach die Untersuchung der Fragen sein, welche Zielgrößen dem Modell der kurzfristigen Material- und Finanzplanung zugrunde liegen und wie die Erfassung dieser Zielgrößen mit den als gegeben unterstellten Höhen- und Zeitpräferenzrelationen im Modell in Form von Zielfunktionen erfolgt. Dabei wird unter einer Zielfunktion eine mathematische Abbildung verstanden, die jedem Ergebnis, das aus dem Einsatz einer zur Verfügung stehenden Alternative resultiert, eine reelle Zahl zuordnet.[2]

4.1. Zielfunktionen des Materialbereichs

4.1.1. Einleitende Überlegungen

Aufgrund der Formalstruktur des vorliegenden Modells ist es möglich, im Gegensatz zu den bisher konzipierten Entscheidungsmodellen zur Materialplanung verschiedene, unter Umständen konkurrierende Zielgrößen als Zielfunktionen simultan bei der Formulierung und - wie

1. Hingegen können bei komplexeren Entscheidungssituationen im Gegensatz zu Routineentscheidungen - um die es sich hier handelt - Veränderungen in den Zielinhalten im Laufe des Problemlösungsprozesses auftreten; vgl. hierzu die empirischen Befunde von HAMEL [1974] und HAUSCHILDT [1977], S. 153 ff.

2. Vgl. DINKELBACH [1969], S. 9 f.

später zu zeigen sein wird - bei der Modellösung zu berücksichtigen. Zunächst wird jedoch der Frage nachgegangen, inwieweit überhaupt verschiedene Zielgrößen das Handeln des Materialbereichs beeinflussen, wie diese inhaltlich gestaltet sind und in welcher Form sie sich im Modell erfassen lassen.

Die Existenz mehrerer, die Entscheidungen des Materialbereichs beeinflussender Zielgrößen ist in der betriebswirtschaftlichen Literatur unumstritten.[1] Stützen läßt sich diese Ausgangsposition darüber hinaus durch die empirische Untersuchung MEYERs, deren Ergebnisse bezüglich der verfolgten Zielgrößen bei der Materialplanung und deren relative Bedeutung zueinander in Tabelle 3 wiedergegeben sind.[2]

Zielgröße \ Rang	1	2	3	4	5
Lieferbereitschaft	67	33	0	0	0
Senken von Lagerbeständen	29	63	4	4	0
Verminderung von Bestellkosten	0	0	44	41	15
Ausnutzung von Rabatten	0	0	37	44	19
Beitrag zur Aufrechterhaltung der Liquidität	4	4	15	11	66

Tabelle 3

1. Vgl. u.a. AMMER [1962], S. 37 ff., KOTTKE [1966], S. 34 ff., THEISEN [1970], S. 11 ff., ZÄPFEL [1970], S. 111 ff., STARK [1973], S. 52 ff., STEINBRÜCHEL [1973], S. 19 ff., NEHLSEN [1974], S. 26 ff., FÄSSLER/KUPSCH [1978], S. 224 f., HARTMANN [1978], S. 21 ff.

2. Vgl. MEYER [1979], S. 133.

Die Ziffern in der Tabelle geben die prozentualen Häufigkeiten der genannten Zielgrößen in den einzelnen Rangstufen an.

Ausgehend von diesen Befunden läßt sich die Auffassung erhärten, wonach die primäre Aufgabe des Materialbereichs in der Sicherung der Materialbereitstellung zu sehen ist, daß darüber hinaus bei dieser Aufgabenerfüllung jedoch gleichzeitig weitere Zielgrößen zu beachten sind, deren Inhalte sich in der Forderung nach einer ökonomisch sinnvollen Lösung des Versorgungsproblems zusammenfassen lassen.

Interpretiert man den Zielinhalt Senken von Lagerbeständen als eine aus dem Kostendenken abgeleitete Zielgröße, die eigentlich das Senken von Lagerungskosten vor Augen hat, so lassen sich die drei nachstehenden Gruppen unterschiedlicher Zielgrößen des Materialbereichs herauskristallisieren.

Zielgrößen des Materialbereichs

Aufrechterhaltung der Lieferbereitschaft	Verminderung der Materialkosten	Beitrag zur Aufrechterhaltung der Liquidität

Abbildung 6

Je nach Komplexität der verschiedenen Modelle zur Lagerhaltungs- und Materialdisposition wird die Berücksichtigung dieser Zielgrößen unterschiedlich gehandhabt.

So geht die Andlersche Bestellmengenformel[1)] neben anderen Prämissen von einem gegebenen deterministischen Bedarf und einem nicht beschränkten finanziellen Spielraum aus. Die Zielgröße Aufrecht-

1. Vgl. ANDLER [1929], S. 48 ff.

erhaltung der Lieferbereitschaft wird insofern berücksichtigt, als die aus der Bedarfsplanung abgeleiteten Materialmengen eines Zeitraums in einzelne, gleichgroße Bestellmengen aufgeteilt werden. Die aus dem Unsicherheitsmoment resultierenden Probleme bleiben ausgeklammert. Als Zielfunktion wird die Verminderung der Bestell- und Lagerungskosten - also der Materialkosten[1] - einer Materialart in einem Zeitraum gefordert. Weitere Bedingungen, seien es interne oder externe Beschränkungen, denen sich der Materialbereich gegenübersieht, gehen entweder überhaupt nicht bzw. nur indirekt und global in die Modellformulierung ein. Beiträge zur Lösung eines eventuell vorhandenen Liquiditätsproblems können nicht erwartet werden.

Eine Gruppe von weitergehenden Lösungsansätzen versucht das Problem des zufallsabhängigen Bedarfs durch die Entwicklung stochastischer Lagerhaltungsmodelle zu lösen, um so dem Moment der Unsicherheit Rechnung tragen zu können.[2] Die für die Minimierung als relevant erachteten Kosten setzen sich hier aus Bestell-, Lagerungs- und Fehlmengenkosten zusammen[3], wobei letztere als monetäres Äquivalent der Konsequenzen eines nicht befriedigten Bedarfs zu verstehen sind.[4] Ein einfaches Optimalitätskriterium würde bei Verfolgung dieses Weges sowie Zugrundelegung der Zielfunktion Minimierung der Summe aus Fehlmengenkosten und sonstigen Kosten darin zu sehen sein, die Vergrößerung der Lagermindestbestände so lange vorzu-

---

1. Vgl. zu dieser Trennung der Materialkosten u.a. SCHNEEWEISS [1979], S. 2 ff.
2. Aus der Fülle der anzutreffenden Literaturbeiträge sei hier lediglich auf die Monographien von HOCHSTÄDTER [1969], NADDOR [1966], KLEMM/MIKUT [1972] und SCHNEIDER [1979] verwiesen.
3. Vgl. zur Trennung der gesamten Materialkosten in Bestell-, Lagerungs- und Fehlmengenkosten z.B. NADDOR [1966], S. 13.
4. Zu Komponenten der Fehlmengenkosten vgl. u.a. ZÄPFEL [1970], S. 106 ff., SCHMID [1977], S. 32 ff. und WISSEBACH [1977], S. 73 ff.

nehmen, bis die Erhöhung der daraus resultierenden sonstigen Kosten durch die Verringerung der Fehlmengenkosten mindestens ausgeglichen wird.[1] Diese theoretisch elegante Vorgehensweise soll aufgrund der immensen, bei der Berechnung von Fehlmengenkosten auftretenden Schwierigkeiten hier nicht weiter verfolgt werden.[2]

Auch diese komplexeren Modelle kommen nicht umhin, Schnittstellen zu anderen Unternehmungsbereichen zu setzen. Insbesondere wirkt sich dies bei der hier im Mittelpunkt stehenden Frage aus, wie die dritte Zielgröße - Beitrag zur Aufrechterhaltung der Liquidität - berücksichtigt werden kann. Ein häufig beschrittener Weg zur Lösung dieses Problems ist in der expliziten Formulierung von Restriktionen zu sehen; allerdings wird durch diese Vorabentscheidung, bis zu welcher Höhe finanzielle Mittel im Rahmen der Materialplanung in Anspruch genommen werden dürfen, das Entscheidungsfeld beschränkt, ohne daß auf das Zustandekommen dieser Begrenzung weiter eingegangen wird.[3] Die Berücksichtigung der dritten Zielgröße erfolgt demnach allein durch die Formulierung und die geforderte Einhaltung derartiger finanzieller Beschränkungen durch die ermittelten Modelllösungen.[4]

Aus dem zeitlich-vertikalen Partialcharakter des vorliegenden Modells resultiert die Notwendigkeit, über zu ermittelnde Lagerbestände am Ende des Planungszeitraums der einzelnen Materialarten die Verknüpfung zum zeitlich nachgelagerten Entscheidungsfeld herzustellen. Auch bei der Lösung des Problems, welche Höhen diese Lagerbestände annehmen sollen, wird in der Literatur häufig die Vor-

---

1. Sinngemäß auch SCHNEEFELD [1978], S. 13.
2. Vgl. hierzu MEYER [1979], S. 136 f., insbesondere Fußnote 112. Modelle zur Quantifizierung von Fehlmengenkosten finden sich bei SCHMID [1977], S. 42 ff.
3. Vgl. z.B. HADLEY/WITHIN [1963], S. 57 ff. und ZOLLER [1977], S. 8 ff.
4. Es handelt sich bei diesem Vorgehen um die Abbildung von Zielen als Nebenbedingungen in Entscheidungsmodellen, die HEINEN als Nebenbedingungen vom Typ B bezeichnet; vgl. HEINEN [1976], S. 54 f.

gehensweise gewählt, einen bestimmten Endbestand für jede Materialart vorzugeben, der dann als Restriktion bei der Planung der zur Verfügung stehenden Instrumente zu beachten ist[1], bzw. über die Höhen der jeweiligen Lagerendbestände keinerlei Aussagen zu tätigen und ihre Bestimmung anhand der unterstellten Zielfunktion des betreffenden Partialmodells vorzunehmen.[2] In der vorliegenden Arbeit wird dieses Problem insofern anders berücksichtigt, als daß die Höhen zu errichtender Lagerbestände am Ende des Planungszeitraums für die Modellformulierung Variablen darstellen und nach einer vorgenommenen Amalgamation mit einer eigenen Zielfunktion in das Modell eingehen. Die Bestimmung der Lagerbestandshöhen am Ende des Planungszeitraums der einzelnen Materialarten wird dann erst im Rahmen eines interaktiven Verfahrens vorgenommen.

Im folgenden werden die Inhalte der einzelnen Zielgrößen diskutiert, die der Materialbereich in der betrachteten Planungssituation verfolgt. Darüber hinaus wird die formale Darstellung dieser Inhalte, sofern sie sich für das bestehende Entscheidungsproblem als relevant erweisen, als Zielfunktionen im vorliegenden Modell demonstriert.

4.1.2. Die Aufrechterhaltung der Lieferbereitschaft

a) Der Aufbau von Lagermindestbeständen

Durch die Berücksichtigung der Restriktionen (3.1.1.7), wonach der geplante Bedarf an den einzelnen Materialarten in jeder Periode des Planungszeitraums zu decken ist, wird unter Beachtung der Prognoseunsicherheit das sich dem Materialbereich stellende Problem der Materialplanung in einem wesentlichen Punkt nicht adäquat im Modell

---

1. Vgl. z.B. HADLEY/WITHIN [1963], S. 333.
2. Vgl. z.B. ter HASEBORG [1980], S. 742 ff.

erfaßt; das aus dem Unsicherheitsmoment resultierende Vorsichtsmotiv ist in diesen Beschränkungen nicht enthalten und bleibt somit - falls keine zusätzlichen Vorkehrungen getroffen werden - aus dem Modell ausgeklammert. Der Materialbereich sieht sich dabei unsicheren Größen in allen Phasen der Materialbereitstellung gegenüber. So beinhalten beispielsweise unsichere Größen die unterstellten Lieferfristen im Vergleich zu den realisierten in der Phase des Lagerzugangs, unterstellte Entwicklungen beim Schwund und Verderb der gelagerten Materialien gegenüber den eingetretenen in der Phase der Lagerung sowie die Höhe des geplanten Bedarfs an den einzelnen Materialarten im Gegensatz zum tatsächlichen Umfang der Lagerentnahmen durch die einzelnen Bereiche der Unternehmung.

Eine Möglichkeit, unerwünschten Knappheitssituationen bei der Materialversorgung zu begegnen, besteht für den Materialbereich im Halten von Lagermindestbeständen. Ihre Aufgabe ist im vorliegenden Modell einerseits in einer Sicherung der Bedarfsbefriedigung bei nicht vorhergesehenen Planabweichungen zu sehen; andererseits erweist sich die Einführung von Lagermindestbeständen zu Beginn einer Planungsperiode als sinnvoll, da aus der nicht zeitpunktgenauen Abbildung der Realität im Modell Ungleichgewichte innerhalb der einzelnen Planungsperioden aufzufangen sind. Das typische Kennzeichen dieser Lagermindestbestände ist darin zu sehen, daß bei einer Entwicklung der Realität in vollkommen analoger Weise der im Modell unterstellten Entwicklung diese Bestände sich im nachhinein gesehen als überflüssig herausstellen.

Die Berücksichtigung des Vorsichtsmotivs kann durch die Fixierung eines Lagermindestbestandes für jede Materialart durch den Entscheidungsträger in jeder Periode des Planungszeitraums mit einer anschließenden Optimierung der dem Entscheidungsmodell zugrundeliegenden Zielfunktion(en) unter Beachtung eben dieser vorgegebenen

Größen erfolgen.[1] Eine Schwäche dieser Vorgehensweise kann darin gesehen werden, daß die Bestimmung der Lagermindestbestände durch den Entscheidungsträger dabei in Unkenntnis der durch diese Fixierung bedingten Auswirkungen auf die weiteren, gleichzeitig verfolgten Zielgrößen zu erfolgen hat.

Im vorliegenden Modell soll daher ein anderer Weg beschritten werden, durch den es dem Entscheidungsträger ermöglicht wird, die Entscheidung über die Höhe der zu errichtenden Lagermindestbestände der einzelnen Materialarten in Abhängigkeit von weiteren, im Modell erfaßten Zielgrößen zu treffen. Aus diesem Grunde wird der mit x_{at}^{BS} bezeichnete Lagermindestbestand einer Materialart a zu Beginn der Periode t als Variable angesehen. Die bei den Lieferanten lagernden Materialeinheiten, die bei planmäßiger Entwicklung in der betreffenden Periode zwar abrufbereit gelagert, aber noch nicht zugestellt sind, dienen im Modell nicht als Beitrag zur Befriedigung existierender Sicherheitsbedürfnisse des Entscheidungsträgers. Zu begründen ist diese Vorgehensweise mit den Unwägbarkeiten der Materialzustellung durch die Lieferanten in den Perioden, in denen ein unvorhergesehener Bedarf an einzelnen Materialarten auftritt; denn gerade in der Phase des Lagerzugangs - also der Phase, die erst noch von den beim Lieferanten vorhandenen Materialeinheiten durchlaufen werden muß - existieren Unsicherheitsmomente, gegen die sich gerade die zu errichtenden Lagermindestbestände richten sollen.

Im weiteren wird davon ausgegangen, daß der Entscheidungsträger in der Lage ist, einen Lagermindestbestand für jede Materialart a und

1. Dieser Weg wird in den Modellansätzen von HAEGERT und ROSENBERG gewählt; während bei HAEGERT der Entscheidungsträger für jede Periode einen Lagermindestbestand unabhängig vom Bedarf in den folgenden Perioden für jede Materialart fixiert, erfolgt bei ROSENBERG die Ausrichtung des geforderten Lagermindestbestandes in einer Periode in Abhängigkeit vom Bedarf der entsprechenden Materialart in der darauf folgenden Periode; vgl. HAEGERT [1971], S. 59 und ROSENBERG [1975], S. 34 f.

jede Periode t anzugeben, den er bei Vernachlässigung aller anderen im Modell simultan verfolgten Zielgrößen als ideal erachtet. Diese durch den Entscheidungsträger vorzugebenden Größen werden mit $\overline{MB}_{at}$ bezeichnet ($\overline{MB}_{at} > 0$). Zu Beginn einer Periode t vorhandene Lagerbestände einer Materialart a, die größer sind als die vorgegebene Größe $\overline{MB}_{at}$, tragen nicht zur Befriedigung eines beim Entscheidungsträger existierenden Sicherheitsbedürfnisses bei. Der Entscheidungsträger zeigt somit bei der Zielgröße Aufrechterhaltung der Lieferbereitschaft einer Materialart a in einer Periode t in seiner Höhenpräferenzrelation das Verhalten eines Approximierers. Kennzeichnet $U(x_{at}^{BS})$ die unbekannte Nutzenfunktion des Entscheidungsträgers in Abhängigkeit vom geplanten Lagermindestbestand einer Materialart a in der Periode t, dann kann diese Annahme graphisch wie folgt dargestellt werden.

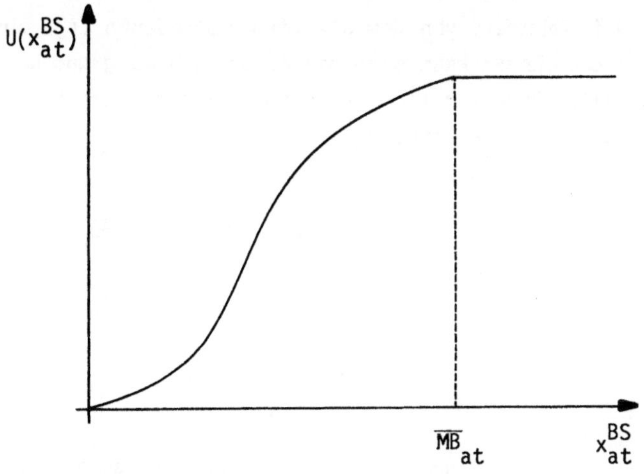

Abbildung 7

Betont werden muß an dieser Stelle, daß das konzipierte Modell letztlich keine Aussage über die Bestimmung der Größen $\overline{MB}_{at}$ macht; dies ist eine Aufgabe, die dem Entscheidungsträger überlassen bleibt.

Darüber hinaus wird unterstellt, daß der Entscheidungsträger nicht daran interessiert ist, bei einigen Materialarten die zu errichtenden Lagermindestbestände in der Höhe der idealen Lagermindestbestände oder darüber zu planen, während bei anderen Materialarten sehr hohe Unterdeckungen der geplanten Lagermindestbestände von diesen als ideal empfundenen Mindestbeständen hingenommen werden. Vielmehr wird angenommen, daß der Entscheidungsträger eine Artenpräferenzrelation besitzt, die sich bezüglich der Zielgrößen Sicherung der Lieferbereitschaft der einzelnen Materialarten in den verschiedenen Perioden des Planungszeitraums wie folgt kennzeichnen läßt: Der Entscheidungsträger wünscht stets die maximale relative Abweichung des geplanten Lagermindestbestandes einer Materialart a in einer Periode t zum ideal angesehenen Mindestbestand zu verringern, falls der geplante Lagermindestbestand kleiner als der ideal empfundene Lagermindestbestand ist.[1)2)]

Die relative Unterdeckung des geplanten Lagermindestbestandes der Materialart a in Periode t von dem als ideal empfundenen Lagermindestbestand - und hierauf kann sich die Betrachtung aufgrund der oben vorgestellten Nutzenfunktion des Entscheidungsträgers beschränken - beinhaltet die Größe r_{at}^{BS}:

$$(4.1.2.0)^* \quad r_{at}^{BS} := \begin{cases} 1 - x_{at}^{BS}/\overline{MB}_{at} & \text{für } x_{at}^{BS} \leqq \overline{MB}_{at} \\ & (a=1(1)A;\ t=1(1)T). \\ 0 & \text{sonst} \end{cases}$$

1. Es handelt sich hierbei um eine spezielle Form der Amalgamation der einzelnen zu planenden Lagermindestbestände; andere denkbare und im Modell abbildbare Fälle wären darin zu sehen, materialgruppenspezifische und/oder periodenspezifische Lagermindestbestandsplanungen vorzunehmen.

2. Eine derartige, häufig mit dem Namen Tschebyscheff in Verbindung gebrachte Zielfunktionsamalgamation wird auch von ISERMANN [1974 a], S. 70 vorgeschlagen.

Die Minimierung der maximalen relativen Unterdeckung läßt sich unter Zuhilfenahme der nicht negativen Variable r^{BS} wie folgt ausdrücken:

(4.1.2.1) min r^{BS}

(4.1.2.2) $r^{BS} \geqq 1 - x^{BS}_{at}/\overline{MB}_{at}$ (a=1(1)A; t=1(1)T).

Die Minimierung der maximalen relativen Unterdeckung eines Lagermindestbestandes der Materialart a in Periode t vom vorgegebenen idealen Lagermindestbestand stellt die erste im Modell zu berücksichtigende Zielfunktion dar, durch die in Verbindung mit den Restriktionen (3.1.1.7) im Modell das Bestreben des Materialbereichs abgebildet wird, für eine ausreichende Lieferbereitschaft in den einzelnen Perioden des Planungszeitraums zu sorgen.

Die Größe r^{BS} kann zwischen den Werten 0 - hier wird in allen Perioden für alle Materialarten mindestens der jeweilige Lagermindestbestand realisiert - und 1 - hier sinkt der Lagermindestbestand mindestens einer Materialart in einer Periode auf Null ab - schwanken. Die untere Grenze für die Größe r^{BS} bringt dabei zum Ausdruck, daß der Entscheidungsträger in einem Lagermindestbestand, der über dem als ideal empfundenen Lagermindestbestand liegt, keine zusätzliche Sicherung der Lieferbereitschaft mehr sieht. Formal wird somit im vorliegenden Modell ein approximierendes Verhalten des Entscheidungsträgers durch eine zu extremierende Zielfunktion berücksichtigt.[1)]

Damit wird in das Modell eine rein mengenorientierte Zielfunktion einbezogen, die es im Laufe des interaktiven Lösungsverfahrens gestatten wird, die Auswirkungen des Haltens von Lagermindestbeständen

---

1. Vgl. DINKELBACH [1980 b], S. 56.

auf die anderen Zielgrößen zu erfassen.[1)]

b) Die Erfassung von Lagerbeständen am Ende des Planungszeitraums

Damit die Materialversorgungsaufgabe auch in den nach dem Ende des Planungszeitraums liegenden Perioden erfüllt werden kann, ist für die einzelnen Materialarten unter Umständen ein Lagerendbestand für die Periode T aufzubauen.

Im Zusammenhang mit der Bestimmung der Lagerbestände am Ende des Planungszeitraums des betrachteten Partialmodells tauchen die analogen Probleme der Entscheidungsfeldabgrenzung auf, wie sie bei der Erfassung von zeitlich horizontalen Interdependenzen existieren. Optimal bezüglich der langfristigen Zielgrößen des zeitlich vertikalen Totalmodells läßt sich dieses Problem nur lösen, indem alternativ geplante Lagerbestandshöhen am Ende des Planungshorizonts des betrachteten Partialmodells hinsichtlich ihrer Auswirkungen auf die langfristigen Zielgrößen des Totalmodells untersucht werden. Die Errichtung von Lagerendbeständen in der Periode T ist dabei mit zwei Wirkungen verbunden - einerseits erfolgt eine Wertveränderung des Entscheidungsfeldes des vorliegenden Partialmodells, andererseits ist gleichzeitig eine Wertveränderung des zeitlich nachgelagerten Restmodells festzustellen.[2)] Gelingt es, sowohl die Negativ- als auch die Positivkomponenten der alternativ geplanten Lagerendbestände zu quantifizieren, so ließen sich über eine Berücksichtigung dieser Komponenten in der Zielgröße Materialkosten

---

1. Damit wird die Aussage ASSFALGs widerlegt, der schreibt: "Reine Mengenbegriffe wie Lieferbereitschaft, durchschnittlicher Lagerbestand oder Umschlaghäufigkeit stellen kein geeignetes Maß der Wirtschaftlichkeit dar, weil ihre Auswirkungen auf Erlöse und Kosten nicht genau bestimmt werden können." ASSFALG [1976], S. 18.

2. Vgl. MAHLERT [1976], S. 30 ff.

die bestehenden Interdependenzen zwischen den zeitlich angrenzenden Entscheidungsfeldern in adäquater Weise, d.h. in Hinblick auf die bestehenden Zielgrößen des Totalmodells, erfassen.

Diese auf das Konzept der wertmäßigen Kosten zurückgehende Vorgehensweise wird aufgrund der Schwierigkeiten, die mit der Bestimmung der aus der Errichtung von Lagerbeständen am Ende des Planungszeitraums resultierenden Wertveränderung für das betrachtete und das zeitlich nachgelagerte Entscheidungsfeld verbunden sind, als Lösungsmöglichkeit im weiteren nicht verfolgt.[1)]

Mit dem vorliegenden Entscheidungsmodell wird dem Entscheidungsträger ein flexibles Planungsinstrument angeboten, mit dessen Hilfe er die Auswirkungen alternativ geplanter Lagerbestände am Ende des Planungszeitraums auf die anderen gleichzeitig verfolgten Zielgrößen des betrachteten Partialmodells untersuchen kann. Das hinter dem Vorschlag stehende Bemühen, Probleme der Erfassung bestehender Interdependenzen zeitlich angrenzender Partialmodelle über die Vorgabe von Lagerbeständen zu lösen, ist zwar letztlich ebenfalls als Ausprägung eines Bewertungsvorgangs zu interpretieren und somit nicht als prinzipiell andere Vorgehensweise anzusehen.[2)] Es wird durch diesen Vorschlag aufgrund der skizzierten Schwierigkeiten auch keine Lösung des Problems der gesamtoptimalen Berücksichtigung von abgeschnittenen Interdependenzen zwingend erreicht; denn die Erfassung der aus den alternativen Lagerbeständen am Ende des Planungszeitraums resultierenden Wertveränderungen des zeitlich nachgelagerten Entscheidungsfeldes bleibt dem Entscheidungsträger überlassen. Dennoch ist ein nicht unwesentlich erscheinender Vorteil dieser Vorgehensweise gegenüber einer starren feststellbar, bei der der Entscheidungsträger die Höhe der jeweiligen Bestände im Zeitpunkt der Modellformulierung definitiv angeben muß. Der

1. Vgl. zum Bewertungsprinzip der wertmäßigen Kosten Kapitel 4.1.3 dieser Arbeit.

2. Vgl. BRINK [1975], S. 72 f.

Entscheidungsträger ist jetzt nicht mehr gezwungen, ex ante, d.h. ohne eine Information über seine Bewertungsentscheidung, die daraus resultierenden Lagerbestände am Ende des Planungszeitraums anzugeben. Vielmehr kann er sich bei der Bewältigung dieser Aufgabe auf Informationen stützen, die die Auswirkungen der alternativen Lagerbestandshöhen auf die gleichzeitig im Modell verfolgten Zielgrößen zum Inhalt haben. Damit werden dem Entscheidungsträger zumindest Angaben über Wertveränderungen - beurteilt anhand der kurzfristigen Zielgrößen - angeboten, die das betrachtete Entscheidungsfeld durch die alternativen Lagerbestände am Ende des Planungszeitraums erfährt.

Um diese Informationen dem Entscheidungsträger zur Verfügung zu stellen, kann im Modell jeder Lagerendbestand der Periode T einer Materialart a als zu maximierende Zielfunktion aufgefaßt werden. Aufgrund der bei diesem Vorgehen zwangsläufig stark anwachsenden Zahl von Zielfunktionen wird dieser Weg nicht begangen. Vielmehr wird unterstellt, daß der Entscheidungsträger eine Artenpräferenzrelation besitzt, die folgende Vorgehensweise rechtfertigt.

Annahmegemäß sei der Entscheidungsträger in der Lage, für jede Materialart a einen Lagerbestand am Ende der Periode T zu benennen, dessen Höhe er bei Vernachlässigung anderer, gleichzeitig verfolgter Zielgrößen als ideal erachtet; diese durch den Entscheidungsträger vorzugebenden Größen werden mit $\overline{LA}_a$ bezeichnet. In diesen Lagerbestand am Ende des Planungszeitraums gehen sowohl die im eigenen Lager als auch die bei den Lieferanten lieferbereit lagernden Einheiten einer Materialart a ein. Die relativen Unterdeckungen der geplanten Lagerbestände am Ende der Periode T der einzelnen Materialarten von den jeweils als ideal erachteten Beständen errechnen sich als:

$$(4.1.2.3)^{*} \quad r_a^{Ma} := \begin{cases} 1 - [\sum\limits_{l \in I_a^{Li}} \sum\limits_{t'=T-c_{al}-c_{al}^{*}+1}^{T-c_{al}+1} y_{alt'T+1} + x_{aT+1}^{B}]/\bar{L}\bar{A}_a \\ \text{falls} \\ \sum\limits_{l \in I_a^{Li}} \sum\limits_{t'=T-c_{al}-c_{al}^{*}+1}^{T-c_{al}+1} y_{alt'T+1} + x_{aT+1}^{B} \leqq \bar{L}\bar{A}_a \\ 0 \quad \text{sonst} \qquad (a=1(1)A). \end{cases}$$

In Analogie zum Vorgehen bei der Bestimmung der Lagermindestbestände wird auch im Rahmen der Bestimmung der Lagerendbestände davon ausgegangen, daß der Entscheidungsträger bestrebt ist, stets gerade den Lagerbestand einer Materialart a am Ende des Planungszeitraums aufzustocken, dessen relative Unterdeckung vom ideal angesehenen Endbestand maximal ist.[1] Durch die Einführung der nicht negativen Variable r^{Ma} kann dieses Entscheidungsverhalten des Entscheidungsträgers modellmäßig wie folgt erfaßt werden.

$$(4.1.2.4) \quad \min \; r^{Ma}$$

$$(4.1.2.5) \quad r^{Ma} \geqq 1 - [\sum_{l \in I_a^{Li}} \sum_{t'=T-c_{al}-c_{al}^{*}+1}^{T-c_{al}+1} y_{alt'T+1} + x_{aT+1}^{B}]/\bar{L}\bar{A}_a \qquad (a=1(1)A).$$

Damit ist die zweite Zielfunktion des Materialbereichs in das Modell eingeführt. Durch sie wird es im Rahmen des interaktiven Lösungs-

1. Auch andere - z.B. materialgruppenspezifische - Formen der Endbestandsforderungen lassen sich modellmäßig erfassen; auf eine Darstellung wird in dieser Arbeit verzichtet.

verfahrens möglich, daß der Entscheidungsträger Endbestandsforderungen in Kenntnis der Auswirkungen auf die anderen, gleichzeitig im Modell erfaßten Zielgrößen äußert.

4.1.3. Die Materialkosten

a) Der Begriff der Materialkosten

Aufgrund der Nichtberücksichtigung von Fehlmengenkosten im vorliegenden Modellansatz reduzieren sich die zu untersuchenden Kostengruppen innerhalb der Materialkosten hinsichtlich ihrer Relevanz für das betrachtete Entscheidungsproblem auf die Bestell- und Lagerungskosten.

Bei der Untersuchung der Frage, welche Wertansätze zur Bestimmung der Materialkosten heranzuziehen sind, werden von der Seite der Kostenrechnung im wesentlichen zwei Bewertungsprinzipien angeboten, die sich mit dem Begriffspaar der wertmäßigen und pagatorischen Kosten belegen lassen. Ohne auf die ausführliche und umfassende in der betriebswirtschaftlichen Literatur geführte Diskussion dieser zentralen kostentheoretischen Begriffe einzugehen,[1] soll kurz begründet werden, weshalb auch hier der These gefolgt wird, daß allein wertmäßige Kosten die notwendige Bewertungsfunktion zur Ermittlung der Materialkosten in adäquater Weise übernehmen können und die Kostenrechnung erst durch ihren Ansatz eine ihrer wesentlichen Aufgaben, die in der Bereitstellung von notwendigen Dispositionsgrundlagen zur Lösung betriebswirtschaftlicher Entschei-

---

1. Zu der Diskussion um diese Begriffe vgl. u.a. die Beiträge von KOCH [1958], S. 355 ff., SCHMALENBACH [1963], S. 141 ff., MENRAD [1965], S. 96 ff., BRINK [1975], S. 61 ff., HEINEN [1978], S. 55 ff., AMS [1979], S. 32 ff., SCHWEITZER/HETTICH/KÜPPER [1979], S. 34 ff.

dungsprobleme zu sehen ist, erfüllt.[1]

Die Vertreter der pagatorischen Kostenauffassung schlagen vor, die mit der Beschaffung der verschiedenen Materialarten verbundenen Auszahlungen als Wertansätze zur Bestimmung der Materialkosten heranzuziehen. Erfaßt der zugrunde liegende Planungsansatz sämtliche sich anbietenden Verwendungsmöglichkeiten der dabei eingesetzten Produktionsfaktoren - hat man es demnach mit einem zeitlichen und sachlichen Totalmodell zu tun -, führt diese Vorgehensweise zum gesamtoptimalen Ergebnis[2], falls die Dimension der langfristig verfolgten Zielgröße der pagatorischen Bewertung entspricht.[3] Fragwürdig erscheint hingegen dieser Wertansatz beim Vorliegen sachlicher und/ oder zeitlicher Partialmodelle, da hierbei alternative Verwendungsmöglichkeiten eines knappen Produktionsfaktors, die außerhalb des betrachteten Partialmodells liegen, nicht erfaßt werden. In diesen Fällen ist die Bewertung nicht vergangenheitsorientiert, sondern unter Einbeziehung der nicht im betrachteten Partialmodell erfaßten Verwendungsmöglichkeiten vorzunehmen. Diese Funktion kann der wertmäßige Kostenansatz übernehmen, da dieser allein durch den Zweck der Rechnung determiniert wird[4] und somit im Falle der gesuchten optimalen Allokation der Produktionsfaktoren extrem entscheidungsorientiert ausgestaltet werden kann.[5] Kosten lassen sich somit als "Wertminderungen des Entscheidungsfeldes, die mit den Aktivitäten verbunden sind"[6], definieren.

---

1. Vgl. u.a. ENGELS [1962], S. 162 ff., HAX [1967], S. 752, BRINK [1975], S. 53, HEINEN [1976], S. 73 ff., MAHLERT [1976], S. 38 ff. und KILGER [1981 a], S. 16 f.
2. Vgl. ENGELS [1962], S. 166 ff. und HAX [1967], S. 752 ff.
3. Vgl. ADAM [1970], S. 16.
4. Vgl. SCHMALENBACH [1963], S.6, HEINEN [1978], S. 313.
5. Vgl. HAX [1967], S. 752, ADAM [1970], S. 34, BRINK [1975], S. 69 ff.
6. MAHLERT [1976], S. 41.

Eine zielgerichtete, die künstlich abgeschnittenen Interdependenzen berücksichtigende Bewertung bestünde in der Einbeziehung von Opportunitätskosten, in denen die nicht im betrachteten Entscheidungsfeld des Partialmodells erfaßten alternativen Verwendungsmöglichkeiten der im Rahmen der Materialplanung eingesetzten Produktionsfaktoren adäquat abgebildet werden würden. Hierbei taucht aber gerade die bekannte Schwierigkeit der Opportunitätskostenermittlung auf - ihre Berechnung setzt die Aufstellung und Lösung eines Modells voraus, "in dem sämtliche Verwendungsmöglichkeiten des Engpaßfaktors erfaßt sind. ... Zudem liefert das Modell zur Feststellung der Opportunitätskostensätze mit der Lösung gleichzeitig Angaben über die optimale Verwendung der Engpaßfaktoren. Damit sind aber die Opportunitätskostensätze überflüssig; das Problem, das man mit ihrer Hilfe einfacher hätte lösen können, ist bereits gelöst."[1] Demnach stehen Opportunitätskostensätze als Bewertungsfaktoren unmittelbar nicht zur Verfügung, obwohl gerade sie für eine optimale Verwendung der Produktionsfaktoren in bezug auf das zugrunde liegende Zielsystem des Entscheidungsträgers sorgen würden.[2]

Die weiteren Ausführungen wenden sich daher der Frage zu, welche Bestandteile, die von den im Modell erfaßten Instrumenten der Materialplanung abhängen, in den einzelnen Kostenarten der Materialkosten - differenziert nach Bestell- und Lagerungskosten - unter Beachtung des zugrunde liegenden Planungszeitraums enthalten sind. Denn nur der Teil der Gesamtkosten, der von den Alternativen des Entscheidungsproblems abhängt, kann bei konsequenter Anwendung des Prinzips der relevanten Kosten[3] als Bewertungsmaßstab für die Lösung eines Entscheidungsproblems herangezogen werden.

---

1. HAX [1967], S. 755.
2. Vgl. auch die Ausführungen von AMS [1979], S. 40 ff. zur Ermittlung entscheidungsorientierter Kostenwerte.
3. Zum Prinzip der relevanten Kosten vgl. KILGER [1981 b], S. 186 ff.

Bevor die Behandlung von Einzelfragen im Mittelpunkt steht, wird die Planungssituation des Materialbereichs stichwortartig zusammengefaßt.

(1) Verschiedene Materialarten sind zu beschaffen, wobei jede vom Lieferanten zugestellte Materialeinheit das Lager durchlaufen muß.

(2) Die Lagerkapazität ist gegeben, innerhalb des Planungszeitraums nicht veränderbar und bei nicht voller Auslastung keiner anderen Verwendung zuführbar.

(3) Eine gemeinsame Lagerung aller Materialarten ist möglich.

(4) Es erfolgt eine zentrale Materialplanung; die Kapazität der zuständigen organisatorischen Einheit wird als gegeben und im Planungszeitraum als nicht veränderbar unterstellt. Bei Unterbeschäftigung ist eine andere Verwendung der freien Kapazitäten nicht möglich.

b) Relevante Kosten im Rahmen der Bestellkosten

Die Summe der Bestellkosten setzt sich aus inner- und außerbetrieblichen Bestandteilen zusammen, von denen im folgenden zunächst die zweite Komponente hinsichtlich ihrer Relevanz für das vorliegende Entscheidungsproblem untersucht wird.

Zu den Größen, die im wesentlichen die Höhe der außerbetrieblichen Bestellkosten determinieren, werden üblicherweise

(1) der Listenpreis pro Einheit einer Materialart,

(2) die Tansportkosten pro Einheit einer Materialart inklusive zugehöriger Versicherungsprämien sowie

(3) Rabatte, Boni und Mindermengenaufschläge

gezählt.[1)]

Da in der betrachteten Planungssituation generell davon ausgegangen wird, daß die materialbeziehende Unternehmung den notwendigen außerbetrieblichen Materialtransport durch ihre Lieferanten durchführen läßt, werden im folgenden die ersten beiden der oben aufgeführten drei Komponenten in einer Größe zusammengefaßt. Die Konstante $p_{alt'}$ bringt demnach den Einstandspreis frei Lager zum Ausdruck, der durch den Lieferanten l der Unternehmung für eine Einheit der in Periode t' bestellten Materialart a in Rechnung gestellt wird.

Die im Modell vorgenommene differenzierte Betrachtung der Perioden in Bestellperioden, Perioden der frühest möglichen Materialzustellung und Perioden der eigentlichen Materialzustellung zwang dazu, Annahmen darüber zu treffen, in welcher dieser Perioden die Unternehmung einen Rechnungseingang für die bestellten Materialien erwartet. Im vorliegenden Modell wird davon ausgegangen, daß alle Lieferanten in der Periode der frühest möglichen Materialzustellung - also zu Beginn der Periode $t'+c_{al}$ - Rechnungen über die von diesem Zeitpunkt an für die Unternehmung als verfügbar anzusehenden Materialeinheiten ausstellen. Dieses Verhalten erfolgt unabhängig davon, ob der Materialbereich in dieser Periode die entsprechenden Mate-

1. Vgl. z.B. KOTTKE [1966], S. 51, BERG [1979], S. 16, ter HASEBORG [1979], S. 32 f., KILGER [1981 b], S. 198.

rialeinheiten anfordert oder nicht.[1])

Zur Ermittlung des Einstandswertes EW_{lt}, den der Lieferant l in Periode t der betrachteten Unternehmung berechnet, wird der wie folgt zu berechnende Warenwert WW_{lt} zugrunde gelegt:

$$(4.1.3.0) \quad WW_{lt} = \sum_{a \in I_l^{Ma}} p_{alt-c_{al}} \, y_{alt-c_{al}} + C_{lt}$$

$$(l=1(1)L);\ t=1(1)T).$$

In dieser Beziehung kennzeichnet C_{lt} den Betrag, der aus der nicht im Modell erfaßten Disposition einzelner Materialarten resultiert und der Unternehmung vom Lieferanten l in Periode t in Rechnung gestellt wird. Diese Größe ist durch die im Modell erfaßten Instrumente nicht veränderbar und stellt somit für die weiteren Überlegungen eine Konstante dar. Ebenfalls als konstante Größen für das Modell sind die vor dem Planungszeitraum bestellten Materialeinheiten anzusehen, deren Periode der frühest möglichen Materialzustellung in den Planungszeitraum fällt. Der Warenwert einer durch einen Lieferanten zugestellten Rechnung setzt sich demnach aus der Summe der mit ihren Einstandspreisen frei Lager bewerteten Materialmengen zusammen.

Geht man zunächst von einem rabattlosen Verhalten der Lieferanten aus, so sind Einstandswert und Warenwert einer Periode identisch:

$$(4.1.3.1) \quad EW_{lt} = WW_{lt} \qquad (l \in I_{RO}^{Li};\ t=1(1)T).$$

Die Indexmenge I_{RO}^{Li} ist dabei wie folgt definiert:

1. Es handelt sich hierbei um eine vereinfachende Annahme; unterschiedliche, von dieser Variante abweichende Usancen bzgl. der Rechnungsausstellung seitens der Lieferanten lassen sich modellmäßig ebenfalls erfassen.

(4.1.3.2) I_{RO}^{Li} := Menge aller Lieferantenindizes, deren zugehörige Lieferanten der Unternehmung mit einem konstanten, mengenunabhängigen Einstandspreis frei Lager gegenübertreten.

Abbildung 8 bringt den funktionalen Zusammenhang zwischen Einstands- und Warenwert in diesem Fall zum Ausdruck:

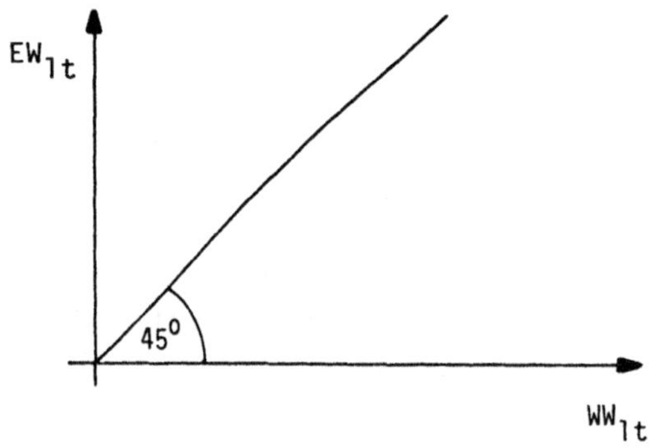

Abbildung 8

Andere funktionale Abhängigkeiten ergeben sich zwischen Einstands- und Warenwert, wenn Lieferanten der Unternehmung mit Rabattformen begegnen. Je nach Zugrundelegung unterschiedlicher Bezugssysteme lassen sich verschiedene Rabattformen charakterisieren[1)], von denen die Mengenrabatte in der vorliegenden Arbeit im Vordergrund der Betrachtung stehen. Unter einem Mengenrabatt wird dabei das Rabattverhalten eines Lieferanten verstanden, das durch bestellmengen- und/oder bestellwertabhängige Abschläge von einer Ausgangsgröße ge-

1. Zu einer möglichen Systematisierung vgl. z.B. MEFFERT [1977], S. 317 ff., ähnlich auch FIUCZYNSKI [1961], S. 722 f. und HANSEN [1976], S. 538 ff.

kennzeichnet ist.[1] In Anlehnung an MÄNNEL lassen sich die in Abbildung 9 enthaltenen Formen des Mengenrabatts unterscheiden.[2]

		Bestellgrößenbezogene Mengenrabatte	Zeitraumbezogene Mengenrabatte
Unmittelbar mengenabhängige Rabatte	angestoßen	(1)	(3)
	durchgerechnet	(2)	(4)
Wertabhängige Rabatte	angestoßen	(5)	(7)
	durchgerechnet	(6)	(8)

Abbildung 9

Variante (1): Die Bezugsgröße für die Berechnung des Rabatts bildet hier die Menge einer Materialart pro Bestellung. Übersteigt diese eine durch den Lieferanten fixierte Grenze, so wird auf die über diese hinausgehenden Einheiten ein Rabatt gewährt.[3]

Variante (2): Die Bezugsgröße ist identisch mit der im Fall (1), nur wird hier bei Erreichen oder Übersteigen der Mengengrenze der zu gewährende Rabatt auf die gesamte bestellte Menge bezogen.

---

1. Vgl. MÄNNEL [1974], S. 12 f.
2. Vgl. MÄNNEL [1974], S. 14 ff.; Rabattformen, die andere Varianten monetärer Abschläge beinhalten oder als Naturalrabatte gewährt werden, bleiben aus den weiteren Überlegungen ausgeklammert.
3. Bei Existenz mehrerer derartiger Grenzen gelten die analogen Aussagen.

Variante (3)+(4): Als Bezugsgröße wird die bestellte Menge einer Materialart innerhalb eines Zeitraumes herangezogen. Der Unterschied zwischen den Fällen (3) und (4) ist analog dem zwischen den Varianten (1) und (2) zu verstehen.

Diese Formen der unmittelbaren, mengenabhängigen Rabatte gelangen vorwiegend dann zum Einsatz, wenn für jede Materialart gesonderte Rabatte berechnet werden. Im Gegensatz dazu sind die Varianten der wertabhängigen Formen der Rabattgewährung zu sehen.

Variante (5): Der Wert einer Bestellung dient als Bezugsgröße für die Ermittlung der Rabatthöhe. Übersteigt dieser Wert eine durch den Lieferanten fixierte Grenze, so erfolgt die Rabattgewährung auf den diese Grenze übersteigenden Teil des Bestellwertes, während für den unterhalb dieser Grenze liegenden Teil des Bestellwertes der entsprechend geringere bzw. kein Rabatt in Ansatz gebracht wird.

Variante (6): Als Bezugsgröße für die Rabattermittlung dient der Wert einer Bestellung. Allerdings führt jetzt das Erreichen einer Wertgrenze oder deren Überschreiten zu einem Rabatt für alle Werteinheiten der Bestellung.

Variante (7)+(8): Die Bezugsgröße für die Ermittlung eines zu gewährenden Rabatts wird durch den Wert der Bestellungen in einem durch den Lieferanten festgelegten Zeitraum gebildet. Der Unterschied zwischen den Fällen (7) und (8) ist wieder analog dem der Varianten (5) und (6) zu verstehen.

Charakteristisch erscheint bei den Rabattformen (3), (4), (7) und (8) - die auch häufig mit dem Begriff Bonus belegt werden -, daß der monetäre Nachlaß erst frühestens am Ende des der Rabattberechnung zugrunde liegenden Zeitraums ermittelt und gewährt werden kann, da erst dann die jeweilige Bezugsgröße ihren endgültigen Wert angenommen hat.

Exemplarisch und ohne den Anspruch einer umfassenden Berücksichtigung aller Rabattvarianten erheben zu wollen, wird im folgenden von einem wie folgt gekennzeichneten Rabattverhalten der Lieferanten ausgegangen: Alle mit einem Rabattverhalten der Unternehmung gegenübertretende Lieferanten arbeiten mit einem bestellgrößenbezogenen, wertabhängigen Mengenrabatt, wobei entweder die angestoßene (5) oder die durchgerechnete (6) Form der Berechnung Verwendung findet. Für die modellmäßige Erfassung dieser Rabattformen werden die nachstehenden Indexmengen gebildet.

(4.1.3.3) I_{RA}^{Li} := Menge aller Lieferantenindizes, deren zugehörige Lieferanten mit einer angestoßenen Form der Berechnung eines bestellgrößenbezogenen, wertabhängigen Mengenrabatts arbeiten.

(4.1.3.4) I_{RD}^{Li} := Menge aller Lieferantenindizes, deren zugehörige Lieferanten mit einer durchgerechneten Form der Berechnung eines bestellgrößenbezogenen, wertabhängigen Mengenrabatts arbeiten.[1)]

Für die Berechnung eines zu gewährenden Mengenrabatts wird als Bezugsgröße der in Beziehung (4.1.3.0) ermittelte Warenwert einer Rechnung des jeweiligen Lieferanten in der entsprechenden Periode zugrunde gelegt. Erreicht oder übersteigt diese Bezugsgröße eine durch

1. Im weiteren wird unterstellt: $I_{RO}^{Li} \cap I_{RD}^{Li} = \emptyset$; $I_{RO}^{Li} \cap I_{RA}^{Li} = \emptyset$; $I_{RD}^{Li} \cap I_{RA}^{Li} = \emptyset$; $I_{RO}^{Li} \cup I_{RA}^{Li} \cup I_{RD}^{Li} = \{1,\ldots,L\}$.

den jeweiligen Lieferanten festgesetzte Wertgrenze W_{1m}, so wird daraufhin ein prozentualer Abschlag α_{1m} entweder auf die gesamte Bezugsgröße (all units discounts) oder auf den die Wertgrenze übersteigenden Teil der Bezugsgröße (incremental quantity discounts) gewährt.[1][2] In Tabelle 4 sind die Beziehungen dieser Größen zusammengefaßt.[3]

Rabatt-klasse	Prozentualer Abschlag vom Warenwert durch den Lieferanten 1	Grenzen der Warenwerte
0	α_{10}	$0 \leqq WW_{1t} \leqq W_{11}$
⋮	⋮	⋮
m-1	α_{1m-1}	$W_{1m-1} \leqq WW_{1t} \leqq W_{1m}$
m	α_{1m}	$W_{1m} \leqq WW_{1t} \leqq W_{1m+1}$
⋮	⋮	⋮
M_1	α_{1M_1}	$W_{1M_1} \leqq WW_{1t} < W_{1M_1+1}$
$\alpha_{1m} < \alpha_{1m+1} < 1 \quad (1 \in I_{RD}^{Li} \cup I_{RA}^{Li};\ m=0(1)M_1-1)$[4]		

Tabelle 4

Im Falle der durchgerechneten Rabattform ergibt sich zwischen Einstandswert EW_{1t} und Warenwert WW_{1t} bei einem Lieferanten 1 in Pe-

---

1. Es handelt sich somit um modifizierte Rabattvarianten der Form (5) und (6), wobei der Warenwert einer Rechnung und nicht der Wert einer Bestellung als Bezugsgröße dient.
2. Vgl. HADLEY/WITHIN [1963], S. 62 ff. und 66 ff.
3. Vgl. zur Darstellung ZÄPFEL [1970], S. 77.
4. W_{1M_1+1} kennzeichnet eine hinreichend große Zahl. Sollen Mindermengenaufschläge berücksichtigt werden, so ist $\alpha_{10} < 0$ zu setzen.

riode t der aus Abbildung 10 ersichtliche Zusammenhang.[1)]

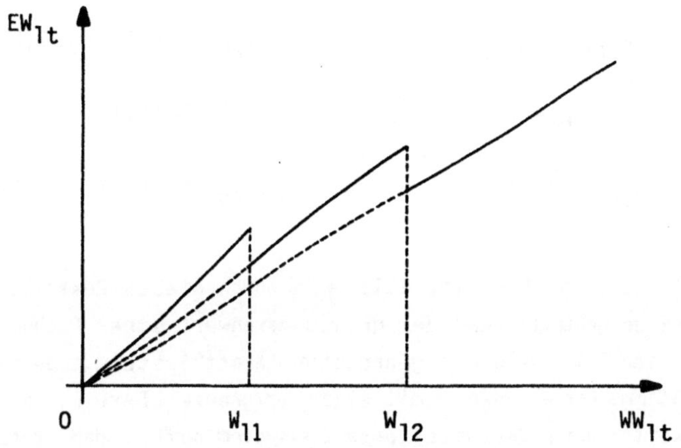

Abbildung 10

Die Berechnung des Einstandswertes läßt sich in diesem Fall wie folgt durchführen:

$$(4.1.3.5) \qquad EW_{lt} = \sum_{m=0}^{M_l} (1 - \alpha_{lm})\, WW_{ltm} \qquad (l \in I_{RD}^{Li};\ t=1(1)T),$$

$$(4.1.3.6) \qquad WW_{lt} = \sum_{m=0}^{M_l} WW_{ltm} \qquad (l \in I_{RD}^{Li};\ t=1(1)T).$$

Die nicht negativen Variablen WW_{ltm} geben an, wieviele Einheiten des gesamten Warenwertes einer in Periode t vom Lieferanten l zugestellten Rechnung in die m-te Rabattklasse fallen. Damit die jeweiligen Rabattabschläge pro Einheit des Warenwertes erst dann berechnet wer-

1. Vgl. HADLEY/WITHIN [1963], S. 63.

den, wenn dieser in die entsprechenden Rabattklassen fällt, müssen zusätzlich die folgenden Nebenbedingungen in Ansatz gebracht werden:

(4.1.3.7) $WW_{ltm} \leqq W_{lm+1}\, u_{ltm}$ $\quad (l \in I_{RD}^{Li};\ t=1(1)T;\ m=0(1)M_l)$,

(4.1.3.8) $WW_{ltm} \geqq W_{lm}\, u_{ltm}$ $\quad (l \in I_{RD}^{Li};\ t=1(1)T;\ m=1(1)M_l)$,

(4.1.3.9) $\sum_{m=0}^{M_l} u_{ltm} = 1$ $\quad (l \in I_{RD}^{Li};\ t=1(1)T)$,

(4.1.3.10) $u_{ltm} \in \{0,1\}$ $\quad (l \in I_{RD}^{Li};\ t=1(1)T;\ m=0(1)M_l)$.

Unter Zuhilfenahme der Binärvariablen wird durch dieses Restriktionensystem sichergestellt, daß der gesamte Warenwert einer Rechnung vom Lieferanten l in Periode t genau einer Rabattklasse m zugeordnet wird. Stimmt der Warenwert mit einer Wertgrenze überein, so sorgt das weiter unten darzustellende Zielsystem dafür, daß stets die nächst höhere Rabattklasse zur Berechnung des Rabatts herangezogen wird.

Im Gegensatz zu der eben formulierten Variante besteht zwischen Einstandswert und Warenwert im Fall der angestoßenen Rabattberechnung der in Abbildung 11 dargestellte Zusammenhang.[1)]

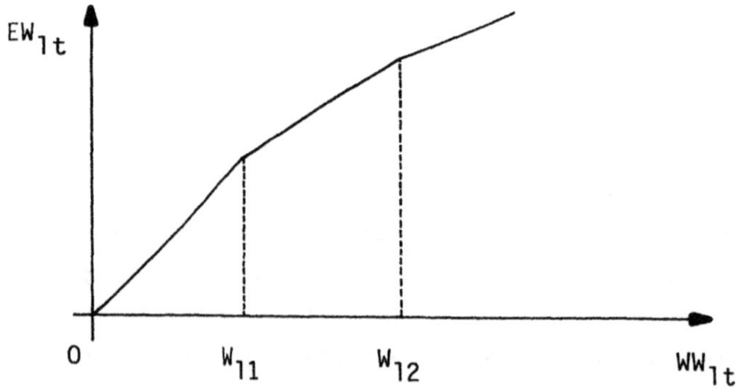

Abbildung 11

1. Vgl. HADLEY/WITHIN [1963], S. 66.

Der Einstandswert läßt sich hier unter Beachtung der nachstehenden Restriktionen wie folgt berechnen:

$$(4.1.3.11) \quad EW_{lt} = \sum_{m=0}^{M_l} (1 - \alpha_{lm})\, WW_{ltm} \qquad (l \in I_{RA}^{Li};\ t=1(1)T),$$

$$(4.1.3.12) \quad WW_{lt} = \sum_{m=0}^{M_l} WW_{ltm} \qquad (l \in I_{RA}^{Li};\ t=1(1)T),$$

$$(4.1.3.13) \quad WW_{ltm} \leqq (W_{ltm+1} - W_{ltm})\, u_{ltm} \qquad (l \in I_{RA}^{Li};\ t=1(1)T;\ m=1(1)M_l),$$

$$(4.1.3.14) \quad WW_{ltm} \geqq (W_{ltm+1} - W_{ltm})\, u_{ltm+1} \qquad (l \in I_{RA}^{Li};\ t=1(1)T;\ m=0(1)M_l-1),$$

$$(4.1.3.15) \quad u_{ltm} \in \{0,1\} \qquad (l \in I_{RA}^{Li};\ t=1(1)T;\ m=1(1)M_l).$$

Im Gegensatz zur Berechnungsform der durchgerechneten Rabattgewährung sichern die Bedingungen (4.1.3.13) bis (4.2.3.15), daß nur die Teile des Warenwertes den Abschlag einer Rabattklasse erhalten, die die entsprechende, durch den jeweiligen Lieferanten vorgegebene Wertgrenze übersteigen.[1)]

Nach der Betrachtung der außerbetrieblichen Bestellkosten gilt die weitere Aufmerksamkeit der Behandlung der innerbetrieblichen Bestellkosten, worunter insbesondere die Kosten der Einkaufsabteilung fallen.

Untersucht man zunächst die Frage, inwieweit in den innerbetrieblichen Bestellkosten Einzelkostenanteile enthalten sind - also Kosten, die in direkter Beziehung zu den einzelnen als Kostenträger fungierenden zu bestellenden Materialarten stehen -, so wird es in den meisten betrieblichen Situationen schwerfallen, Kosten zu finden, die sich dieser Ru-

---

1. Andere Rabattvarianten lassen sich ebenfalls modellmäßig erfassen, auf eine Darstellung soll an dieser Stelle jedoch verzichtet werden; vgl. THEISEN [1975], S. 776 ff.

brik zuordnen lassen.[1] Eine Nichtberücksichtigung dieser Kostenkategorie im vorliegenden Modell ist demnach als zulässige Vereinfachung anzusehen. Die weitere Betrachtung konzentriert sich daher auf die Gemeinkosten innerhalb der innerbetrieblichen Bestellkosten.

Nach SCHNEEWEISS lassen sich drei in der betriebswirtschaftlichen Literatur praktizierte Vorgehensweisen zur Berücksichtigung der innerhalb der innerbetrieblichen Bestellkosten auftretenden Gemeinkosten in den entsprechenden Modellen zur Materialplanung unterscheiden:

(1) Aufschlüsselung sämtlicher in den mit der Bestellaufgabe betrauten Kostenstellen anfallenden Gemeinkosten durch Umlage auf die Bestellhäufigkeit der einzelnen Materialarten,

(2) Berücksichtigung von Grenzkosten der Kapazitätserweiterung, die notwendig wird, um eine weitere Bestellung durchführen zu können,

(3) Vernachlässigung von den Gemeinkosten, die durch die vorhandenen und als nicht veränderbar unterstellten Kapazitäten der mit der Bestellaufgabe betrauten Kostenstellen determiniert sind.[2]

---

1. Diese Ansicht vertritt auch der Arbeitskreis DIERCKS [1964], S. 626 sowie SCHNEEWEISS [1979], S. 3.

2. Vgl. SCHNEEWEISS [1979], S. 4. Die vierte Variante der bei SCHNEEWEISS angeführten Formen der Gemeinkostenberücksichtigung in Modellen zur Materialdisposition - Gemeinkostenverteilung unter Zuhilfenahme einer Parametervariation - wird hier vernachlässigt, da diese Vorgehensweise als kein problemadäquater, die Frage nach der Häufigkeit der zukünftig durchzuführenden Bestellungen beantwortender Lösungsvorschlag anzusehen ist.

Legt man die oben skizzierte Planungssituation des Materialbereichs zugrunde, so erscheint bei konsequenter Anwendung des Prinzips der relevanten Kosten - wonach unter anderem bei kurzfristigen Entscheidungen die kapazitätsdeterminierten Kosten für die Lösung eines Entscheidungsproblems nicht relevant sind - der dritte der aufgeführten Lösungsvorschläge als geeignet. Im weiteren gilt es daher die Frage zu diskutieren, welche Kostenarten des Gemeinkostenblocks im Rahmen der innerbetrieblichen Bestellkosten sich als abhängig von den Aktivitäten der Materialplanung erweisen. Dabei ist zu beachten, daß die Kostenbeträge innerhalb der nicht kapazitätsdeterminierten Kosten, die aus der Beschaffungsabwicklung der nicht im Modell erfaßten Materialarten resultieren, ebenfalls zu den nicht entscheidungsrelevanten Kostenbestandteilen für das vorliegende Modell gerechnet werden dürfen.

Als zu untersuchende Kostenarten für das betrachtete Entscheidungsproblem erweisen sich im wesentlichen

(1) die Personal- und Personalnebenkosten sowie

(2) die übrigen Gemeinkosten.[1)]

Zu (1): In den mit der Bestellung der benötigten Materialien betrauten Kostenstellen setzen sich die Personal- und Personalnebenkosten vorwiegend aus Gehältern und kalkulatorischen Personalnebenkosten für Angestellte zusammen. Erscheint es bei der jahresbezogenen Kostenplanung notwendig und sinnvoll, einen Teil dieser Kosten dem proportionalen Block - also den beschäftigungsabhängigen Kosten - zuzuordnen, so wäre ein gleiches Vorgehen bei dem zugrunde liegenden Planungszeitraum ausgesprochen fragwürdig.

---

1. Vgl. zu diesen Kostenarten auch die Ausführungen von KOTTKE [1966], S. 55 ff., HAASIS [1970], S. 209 ff., ZÄPFEL [1970], S. 84 ff., GLASER [1973], S. 17 f. und OELDORF/OLFERT [1979], S. 306 f.

Denn nur die Personal- und Personalnebenkosten können zu den proportionalen Kosten gerechnet werden, "die sich innerhalb eines Anpassungsspielraums von zwei bis drei Monaten an die Beschäftigung anpassen lassen."[1] Da die Möglichkeit der Anpassung des Personalbestandes durch Kündigungen und/oder Versetzungen in andere Kostenstellen bzw. Neueinstellungen an sich wechselnde Beschäftigungslagen somit nicht zu den zur Verfügung stehenden Instrumenten der kurzfristigen Materialplanung zählen, erfolgt im vorliegenden Modell die Zuordnung der gesamten Personal- und Personalnebenkosten zu den fixen und damit den nicht entscheidungsrelevanten Kosten.[2]

Zu (2): Zu den übrigen Gemeinkosten im Rahmen der innerbetrieblichen Bestellkosten werden kalkulatorische Abschreibungen, kalkulatorische Zinsen auf das Anlagevermögen, kalkulatorische Raumkosten, kalkulatorische Transportkosten, kalkulatorische sekundäre Fixkosten, Postgebühren, Kosten für Büromaterial u.ä. gerechnet. Während die kalkulatorischen Kostenarten bis auf die Transportkosten aufgrund ihrer nicht vorhandenen Abhängigkeit zu den Instrumenten der kurzfristigen Materialplanung eindeutig den fixen und somit den nicht entscheidungsrelevanten Kosten zugeordnet werden können[3], beinhalten andere Kostenarten dieser Gruppe in ihrer gesamten geplanten Höhe einen Anteil, der auch kurzfristig mit der Beschäftigung der betrachteten Kostenstelle durchaus variieren kann. Beachtet man aber darüber hinaus, daß die Beschäftigung der mit der Bestellabwicklung betrauten Kostenstelle zu einem wesentlichen Teil durch die Bestellabwicklung für die - aufgrund

---

1. KILGER [1976], S. 36.

2. Empirische Befunde stützen die Annahme der eingeschränkten Freisetzung und Versetzung des Personals in den mit der Materialplanung betrauten Kostenstellen; vgl. hierzu MEYER [1979], S. 154 f.

3. Vgl. zu den verschiedenen kalkulatorischen Kostenarten und ihrer Zuordnung zu den nicht beschäftigungsabhängigen Kosten MEYER [1979], S. 154 f., SCHNEEWEISS [1979], S. 3 und KILGER [1981 b], S. 494.

der zuvor durchgeführten ABC-Analyse - nicht im Modell erfaßten B und C Teile bestimmt wird, so erkennt man die geringe Höhe dieses als proportional angenommenen Kostenanteils im Vergleich zur gesamten geplanten Kostensumme der entsprechenden Kostenstelle. Eine Nichtberücksichtigung dieses Kostenblocks erscheint daher im vorliegenden Modell vertretbar.

Aus diesen kurzen Überlegungen geht hervor, daß die als entscheidungsrelevant einzustufenden innerbetrieblichen Bestellkosten vernachlässigbar sind, da die gesamten innerbetrieblichen Bestellkosten entweder aus Entscheidungen resultieren, deren Fristigkeitscharakter im strategischen bzw. taktischen Bereich der Unternehmungsplanung anzusiedeln ist, oder durch die Bestellabwicklung der nicht im Modell erfaßten Materialarten determiniert werden.[1)]

c) <u>Relevante Kosten im Rahmen der Lagerungskosten</u>

Neben der Lagerung der bezogenen Materialeinheiten in unternehmungseigenen Lagerstätten wird im Modell die Möglichkeit erfaßt, die bestellten und lieferbereiten Materialeinheiten bei dem jeweiligen mit der Bestellung betrauten Lieferanten aufzubewahren. Aus dem

---

1. Diese Konsequenz spiegelt sich auch in den Ergebnissen von KILGER wieder. In einer exemplarisch durchgeführten, jahresbezogenen Kostenplanung gelangt er zu einer Plankostensumme für die Kostenstelle Einkauf von monatlich 27.391 DM. Nach Zurechnung der Personal- und Personalnebenkosten zu den fixen Kostenbestandteilen verbleibt ein von der Beschäftigung abhängiger Kostenbetrag von 640 DM. Geht man davon aus, daß 70% dieses Betrages allein durch die Bestellabwicklung der nicht im Modell erfaßten B und C Teile verursacht werden, so verbleibt ein Anteil von weniger als 1% der Plankostensumme, der die entscheidungsrelevanten innerbetrieblichen Bestellkosten der im Modell erfaßten Materialarten ausmacht. Vgl. KILGER [1981 b], S. 494. Eine ebenfalls in diese Richtung zielende Einschätzung der Relevanz bestellmengenunabhängiger Kosten vertritt KLINGST, wenn sie schreibt: "In vielen Problemen der Praxis sind die mengenunabhängigen Kosten für eine Bestellung praktisch so gering, daß sie nicht ins Gewicht fallen." KLINGST [1971], S. 27.

Einsatz dieses Instrumentes entstehen dem Materialbereich unternehmungsexterne Kosten, die es in der Modellformulierung zu berücksichtigen gilt.

Es wird davon ausgegangen, daß ein mit der Lagerung lieferbereiter Materialeinheiten beauftragter Lieferant l der Unternehmung für jede Periode, die eine Einheit der Materialart a nach der frühest möglichen Zustellungsperiode - also nach der Periode $t' + c_{al}$ - bei ihm verbleibt, den Kostensatz k_{al} berechnet. Durch seine Entscheidung, Materialeinheiten bei Lieferanten zu lagern, verursacht der Materialbereich in einer Periode t Kosten in Höhe von EL_t, die sich wie folgt berechnen:

$$(4.1.3.16) \quad EL_t = \sum_{l=1}^{L} \sum_{a \in I_l^{Ma}} \sum_{t'=t-c_{al}-c^*_{al}+1}^{t-c_{al}} k_{al}\, y_{alt't+1} \qquad (t=1(1)T).$$

In Rechnung gestellt werden die externen Lagerungskosten durch die jeweiligen Lieferanten hingegen erst in der Periode der Materialzustellung; demnach enthält der Rechnungsbetrag, der vom Lieferanten l in Periode t der Unternehmung mit einer Materiallieferung zugestellt wird, externe Lagerungskosten in Höhe von:

$$(4.1.3.17) \quad EL_{lt} = \sum_{a \in I_l^{Ma}} \sum_{t'=t-c_{al}-c^*_{al}}^{t-c_{al}-1} (t-t'-c_{al})\, k_{al}\, x_{alt't} \qquad (l=1(1)L;\ t=1(1)T).$$

In Analogie zu den innerbetrieblichen Bestellkosten läßt sich auch für die innerbetrieblichen Lagerungskosten feststellen, daß es sich bei diesen Kosten zum größten Teil um Gemeinkosten handelt[1]), deren Abhängigkeiten von den im vorliegenden Modell erfaßten Instrumenten zu untersuchen sind.

Prinzipiell lassen sich wiederum drei in der betriebswirtschaftlichen Literatur praktizierte Vorgehensweisen der Berücksichtigung der in Verbindung mit der innerbetrieblichen Lagerung anfallenden Gemeinkosten in Modellen zur Materialplanung unterscheiden:[2])

(1) Aufschlüsselung sämtlicher aus der Lagerung entstehender Gemeinkosten durch Umlage auf die mittlere Lagerplatzinanspruchnahme der gelagerten Materialarten.

(2) Berücksichtigung von Grenzkosten der Kapazitätserweiterung, die notwendig wird, um eine weitere Einheit einer Materialart lagern zu können.

(3) Vernachlässigung von den Gemeinkosten, die durch die vorhandenen und als nicht veränderbar unterstellten Kapazitäten der mit der Lagerungsaufgabe betrauten Kostenstellen determiniert sind.

Der Lösungsvorschlag drei erscheint wiederum bei Beachtung des Prinzips der relevanten Kosten als problemadäquat, so daß die folgenden Ausführungen dahin zielen, die von den im Modell erfaßten Instrumenten abhängigen innerbetrieblichen Lagerungskosten zu er-

---

1. Inwieweit es sich hierbei um unechte Gemeinkosten handelt, die lediglich aus abrechnungstechnischen Gründen über die Kostenstellenrechnung geleitet werden, soll hier nicht diskutiert werden.

2. Vgl. SCHNEEWEISS [1979], S. 5.

fassen. Als hierbei zu beachtende Kosten lassen sich im wesentlichen die Kosten der Einlagerung einschließlich der Kosten der Materialannahme, die Kosten der Vorratshaltung und schließlich die Kosten der Auslagerung unterscheiden.[1)]

Da in der vorliegenden Planungssituation jede bezogene Materialeinheit vor der Zuführung zur geplanten Verwendung zunächst eingelagert und dann ausgelagert wird, sind die mengenproportionalen Kosten der Ein- und Auslagerung durch die außerhalb des erfaßten Entscheidungsfeldes getroffene Vorabentscheidung über den Bedarf jeder Materialart in den einzelnen Perioden zum großen Teil determiniert. Lediglich die mengenproportionalen Einlagerungskosten der Lagerbestände am Ende des Planungszeitraums wären zu den aus diesen Vorabentscheidungen nicht determinierten Kosten zu rechnen. Hier taucht damit eng verbunden das Problem der Bewertung von Lagerendbeständen auf, dessen Handhabung im vorliegenden Modell oben dargestellt wurde.[2)]

Die in Verbindung mit der Ein- und Auslagerung von der Menge unabhängig anfallenden Kosten werden im folgenden ebenfalls nicht berücksichtigt, da diese Kosten im wesentlichen in Verbindung mit verwaltungstechnischen Aufgaben entstehen (Bestandsführung, Verbuchungsaufgaben u.ä.) und demnach - analog zur Situation der mit der Bestellaufgabe betrauten Kostenstellen - vorwiegend Personalkosten beinhalten, die kurzfristig nicht an eine sich ändernde Beschäftigungslage angepaßt werden können.

Eingehendere Überlegungen über die Art der Berücksichtigung im vorliegenden Modell erfordern die Kosten der Vorratshaltung. Die Kostenarten, die in diesem Zusammenhang hinsichtlich ihrer Abhän-

---

1. Vgl. HADLEY/WITHIN [1963], S. 13 ff., PACK [1963], S. 20 ff. und KILGER [1973], S. 388 ff.

2. Vgl. hierzu die Ausführungen in Kapitel 4.1.2 dieser Arbeit.

gigkeit zu den im Modell erfaßten Instrumenten zu untersuchen sind, enthält die folgende Aufzählung:

(1) Personal- und Personalnebenkosten,

(2) kalkulatorische Zinsen,

(3) Steuern,

(4) kalkulatorische Abschreibungen,

(5) kalkulatorische Raumkosten,

(6) Versicherungskosten sowie

(7) übrige Gemeinkosten.[1)]

Zu (1): Die Personal- und die damit verbundenen Personalnebenkosten im Rahmen der Vorratshaltung fallen in erster Linie in Form von Hilfslöhnen an. Soweit die Tätigkeit des Personals die Pflege der Lagerbestände umfaßt, sind die anteiligen Lohnkosten als zeit- und mengenproportionale Lagerungskosten zu den relevanten Kosten für das vorliegende Entscheidungsproblem zu rechnen. Diese Vorgehensweise setzt allerdings voraus, daß bei rückläufigen Lagerbeständen die entsprechenden Personalkapazitäten in anderen Unternehmungsbereichen beschäftigt werden können bzw. Personalfreisetzungen realisierbar sind. Hiervon wird im weiteren ausgegangen. Vereinfachend wird des weiteren unterstellt, daß die Bezugsgröße sich durch die Lagerkapazitätsauslastung einer Periode wiedergeben läßt.

---

1. Vgl. zu einzelnen Komponenten der innerbetrieblichen Lagerungskosten KOTTKE [1966], S. 63 ff., ZÄPFEL [1970], S. 98 ff., PFOHL [1977 a], S. 106 ff., DUDICK/CORNELL [1979], S. 41 ff. und OELDORF/OLFERT [1979], S. 309 f.

Zu (2): Innerhalb der kalkulatorischen Zinsen erweisen sich die auf die Materialbestände berechneten Beträge als entscheidungsrelevante Kosten. Hingegen sind die auf die Lagereinrichtung berechneten Zinsen aufgrund ihres von der Lagerauslastung unabhängigen Charakters zu den fixen und somit zu den nicht entscheidungsrelevanten Kostenbestandteilen zu rechnen.
Die kalkulatorischen Zinsen der Lagerbestände - und nur hierauf beziehen sich die weiteren Ausführungen - bilden als Kapitalbindungskosten den bedeutendsten Kostenfaktor im Rahmen der innerbetrieblichen Lagerungskosten.[1] Sämtliche separaten Ansätze zur Materialplanung stehen aufgrund ihres isolierten sachlichen Entscheidungsfeldes vor der Schwierigkeit, mit Hilfe eines Kapitalkostensatzes die bestehenden Interdependenzen zu anderen Unternehmungsbereichen aufgrund einer möglichen anderweitigen Kapitalverwendung in ihr Aussagengebäude einzubeziehen. Diesem vorzugebenden Kapitalkostensatz kommt bei entsprechender Interpretation die Aufgabe zu, alternative Verwendungsmöglichkeiten des durch die jeweiligen Modellösungen gebundenen Kapitals zu berücksichtigen.[2]

Bei der Erfassung der Kapitalbindungskosten stellt sich neben der Bestimmung des geeigneten Zinssatzes darüber hinaus die Schwierigkeit, die richtige Bemessungsgrundlage für die Ermittlung der jeweiligen Zinsbelastung zu wählen. Eine genaue Erfassung dieser Belastung ist allein über die Einbeziehung der effektiven Zahlungsströme möglich.[3] Da im vorliegenden Modell dieser Weg über die Ausdehnung des Entscheidungsfeldes in zeitlich horizontaler Richtung beschritten wird, entfällt die Notwendigkeit der Ermittlung des an-

1. So auch ASSFALG [1976], S. 23, GROCHLA [1978], S. 76 und MEYER [1979], S. 149 f.

2. Vgl. zu einer entsprechenden Interpretation GROCHLA [1978], S. 77. Zu den Implikationen der Berücksichtigung der Kapitalbindungskosten in der Andlerschen Bestellmengenformel vgl. GLASER [1973], S. 36 ff.

3. Vgl. STROBEL [1964], S. 249, insbesondere Fußnote 13.

zusetzenden Zinssatzes[1] und der jeweiligen Bemessungsgrundlage.[2] Die Planung über die Verwendung von zur Verfügung stehendem Kapital und/oder über die Aufnahme zusätzlichen Kapitals wird im betrachteten Planungszeitraum simultan mit der Materialplanung als Ausschnitt der güterwirtschaftlichen Ebene getroffen. Die Kapitalkosten werden dabei nicht als exogene - also von vornherein festzulegende -, sondern als endogene Größe behandelt, die sich somit erst im Moment einer optimalen, dem Zielsystem des Entscheidungsträgers entsprechenden Zahlungsmittelgestaltung bestimmen läßt.[3]

Zu (3): Die Berücksichtigung von Kostensteuern - in diesem Zusammenhang insbesondere der in der Literatur genannten Vermögen- und Gewerbekapitalsteuer[4] - läßt sich in der jahresbezogenen Kostenplanung derart durchführen, daß die aus den geplanten Lagerbeständen zum Steuertermin sich ergebenden Steuerbelastungen in die monatliche Planung anteilmäßig übernommen werden. Im vorliegenden Modell soll dieser der Kalkulation der Selbstkosten der betrieblichen Produkte und der Ermittlung von Bewertungssätzen für die Handels- und Steuerbilanz der Halb- und Fertigfabrikate angemessenen Vorgehensweise nicht gefolgt werden, da hierdurch eine der Ent-

---

1. Zu den Schwierigkeiten der numerischen Bestimmung dieser Größe vgl. u.a. ZÄPFEL [1970], S. 98 ff. und GROCHLA [1978], S. 76 f. Nicht zugestimmt werden kann der Aussage von MEYER, wonach "die Bestimmung des Kapitalkostensatzes in der Regel unproblematisch (ist), da der jeweilige Zinssatz, der aufgrund unternehmenspolitischer Überlegungen festgelegt wird und regelmäßig für sämtliche Formen der Kapitalbindung gilt, von anderen Stellen der Unternehmung vorgegeben wird"; MEYER [1979], S. 150; hier erfolgt lediglich eine Verlagerung des Problems, da die Frage unbeantwortet bleibt, wie diese anderen Stellen den Zinssatz fixieren und ob diese Vorgehensweise eine optimale Allokation des Kapitals sichert.

2. Vgl. die ausführlichen Analysen zu diesen Problemen von GLASER [1973], S. 18 ff., STOFF [1973], S. 153 ff., PFOHL [1977 b], S. 153 ff., ter HASEBORG [1979], S. 75 ff.

3. Diese Vorgehensweise findet man auch bei MÜLLER-HAGEDORN/BIETHAN [1975], S. B 169 ff.

4. Vgl. u.a. KOTTKE [1966], S. 69, ZÄPFEL [1970], S. 103, KILGER [1973], S. 389.

scheidungsfindung nicht entsprechende Periodisierung dieser stichtagsbezogenen Größen stattfindet. Deutlich wird dieser Nachteil in Planungszeiträumen, die aufgrund ihrer Kürze keinen Bewertungsstichtag aufweisen. Den gelagerten Materialien in diesen Zeiträumen Kostensteuern anzulasten, führt zu einer nicht gerechtfertigten Kostenerhöhung der gelagerten Materialeinheiten und kann damit nicht zielentsprechende Entscheidungen nach sich ziehen.

Doch auch wenn der betrachtete Planungszeitraum einen Bewertungsstichtag aufweist, wird im vorliegenden Modell auf eine Berücksichtigung von Vermögen- und Gewerbekapitalsteuer verzichtet, da unterschiedliche Materialbestände im wesentlichen keine Veränderung der gesamten Steuerbemessungsgrundlagen verursachen. Denn als Bemessungsgrundlage der Vermögensteuer fungiert der Einheitswert des Betriebsvermögens einer Unternehmung.[1] Zur Ermittlung dieser Bemessungsgrundlage ist von der Summe der Einzelwerte der bewerteten Wirtschaftsgüter die Summe der Schulden, die im wirtschaftlichen Zusammenhang mit der Unternehmung stehen, abzuziehen.[2] Unter Berücksichtigung der Finanzierung gelagerter Materialwerte gelangt man zu dem Ergebnis, daß aus der Materiallagerung resultierende Änderungen der Steuerbemessungsgrundlage als gering einzustufen sind; denn die Finanzierung der gelagerten Materialwerte impliziert entweder eine Umschichtung des Vermögens (Kauf von Materialien gegen Barzahlung bzw. gegen Abtretung von Besitzwechseln) bzw. eine Erhöhung des Vermögens mit einer gleichzeitigen Erhöhung der Verbindlichkeiten der Unternehmung (Kauf von Materialien durch Inanspruchnahme von Lieferantenkrediten). Somit entspringen Änderungen der Steuerbemessungsgrundlage allein Bewertungsspielräumen, auf deren Ausgestaltung im weiteren nicht eingegangen wird.[3]

1. Vgl. WÖHE [1978], S. 183 ff.
2. Vgl. WÖHE [1978], S. 753.
3. Vgl. hierzu u.a. WÖHE [1978], S. 751 ff.

Die Bemessungsgrundlage der Gewerbekapitalsteuer stimmt in großen Teilen mit der Bemessungsgrundlage der Vermögensteuer überein. Zur Ermittlung der Bemessungsgrundlage der Gewerbekapitalsteuer ist der um Zurechnungen und Kürzungen veränderte Einheitswert des Betriebsvermögens zugrunde zu legen; zuzurechnen ist insbesondere das langfristige Fremdkapital.[1] Damit behalten im Rahmen des hier interessierenden Zusammenhangs die Ausführungen zur Relevanz der Vermögensteuer auch Gültigkeit in Verbindung mit der Gewerbekapitalsteuer. Denn erfolgt die Finanzierung der bezogenen Materialien nicht unter Zuhilfenahme von langfristigem Fremdkapital, wovon im vorliegenden Modell ausgegangen wird, bleibt die Steuerbemessungsgrundlage der Gewerbekapitalsteuer im wesentlichen von den im Modell erfaßten Instrumenten unbeeinflußt und kann daher - zu den für die Entscheidungsfindung nicht relevanten Bestandteilen zählend - in den weiteren Ausführungen vernachlässigt werden.

Zu (4): Die Behandlung der kalkulatorischen Abschreibungen auf die Lagereinrichtungen ist theoretisch nicht unumstritten. Der Problemgehalt ist darin zu sehen, daß in vielen Fällen neben dem zeitbedingten, von der Lagerauslastung unabhängigen Verschleiß gleichzeitig eine gebrauchsbedingte Entwertung der jeweiligen Einrichtungsgegenstände auftritt und sich somit die Frage stellt, welche Anteile an den Abschreibungen als fixe und welche als variable Komponenten zu behandlen sind.[2] Ohne an dieser Stelle die Diskussion dieses Problemkreises aufzugreifen,[3] wird im folgenden davon ausgegangen, daß kein durch die Lagernutzung bedingter Gebrauchsverschleiß in Abhängigkeit von der zeitlichen und mengenmäßigen Lagerauslastung besteht. Aus diesem Grunde ist eine Erfassung kalkulatorischer Abschreibungen in den relevanten Kosten nicht notwendig, da keine Wertminderung auftritt, die durch den Gebrauchsverschleiß im betrachteten

---

1. Vgl. zu weiteren Einzelheiten WÖHE [1978], S. 220 ff.
2. Vgl. KILGER [1981 b], S. 399 ff.
3. Vgl. hierzu die Arbeit von MAHLERT [1976].

Planungszeitraum entsteht und die alternative Nutzung des Lagers in den nach dem Planungszeitraum liegenden Perioden vermindern würde.

Zu (5): Kalkulatorische Raumkosten können aufgrund der unterstellten Planungssituation den nicht entscheidungsrelevanten Kosten zugerechnet werden, da der zur Verfügung stehende Lagerraum im Planungszeitraum konstant und bei nicht voller Auslastung keiner anderen Verwendung zuzuführen ist.

Zu (6): Versicherungskosten erweisen sich in dem Umfang als relevante, im Modell zu berücksichtigende Kosten, in dem sie zur Versicherung der lagernden Materialien dienen.[1] Nicht relevant sind demnach die Versicherungsbeträge, die zur Versicherung der Lagerräume einschließlich ihrer Einrichtungen aufgewendet werden.

Zu (7): Die übrigen Gemeinkosten - hierzu zählen kalkulatorische Stromkosten, Reparatur- und Instandhaltungskosten, Kosten für Hilfs- und Betriebsstoffe u.ä.[2] - sind mit den Beträgen zu den entscheidungsrelevanten Kosten zu rechnen, die sich zeit- und mengenproportional zur Lagerauslastung verhalten.[3]

Zusammenfassend läßt sich feststellen, daß im Rahmen der Kosten der Vorratshaltung die nachstehenden Gruppen relevanter Kosten im Modell zu berücksichtigen sind.

---

1. Vgl. KAHLE [1980], S. 113 f.
2. Vgl. KILGER [1981 b], S. 495 f.
3. Sich nicht zur mengenmäßigen Lagerauslastung proportional, sondern zu anderen Bezugsgrößen proportional verhaltende Kosten sind in dieser Kostengruppe nahezu nie anzutreffen.

Relevante innerbetriebliche Lagerungskosten

zeit- und mengenproportionale Bestandteile	zeit- und wertproportionale Bestandteile
- relevante Personal- und Personalnebenkosten - relevante übrige Gemeinkosten	- relevante Versicherungskosten

Abbildung 12

Zur Berechnung der relevanten innerbetrieblichen Lagerungskosten, die sich proportional zur mengenmäßigen und zeitlichen Lagerauslastung verhalten, wird die über den Planungszeitraum hinweg konstante Größe k^L eingeführt; sie gibt die in einer Periode aus der Nutzung einer Lagerkapazitätseinheit entstehenden relevanten Kosten wieder und setzt sich aus den oben genannten Komponenten additiv zusammen.[1] Unter Zuhilfenahme dieses Kostenfaktors lassen sich die in Periode t anzusetzenden, sich aus der innerbetrieblichen Lagerung der bezogenen Materialeinheiten ergebenden und zur Lagerauslastung proportional verhaltenden innerbetrieblichen Lagerungskosten IL_t errechnen als:

$$(4.1.3.18) \qquad IL_t = k^L (L_t^o - L_t^+) \qquad (t=1(1)T).$$

Bei der Erfassung der relevanten Lagerversicherungsbeträge wird davon ausgegangen, daß die betrachtete Unternehmung zwei Arten von Versicherungen abschließt - zum einen wird der Lagerraum einschließlich der vorhandenen Lagereinrichtungen, zum anderen der Lagerbestand versichert. Wie in den obigen Ausführungen begründet wurde, sind allein die Versicherungsbeträge, die für die Versi-

1. Verzichtet wird demnach auf eine materialartenspezifische Unterscheidung dieses Lagerkostensatzes pro Lagerkapazitätseinheit und Periode.

cherung der Lagerbestände durch die Unternehmung aufgewendet werden, für das betrachtete Entscheidungsproblem zu den relevanten Kostenbestandteilen zu rechnen. Für diese wird unter Vernachlässigung der möglichen Vielfalt einzelner Vertragsabschlüsse davon ausgegangen, daß der Lagerwert eines Zeitraums für die Prämienberechnung zugrunde gelegt wird. Dem Materialbereich wird des weiteren ein Versicherungsverhalten unterstellt, das wie folgt gekennzeichnet ist: Zu Beginn eines mehrere Perioden umfassenden Zeitraums wird ein Versicherungsvertrag abgeschlossen, der die Versicherung des Lagerwertes zum Inhalt hat. Da der Lagerwert innerhalb dieses Zeitraums schwanken kann, versichert der Materialbereich den maximalen Lagerbestandswert, der innerhalb dieses Zeitraums geplant ist. Bei der Bewertung des Lagerbestandes legt der Materialbereich den maximalen Einstandspreis frei Lager für die jeweiligen Materialarten der potentiellen Lieferanten zugrunde, mit dem in einem Versicherungszeitraum gerechnet wird.

Unter Beachtung der nachstehenden Indexmenge läßt sich der zu versichernde Lagerwert LW_t eines mit der Periode t beginnenden Versicherungszeitraums berechnen.

(4.1.3.19) I_{VS}^{Pe} := Menge aller Periodenindizes, deren zugehörige Perioden den Beginn eines Versicherungszeitraums innerhalb des Planungszeitraums bilden.

$$(4.1.3.20)^{*} \quad LW_t := \max \{ \sum_{a=1}^{A} \bar{p}_{at} (x_{at}^{B_I} + \lambda_{at} x_{at}^{B_{II}}) + W_t;$$

$$\sum_{a=1}^{A} \bar{p}_{at} (x_{at+1}^{B_I} + \lambda_{at+1} x_{at+1}^{B_{II}}) + W_{t+1};$$

$$\vdots$$

$$\sum_{a=1}^{A} \bar{p}_{at} (x_{at+\bar{z}-1}^{B_I} + \lambda_{at+\bar{z}-1} x_{at+\bar{z}-1}^{B_{II}}) + W_{t+\bar{z}-1} \}$$

$$(t \in I_{VS}^{Pe}).$$

Die in Formulierung (4.1.3.20) zugrunde gelegten Versicherungszeiträume betragen $\bar{z}$ Perioden; $\bar{p}_{at}$ beinhaltet den jeweils vom Materialbereich angelegten Wertansatz für die Materialart a in dem mit der Periode t beginnenden Versicherungszeitraum. Schließlich gibt W_t den Wert der in Periode t gelagerten Materialien wieder, die getrennt von den im Modell erfaßten Materialien disponiert werden.

Der zu Beginn der Periode t zu versichernde Lagerwert erfüllt demnach stets die Bedingungen

$$(4.1.3.21) \qquad LW_t \geqq \sum_{a=1}^{A} \bar{p}_{at} \, (x_{ar}^{B'} + \lambda_{ar} x_{ar}^{B''}) + W_r$$

$$(t \in I_{VS}^{Pe};\; r = t(1)t+\bar{z}-1).$$[1]

Im weiteren wird davon ausgegangen, daß die von der Unternehmung zu Beginn der Periode t zu entrichtende Versicherungsprämie P_t in Abhängigkeit vom Lagerwert LW_t folgenden Verlauf annimmt:[2]

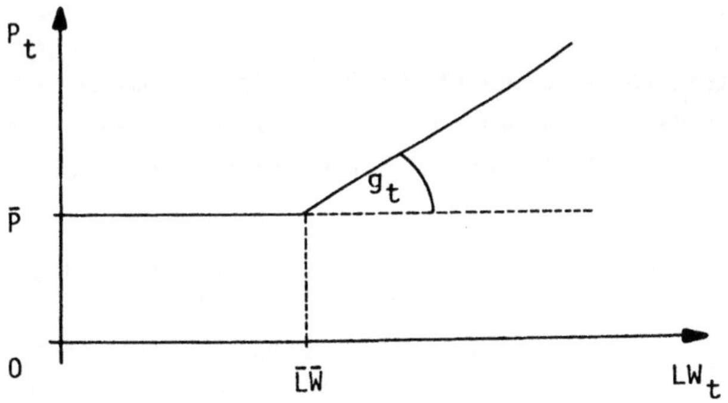

Abbildung 13

1. Für r > T sind die entsprechenden Größen zu schätzen und als vorgegebene Daten zu behandeln.
2. Vgl. zu diesem Prämienverlauf ZÄPFEL [1970], S. 102.

In diesem Fall ist erst dann ein linearer Prämienanstieg zu erwarten, wenn der Lagerwert eine durch den Versicherer vorgegebene Schranke $\overline{LW}$, die im folgenden als periodenunabhängig unterstellt wird, überschreitet. Die in jedem Fall mindestens zu entrichtende Prämie beträgt $\bar{P}$ unabhängig vom tatsächlichen versicherten Lagerwert. Die Größe g_t gibt den Prämienanstieg für eine über $\bar{z}$ Perioden zu versichernde Lagerwerteinheit wieder, wenn der zu versichernde Lagerwert die vom Versicherer vorgegebene Grenze $\overline{LW}$ überschritten hat.

Unter der Annahme, daß in mindestens einer der der Prämienberechnung zugrunde gelegten $\bar{z}$ Perioden ein positiver Lageranfangsbestand vorhanden ist, läßt sich unter Zuhilfenahme der nicht negativen Variablen LW'_t die zu Beginn der Periode t zu entrichtende Prämie modellmäßig wie folgt berücksichtigen:

(4.2.3.22) $$P_t = \bar{P} + g_t \, LW'_t \qquad (t \in I_{VS}^{Pe}),$$

(4.1.3.23) $$LW'_t \geqq LW_t - \overline{LW} \qquad (t \in I_{VS}^{Pe}).$$

Die gesamten Materialkosten MK des Planungszeitraums setzen sich additiv aus den ermittelten relevanten Einzelkomponenten zusammen und bilden die dritte im Modell zu minimierende Zielfunktion:

(4.1.3.24) $$\min MK = \sum_{l=1}^{L} \sum_{t=1}^{T} EW_{lt} + \sum_{t=1}^{T} (IL_t + EL_t) + \sum_{t \in I_{VS}^{Pe}} P_t \, .$$

4.2. Zielfunktionen des Finanzbereichs

4.2.1. Einleitende Überlegungen

Wird die Formalstruktur des vorliegenden Modellansatzes ausgenutzt, so ist es in Analogie zum Vorgehen bei der Zielgrößendiskussion des Materialbereichs zweckmäßig, mehrere Zielgrößen des Finanzbereichs bei der Modellformulierung und -lösung als Zielfunktionen zu erfassen.

Die Aufrechterhaltung der Liquidität ist als zentrale Aufgabe des finanzwirtschaftlichen Handelns anzusehen. Dabei muß der Finanzbereich in der Regel bestrebt sein, die Sicherung der Liquidität durch den Einsatz ihm zur Verfügung stehender Instrumente in einer Art und Weise zu gewährleisten, die als vereinbar mit dem gleichzeitig verfolgten Streben nach Erzielung eines Finanzerfolges angesehen werden kann.

Somit wird bereits an dieser Stelle der bestehende Konflikt zwischen zwei Zielgrößen des Finanzbereichs ersichtlich. Zum einen sind die Maßnahmen im Zusammenhang mit der Aufrechterhaltung der Liquidität in einem Umfang durchzuführen, der ein hohes Maß an Sicherheit für die Aufrechterhaltung des finanziellen Gleichgewichts gewährleistet; eine derartig einseitig ausgerichtete Politik geht jedoch in der Regel zu Lasten eines erfolgversprechenden, auf Erzielung eines Finanzerfolges ausgerichteten kurzfristigen Finanzierungsverhaltens. Zum anderen widerspricht aber gerade die Realisierung einer erfolgversprechenden, dafür aber unter Umständen risikobeladenen Finanzpolitik dem Postulat der jederzeitigen Sicherung der Liquidität.[1)]

1. Vgl. die Ausführungen zum Spannungsverhältnis dieser beiden Zielgrößen u.a. HARTMANN [1969], S. 27 ff., VAN HORNE [1971], S. 3 ff., WITTE/KLEIN [1974], S. 24 ff., MAO [1976], S. 20 ff., SÜCHTING [1978], S. 23 ff., WESTON/BRIGHAM [1978], S. 17 und GUTENBERG [1980], S. 381 ff.

Deutlich wird die Existenz dieser Zielgrößen in der Praxis durch eine empirische Untersuchung SCHÜTTs untermauert.[1] Die in Tabelle 5 angegebenen Prozentzahlen beinhalten keinerlei Aussagen über die zeitliche Dimension der durch den Finanzbereich verfolgten Zielgrößen. So kommt SCHÜTT denn auch zu dem Ergebnis,

Zielgrößen	Anteil der einzelnen Zielgrößen
Aufrechterhaltung der Liquidität	44
Ertragsstreben	50
sonstige Ziele	6

Tabelle 5

"daß die Aufrechterhaltung der Liquidität zwar "auf Dauer" angestrebt wird, sich aber vornehmlich in der täglichen Disposition und in einer höchstens 12 Monate umfassenden Planung niederschlägt, die ertragsorientierten Ziele durch eine 1- und 12-Monats- sowie hauptsächlich durch eine langfristige 5-Jahresfinanzplanung erreicht werden sollen."[2]

Es steht somit außer Frage, daß die skizzierten Zielgrößen die wesentlichen Leitmaximen einer sich über den betrachteten Planungszeitraum des vorliegenden Entscheidungsproblems erstreckenden Finanzplanung darstellen. Zu diskutieren ist daher im folgenden die Art der Berücksichtigung dieser Zielgrößen in Form von Zielfunktionen im konzipierten Entscheidungsmodell.

1. Vgl. SCHÜTT [1979], S. 63 ff.
2. SCHÜTT [1979], S. 70.

4.2.2. Die Aufrechterhaltung der Liquidität

Im Modell erfährt die Zielgröße Aufrechterhaltung der Liquidität in erster Linie ihre Ausprägung in der Formulierung der Restriktionen (3.2.3.0) und (3.2.3.5), die die Sicherung des finanziellen Gleichgewichts in den Perioden des Planungszeitraums gewährleisten sollen. Doch allein durch die Einhaltung dieser formulierten Restriktionen ist eine Sicherung der betrieblichen Liquidität durch die Realisation der Modellösung nicht in hinreichendem Ausmaß gegeben. Drei Gründe sind im wesentlichen anzuführen, die es notwendig erscheinen lassen, weitergehende Überlegungen zu diesem Komplex anzustellen.

Erstens kommt die Unternehmung nicht umhin, Unsicherheiten bezüglich des zeitlichen Anfalls der einzelnen Ein- und Auszahlungen sowie deren betragsmäßige Größenordnungen in ihr Kalkül mit einzubeziehen.[1)] Sowohl in das Modell eingehende Daten als auch die berücksichtigten Instrumente können von diesen Unsicherheiten betroffen sein, was letztlich dazu führt, daß die Unternehmung, ohne weitere Vorkehrungen zu treffen, dem Risiko der Zahlungsunfähigkeit ausgesetzt wird.

Doch selbst wenn diese aus der Zukunftgerichtetheit der Planung resultierenden Unsicherheiten vernachlässigt bleiben, kann es zweitens durch die nicht zeitpunktgenaue Abbildung der Realität in das Modell innerhalb der einzelnen Perioden des Planungszeitraums zu Situationen kommen, in denen auftretende Auszahlungsverpflichtungen der Modellösung folgend nicht sofort gedeckt werden können. Der Grund hierfür ist im zeitlichen Anfall der einzelnen Zahlungen innerhalb der jeweiligen Perioden des Planungszeitraums zu

1. Vgl. zu dieser Trennung BÜHLER/GEHRING/GLASER [1979], S. 29.

sehen, über den im Modell keine Aussage getätigt wird.[1] Zu periodenübergreifenden Zahlungsschwierigkeiten kann es hingegen aufgrund der Art der Modellformulierung nicht kommen, da die Restriktionen zur Aufrechterhaltung des finanziellen Gleichgewichts dafür sorgen, daß die innerhalb der einzelnen Perioden unter Umständen auftretenden Zahlungsungleichgewichte spätestens zum entsprechenden Periodenende wieder ausgeräumt sind.

Drittens zwingt der zeitliche Partialcharakter des vorliegenden Entscheidungsmodells dazu, Vorkehrungen über die reine Formulierung der Restriktionen zur Aufrechterhaltung der Liquidität im Planungszeitraum hinaus zu treffen. Eine allein auf den vorliegenden, kurzfristigen Planungszeitraum konzentrierte Finanzplanung führt unter Umständen zu Situationen am Ende des Planungszeitraums, die eine Aufrechterhaltung der Liquidität in den Perioden, die nach dem Planungszeitraum folgen, erschweren oder gar unmöglich machen.

Als Maßnahmen, die in das Modell über die Formulierung der Restriktionen (3.2.3.0) und (3.2.3.5) hinaus zur Aufrechterhaltung der Liquidität eingehen, sind der Aufbau von Liquiditätsreserven, die Einhaltung von Finanzierungsregeln sowie die Bestimmung von Endbeständen einzelner finanzwirtschaftlicher Instrumente anzusehen.

---

1. BÜHLER/GEHRING/GLASER verhindern das Auftreten von Zahlungsschwierigkeiten aus diesem Grunde durch die Zuordnung anfallender Zahlungen zu einzelnen Zeitpunkten in der folgenden Art: Einzahlungen, die im Intervall (t-1, t] anfallen, werden dem Beginn der Periode t zugeordnet, Auszahlungen des Zeitraums [t-1, t) hingegen werden zu Beginn der Periode t-1 als realisiert unterstellt; vgl. BÜHLER/GEHRING/GLASER [1979], S. 20. Hinter dieser Vorgehensweise kommt eine sehr pessimistische Erwartung über die zeitliche Struktur anfallender Zahlungen innerhalb einer Periode des Planungszeitraums zum Ausdruck, die unter Umständen zu überhöhten Kassenbeständen innerhalb der Perioden führt.

a) Der Aufbau von Liquiditätsreserven

Für die vorliegende Planungssituation erweisen sich auf der einen Seite das Moment der Unsicherheit und auf der anderen Seite die nicht realisierbare zeitpunktgenaue Abbildung der Realität in das Entscheidungsmodell als wesentliche Motive zum Aufbau von Liquiditätsreserven in jeder Periode des Planungszeitraums.[1)2)]

Zu den Komponenten, aus denen sich die Liquiditätsreserve einer Periode zusammensetzt, werden im folgenden gerechnet:

- existierende Kontokorrentguthaben,
- nicht ausgeschöpfte Kontokorrentkreditlinien,
- vorhandene Wechselbestände, sofern die entsprechenden Wechselobligos noch nicht ausgenutzt sind,
- unausgeschöpfte Akzeptkreditlinien,
- nicht ausgeschöpfte Kreditlinien zur Aufnahme sonstiger Kredite,
- vorzeitig auflösbare Festgeldanlagen sowie
- vorhandene Wertpapierbestände, sofern sie nicht zur Erzielung von Lombardkrediten verpfändet wurden.

---

1. Eine Analyse der Bestimmungsgründe, die zum Aufbau von Liquiditätsreserven führen, gibt WITTE [1964], S. 765 ff.

2. Es finden sich somit analoge Motive wie beim Aufbau von Lagermindestbeständen in der Materialbevorratung wieder. Hierin ist eine Ursache für das Bemühen zu sehen, die Höhe einer aufzubauenden Liquiditätsreserve aus den Ansätzen der entsprechenden Lagerhaltungsmodelle abzuleiten; vgl. u.a. BAUMOL [1952], S. 545 ff., BERANEK [1963], S. 345 ff. und ORGLER [1970], S. 37 ff.

Die Möglichkeit einer ex ante Fixierung aufzubauender Liquiditätsreserven für die einzelnen Perioden des Planungszeitraums durch den Entscheidungsträger, d.h. im Zeitpunkt der Datengenerierung, ist dann zu rechtfertigen, wenn die Auswirkungen dieser Entscheidungen auf die anderen, gleichzeitig im Modell erfaßten Zielgrößen für den Entscheidungsträger von untergeordneter Bedeutung sind. Es liegt in derartigen Fällen eine Zieldominanz in dem Sinne vor, daß auf jeden Fall zunächst der Aufbau der geforderten Liquiditätsreserven gewährleistet sein muß, bevor verbleibende Entscheidungsfreiräume für den gesuchten Instrumenteneinsatz im Hinblick auf die anderen verfolgten Zielgrößen ausgefüllt werden können.[1] Anders hingegen stellt sich die Situation, falls zwischen den im Modell erfaßten Zielgrößen und der Höhe aufzubauender Liquiditätsreserven in den einzelnen Perioden des Planungszeitraums insofern Interdependenzen bestehen, als die angestrebten Höhen der Liquiditätsreserven in Abhängigkeit von der Realisation der anderen Zielgrößen schwanken, der Entscheidungsträger aber nicht in der Lage oder nicht willens ist, die diese bestehenden Interdependenzen widerspiegelnde Präferenzstruktur der Zielgrößen anzugeben. Ausgehend von diesen Annahmen ist eine ex ante Fixierung aufzubauender Liquiditätsreserven nicht möglich.

Da im vorliegenden Modell von der zweiten Situation ausgegangen wird, ist die Größe LR_t, sie kennzeichnet die Liquiditätsreserve, die zu Beginn der Periode t aufzubauen ist, als eine nicht negative Variable aufzufassen. Sie erfüllt unter Einbeziehung der oben aufgeführten Komponenten, die in einer Periode als Bestandteile einer Liquiditätsreserve angesehen werden, die nachfolgende Beziehung in jeder Periode des Planungszeitraums.

---

1. Starre Liquiditätsreserven, die einzelne Komponenten der obigen Aufzählung beinhalten, berücksichtigen in ihren Finanzplanungsmodellen u.a. ORGLER [1970], S. 77 f., POGUE/BUSSARD [1972], S. 85 f., KISTNER [1975], S. 627, ROSENBERG [1976], Sp. 590 und BÜHLER/GEHRING/GLASER [1979], S. 39 f.

$$(4.2.2.0)\quad \sum_{k=1}^{K} (w^{Ko-}_{kt} + LR^{Ko+}_{kt} + LR^{Ko+'}_{kt} + LR^{Ak}_{kt}) + LR^{WB}_{t} + LR^{WN}_{t}$$

$$+ \sum_{q=1}^{Q} LR^{K}_{qt} + \sum_{k\in I^{Kr+}_{FG}} \; \sum_{c\in I^{L}_{FG(k)}} \; \sum_{s=t-c+1}^{t-1} (w^{FG-}_{kcs} - \sum_{r=s+1}^{t} w^{FG+}_{kcsr})$$

$$+ \sum_{g\in I^{FA}_{VF}} \; \sum_{s>t,s\in I^{Fä}_{g}} p^{+}_{gst} \, [v_{gs0} + \sum_{r=1}^{t} (v^{-}_{gsr} - v^{+}_{gsr})]$$

$$+ \sum_{g\in I^{FA}_{KF}} p^{+}_{gt} \, [v_{g0} + \sum_{r=1}^{t} (v^{-}_{gr} - v^{+}_{gr})]$$

$$- \sum_{k=1}^{K} \; \sum_{c\in I^{L}_{Lo(k)}} \; [\sum_{g\in I^{FA}_{VF}} \; \sum_{s>t,s\in I^{Fä}_{g}} p^{+}_{gst} \sum_{r=t-c+1}^{t} v^{Lo}_{gkcsr}$$

$$+ \sum_{g\in I^{FA}_{KF}} p^{+}_{gt} \sum_{r=t-c+1}^{t} v^{Lo}_{gkcr} \;] - LR_{t} \geqq 0 \quad (t=1(1)T).$$ [1]

Die nicht negativen Variablen LR^{WB}_{t} und LR^{WN}_{t} drücken die Beträge aus, die in der Periode t aus der zusätzlichen Diskontierung vorhandener bundesbankfähiger bzw. nicht bundesbankfähiger Wechselbeträge für eine kurzfristige Zuführung finanzieller Mittel zur Verfügung stehen. Begrenzt wird diese Möglichkeit der zusätzlichen Wechseldiskontierung durch den Bestand an verfügbaren Besitzwechseln.

$$(4.2.2.1)\quad LR^{WB}_{t} - \sum_{c\in I^{L}_{WB}} \; \sum_{r=t-c+c^{WB}}^{t} W^{WB}_{crt} \leqq 0 \qquad (t=1(1)T),$$

---

1. Vernachlässigt werden in der Formulierung (4.2.2.0) die aus einem Einsatz der jeweiligen Instrumente resultierenden Einzahlungsveränderungen durch auftretende Ertrags- und Kostenkomponenten.

$$(4.2.2.2) \quad LR_t^{WN} - \sum_{c \in I_{WB}^L} \sum_{r=t-c+1}^{t-c+c^{WB}-1} W_{crt}^{WB} - \sum_{c \in I_{WN}^L} \sum_{r=t-c+1}^{t} W_{crt}^{WN} \leqq 0$$

$$(t=1(1)T).$$

c^{WB} kennzeichnet die durchschnittlich von den Kreditinstituten geforderte Restlaufzeit für zum Diskont gereichte bundesbankfähige Wechsel. Darüber hinaus darf das jeweils offenstehende Wechselobligo durch die zusätzliche Wechseldiskontierung nicht überschritten werden.

$$(4.2.2.3) \quad LR_t^{WB} + LR_t^{WN} - \sum_{k=1}^{K} LR_{kt}^{W} \leqq 0 \qquad (t=1(1)T),$$

$$(4.2.2.4) \quad LR_t^{WN} - \sum_{k=1}^{K} LR_{kt}^{WN} \leqq 0 \qquad (t=1(1)T).$$

Anstelle der Annahme, daß der Entscheidungsträger in der Lage ist, die Höhen der zu errichtenden Liquiditätsreserven ex ante anzugeben, tritt im folgenden die Prämisse, wonach in jeder Periode mit einer steigenden Liquiditätsreserve das Sicherheitsbedürfnis des Entscheidungsträgers in Verbindung mit der Gewährleistung des finanziellen Gleichgewichts in einem höheren Ausmaß befriedigt wird. Dem Entscheidungsträger wird demnach bei der Bestimmung der in jeder Periode aufzubauenden Liquiditätsreserve ein maximierendes Verhalten unterstellt. Prinzipiell ist es möglich, jede dieser T Liquiditätsreserven als einzelne, isoliert zu maximierende Zielfunktion in das Modell einzuführen. Aufgrund der durch dieses Vorgehen stark anwachsenden Zahl von Zielfunktionen erscheint es sinnvoll, eine den Präferenzen des Entscheidungsträgers entsprechende Kompromißzielfunktion zu formulieren. Hierzu sind weitere Annahmen über die Artenpräferenzrelation des Entscheidungsträgers zu treffen. Diesem wird unterstellt, daß er stets die Liquiditätsreserve einer Periode zu erhöhen wünscht, die den geringsten Wert im Vergleich mit den anderen, in den einzelnen Perioden geplanten Liquiditätsreserven aufweist. Der Entscheidungsträger präferiert demnach eine Situation mit gleichmäßigen Liquiditätsreserven einer Situation mit teilweise sehr hohen, aber auch teilweise sehr geringen Liquiditätsreserven in den einzelnen Perioden des Planungszeitraums.

Unter Zuhilfenahme der nicht negativen Variable LR kann dieses Entscheidungsverhalten wie folgt im Modell erfaßt werden:

(4.2.2.5) $\max \; LR$

(4.2.2.6) $LR \leqq LR_t \qquad (t=1(1)T).$

Aufgrund dieses Ansatzes wird es möglich, im Rahmen eines interaktiven Lösungsverfahrens die Bestimmung der Höhen der Liquiditätsreserven in den einzelnen Perioden des Planungszeitraums durch den Entscheidungsträger vornehmen zu lassen, der sich dabei auf Informationen über die aus seinen Entscheidungen resultierenden Auswirkungen auf die anderen im Modell erfaßten Zielgrößen stützen kann. Auf eine starre, ex ante vorzunehmende Fixierung der jeweiligen aufzubauenden Liquiditätsreserven kann demnach verzichtet werden.[1)]

1. Besitzt der Entscheidungsträger Vorstellungen über die Höhen der in den jeweiligen Perioden aufzubauenden Liquiditätsreserven, bei deren Oberschreiten keine zusätzliche Befriedigung des unterstellten Sicherheitsbedürfnisses erwächst, so kann in Analogie zur Vorgehensweise bei der Berücksichtigung von Lagermindestbeständen im Materialbereich das approximierende Verhalten des Entscheidungsträgers in der Modellformulierung erfaßt werden; auf eine explizite Darstellung soll an dieser Stelle verzichtet werden.

b) Die Einhaltung von Finanzierungsregeln

Umfangreich ist das betriebswirtschaftliche Schriftum zur Darstellung und Kritik der Finanzierungsregeln.[1] Im Rahmen der vorliegenden Arbeit werden diese als Normen verstanden, "die die Umwelt einer Unternehmung setzt und deren Nichteinhalten mit Sanktionen verschiedener Art bedroht wird."[2] Aufgrund dieser Betrachtungsweise können Finanzierungsregeln trotz ihrer theoretisch unbestrittenen Unzulänglichkeiten zu beachtenswerten Postulaten avancieren, deren Einhaltung als Bestreben der Unternehmung interpretiert werden kann, Voraussetzungen für die Aufrechterhaltung der Liquidität zu schaffen.[3] Inwieweit eine Einhaltung dieser Regeln letztlich erfolgt, liegt im Ermessen der Unternehmung und drückt sich somit in ihren Entscheidungen aus.

Die häufig in Modellansätzen zur kurzfristigen Finanzplanung anzutreffende Vorgehensweise, die Einhaltung bestimmter Finanzierungsregeln mit Hilfe der Formulierung entsprechender Restriktionen durch die Modellösung zu erzwingen, wird hier nicht verfolgt.[4] Denn nur in den seltensten Fällen dürfte die Annahme gerechtfertigt sein, wonach eine die jeweiligen Kennzahlen nur knapp verfehlende Unternehmungspolitik als unzulässig zu erachten ist. In der Regel ist dieser Annahme die Prämisse vorzuziehen, daß ein Verfehlen der Finanzierungsregeln in einem bestimmten Ausmaß nicht mit Sicherheit

---

1. Vgl. insbesondere HÄRLE [1964], S. 139 ff., WISSENBACH [1964], S. 447 ff., BÖRNER [1967], S. 341 ff., SCHACHT [1971], S. 9 ff., VAN HORNE [1971], S. 635 ff., BISCHOFF [1972], S. 113 ff., MAO [1976], S. 45 ff., SÜCHTING [1978], S. 341 ff., WESTON/BRIGHAM [1978], S. 23 ff. und GUTENBERG [1980], S. 277 ff.
2. BÖRNER [1967], S. 348 f.; auch Äußerungen aus der Praxis unterstreichen den Normencharakter dieser Regeln; vgl. u.a. LEHNER [1976], S. 198 ff. und SELOWSKI [1979], S. 126 f.
3. Vgl. zur Operationalisierung der Zielgröße Aufrechterhaltung der Liquidität SCHÜTT [1979], S. 70 ff.
4. Zu einer derartigen Formulierung vgl. z.B. die Modelle von ORGLER [1969], S. B-85, POGUE/BUSSARD [1972], S. 86 und BÜHLER/GEHRING/GLASER [1979], S. 37 f.

Sanktionen der Umwelt hervorruft. Inwieweit der Entscheidungsträger bereit ist, dieses Risiko einzugehen, um dadurch bei den anderen gleichzeitig verfolgten Zielgrößen des betrachteten Partialmodells von ihm präferierte Ergebnisse zu erhalten, läßt sich ohne Kenntnis seiner Artenpräferenzrelation nicht bestimmen. Aufgrund der Formalstruktur des vorliegenden Entscheidungsmodells kann auch bezüglich dieses Problems ein flexibler Ansatz gewählt werden, durch den Entscheidungsträger in die Lage versetzt wird, unter Heranziehung zusätzlicher, im Rahmen der Lösungsprozedur bereitgestellter Informationen letztlich das Ausmaß der Einhaltung der entsprechenden Finanzierungsregeln zu beeinflussen.

Es wird in dieser Arbeit nicht das Ziel verfolgt, für die Fülle existierender Finanzierungsregeln modellmäßige Formulierungen vorzustellen. Im folgenden wird vielmehr anhand der unter dem Begriff current ratio bekannten Kennzahl die Erfassung einer Finanzierungsregel im Modell demonstriert.[1] In dieser Kennzahl wird gefordert, daß zu einem bestimmten Zeitpunkt das gesamte Umlaufvermögen bezogen auf die gesamten kurzfristigen Verbindlichkeiten eine vorgegebene Schranke nicht überschreitet.

Es wird im weiteren davon ausgegangen, daß die Umwelt nicht in jeder Periode des Planungszeitraums überprüft, in welchem Ausmaß die vorgegebene Kennzahl durch die betrachtete Unternehmung eingehalten wird. Vielmehr wird unterstellt, daß diese Überprüfung seitens der Umwelt allein in den der Unternehmung bekannten Perioden erfolgt, deren zugehörige Periodenindizes in der Indexmenge I_{FR}^{Pe} zusammengefaßt sind.

(4.2.2.7) I_{FR}^{Pe} := Menge aller Periodenindizes, in deren zugehörigen Perioden des Planungszeitraums die Umwelt das Ausmaß der Einhaltung der current ratio überprüft.

---

1. Zur Definition dieser Kennzahl vgl. u.a. BERANEK [1968], S. 18 ff. SCHACHT [1971], S. 19 f. und VAN HORNE [1971], S, 639 ff.

Von den im Modell erfaßten Instrumenten erweisen sich folgende, die Höhe des Umlaufvermögens beeinflussende Größen abhängig:

- die Materialbestände,
- die Bestände an kurzfristigen Finanzanlagen einschließlich bestehender Kontokorrentguthaben sowie
- die Bestände an Besitzwechseln.

Der wertmäßige Materialbestand B_t^{La} der im Modell berücksichtigten Materialarten in Periode t berechnet sich als:

$$(4.2.2.8) \quad B_t^{La} = \sum_{a=1}^{A} p_{at} \left(\sum_{l \in I_a^{Li}} \sum_{t'=t-c_{al}-c_{al}^*}^{t-c_{al}} y_{alt't} + x_{at}^B \right) \quad (t \in I_{FR}^{Pe}).$$

In diese Größe gehen somit die bei den Lieferanten abrufbereit lagernden Materialeinheiten sowie der Lageranfangsbestand der Periode t ein. Zur Bewertung einer Einheit dient der in Periode t für die jeweilige Materialart a durchschnittlich erwartete Preis p_{at}.

Der Bestand an Kontokorrentguthaben in Periode t wird durch die Variable B_t^{Ko-} ausgedrückt.

$$(4.2.2.9) \quad B_t^{Ko-} = \sum_{k=1}^{K} w_{kt}^{Ko-} \quad (t \in I_{FR}^{Pe} \cup \{T\}).^{1)}$$

---

1. Es wird bereits an dieser Stelle die Berechnung einzelner Bestandsgrößen für das Ende des Planungszeitraums vorgenommen, da auf diese im anschließenden Abschnitt, in dem die modellmäßige Erfassung der Bestände am Ende des Planungszeitraums im Mittelpunkt steht, zurückgegriffen werden kann.

Wechselbeträge befinden sich in Periode t im Besitz der Unternehmung in Höhe von:

$$(4.2.2.10)\quad B_t^W = \sum_{c\in I_{WB}^L} \sum_{r=t-c+1}^{t} W_{crt+1}^{WB} + \sum_{c\in I_{WN}^L} \sum_{r=t-c+1}^{t} W_{crt+1}^{WN}$$

$$(t\in I_{FR}^{Pe} \cup \{T\}).$$

In Periode t unterhaltene Festgeldanlagen - dargestellt durch die Variable B_t^{FG} - bestimmen sich als:

$$(4.2.2.11)\quad B_t^{FG} = \sum_{k\in I_{FG}^{Kr-}} \sum_{c\in I_{FG(k)}^L} \sum_{s=t-c+1}^{t} w_{kcs}^{FG-}$$

$$+ \sum_{k\in I_{FG}^{Kr+}} \sum_{c\in I_{FG(k)}^L} [w_{kct}^{FG-} + \sum_{s=t-c+1}^{t-1} (w_{kcs}^{FG-} - \sum_{r=s+1}^{t} w_{kcsr}^{FG+})]$$

$$(t\in I_{FR}^{Pe} \cup \{T\}).$$

Schließlich beinhaltet die Variable B_t^{WP} den wertmäßigen Bestand in Periode t, der sich aus dem Besitz von Wertpapieren ergibt.

$$(4.2.2.12)\quad B_t^{WP} = \sum_{g\in I_{VF}^{FA}} \sum_{s>t, s\in I_g^{Fä}} p_{gst}^{Ko+} [v_{gs0} + \sum_{r=1}^{t} (v_{gsr}^- - v_{gsr}^+)]$$

$$+ \sum_{g\in I_{KF}^{FA}} p_{gt}^{Ko+} [v_{g0} + \sum_{r=1}^{t} (v_{gr}^- - v_{gr}^+)]$$

$$(t\in I_{FR}^{Pe} \cup \{T\}).$$

Als disponible Bestandsgrößen erweisen sich im vorliegenden Modell innerhalb der kurzfristigen Verbindlichkeiten

- die Bestände aufgenommener Kontokorrentkredite,
- die Bestände aufgenommener Lombardkredite,
- die Bestände aufgenommner Akzeptkredite,
- die Verbindlichkeiten aus der Inumlaufsetzung von Solawechseln,
- die Bestände in Anspruch genommener Lieferantenkredite sowie
- die Bestände aufgenommener sonstiger Kredite.

Der aus der Aufnahme von Kontokorrentkrediten in Periode t resultierende Bestand an kurzfristigen Verbindlichkeiten ergibt sich als:

$$(4.2.2.13) \quad B_t^{Ko+} = \sum_{k=1}^{K} (w_{kt}^{Ko+} + w_{kt}^{Ko+\prime}) \qquad (t \in I_{FR}^{Pe} \cup \{T\}).$$

Die Höhe der bis einschließlich Periode t aufgenommenen und nicht getilgten Lombardkredite beträgt:

$$(4.2.2.14) \quad B_t^{Lo} = \sum_{k=1}^{K} \sum_{c \in I_{Lo(k)}^{L}} \sum_{r=t-c+1}^{t} w_{kcr}^{Lo} \qquad (t \in I_{FR}^{Pe} \cup \{T\}).$$

Analog lassen sich die in Periode t bestehenden kurzfristigen Verbindlichkeiten bestimmen, die aus der Aufnahme von Akzeptkrediten und der Ausstellung von Solawechseln resultieren.

$$(4.2.2.15) \quad B_t^{Ak} = \sum_{k=1}^{K} \sum_{c \in I_{Ak(k)}^{L}} \sum_{r=t-c+1}^{t} w_{kcr}^{Ak} \qquad (t \in I_{FR}^{Pe} \cup \{T\}),$$

$$(4.2.2.16)\qquad B_t^{So} = \sum_{c \in I_{So}^L} \sum_{r=t-c+1}^{t} w_{cr}^{So} \qquad (t \in I_{FR}^{Pe} \cup \{T\}).$$

Die in Periode t bestehenden Lieferantenkredite beinhaltet die nicht negative Variable B_t^{OR}, die sich wie folgt berechnet:

$$(4.2.2.17)\qquad B_t^{OR} = \sum_{l \in I_{R-}^{Li}} \sum_{t^o=t_l^*}^{t} [\, RB_{lt^o} - \sum_{s \in I_{l(t^o)}^{Pe(t)}} (1 + sk_{lt^os})\ddot{u}w_{lt^os}]$$

$$+ \sum_{l \in I_{R+}^{Li}} \sum_{t^o=t_l^*}^{t} \{\, RB_{lt^o} - \sum_{s \in I_{l(t^o)}^{Pe(t)}} [(1 + sk_{lt^os})\ddot{u}w_{lt^os}$$

$$+ \sum_{c \in I_{WB(l)}^L} \sum_{r=s-c+c^l}^{s} sk_{lt^ocrs}^{WB}\, w_{lt^ocrs}^{WB}$$

$$+ \sum_{c \in I_{WN(l)}^L} \sum_{r=s-c+c^l}^{s} sk_{lt^ocrs}^{WN}\, w_{lt^ocrs}^{WN}$$

$$+ \sum_{c \in I_{Ak(l)}^L} sk_{lt^ocs}^{Ak}\, w_{lt^ocs}^{Ak} + \sum_{c \in I_{So(l)}^L} sk_{lt^ocs}^{So}\, w_{lt^ocs}^{So}]\}$$

$$(t \in I_{FR}^{Pe}).$$

Die in diesem Ausdruck enthaltenen Indexmengen $I_{l(t^o)}^{Pe(t)}$ sind wie folgt definiert:

(4.2.2.18) $I_{l(t^o)}^{Pe(t)}$:= Menge aller Periodenindizes, in deren zugehörige Perioden bis einschließlich der Periode t Rechnungsbegleichungen für eine vom Lieferanten l in Periode t^o eingegangene Rechnung erfolgen (l=1(1)L; $t \in I_{FR}^{Pe}$;

$t^o=t_l^*(1)t-1).$[1]

Schließlich sind die in Form sonstiger Kredite bis zur Periode t einschließlich eingegangenen und noch nicht getilgten kurzfristigen Verbindlichkeiten zu bestimmen, die durch die Variable B_t^{KS} erfaßt werden.

$$(4.2.2.19)\quad B_t^{KS} = \sum_{q=1}^{Q} \{ \sum_{c\in I_{K1(q)}^L} \sum_{r=t-c+1}^{t} w_{qcr}^{K1+} + \sum_{c\in I_{K2(q)}^L} [w_{qct}^{K2+} + \sum_{r=t-c+1}^{t-1} (w_{qcr}^{K2+} - \sum_{s=r+1}^{t} w_{qcrs}^{K2-})]\} \quad (t\in I_{FR}^{Pe}\cup\{T\}).$$

Der Teil des Umlaufvermögens bzw. der kurzfristigen Verbindlichkeiten, der in Periode t nicht durch die im Modell erfaßten Instrumente beeinflußbar ist (z.B. Bestände an Halb- und Fertigfabrikaten, von der betrachteten Unternehmung geleistete Anzahlungen, an die betrachtete Unternehmung geleistete Anzahlungen) und der folglich für das Modell eine gegebene Größe darstellt, wird mit UV_t bzw. KV_t bezeichnet. Die Konstante Θ beinhaltet das gewünschte Verhältnis zwischen gesamtem Umlaufvermögen und kurzfristigen Verbindlichkeiten, das in den jeweiligen in der Indexmenge I_{FR}^{Pe} enthaltenen Perioden erreicht werden soll. Demnach läßt sich die Einhaltung der Kennzahl wie folgt ausdrücken:

$$(4.2.2.20)\quad UV_t + B_t^{LA} + B_t^{Ko-} + B_t^{W} + B_t^{FG} + B_t^{WP} + CR_t \geqq \Theta\,(B_t^{Ko+} + B_t^{Lo} + B_t^{So} + B_t^{Ak} + B_t^{OR} + B_t^{KS} + KV_t) \quad (t\in I_{FR}^{Pe}).$$

1. Demnach gilt offenbar: $I_{l(t^o)}^{Pe(t)} := (I_{l(t^o)}^{Pe'} \cup I_{l(t^o)}^{Pe''}) \cap \{t^o+1,\ldots,t\}$ $(l=1(1)L;\ t\in I_{FR}^{Pe};\ t^o=t_l^*(1)t-1).$

Die nicht negative Variable CR_t gibt in der Beziehung (4.2.2.20) den Betrag an, der dem Umlaufvermögen zur Einhaltung der Kennzahl in Periode t fehlt. Im weiteren dient der Wert der Variablen CR_t als Maß für die Einhaltung der current ratio in Periode t. Es wird davon ausgegangen, daß der Entscheidungsträger von zwei beliebigen Kombinationen der im Modell erfaßten Instrumente der kurzfristigen Material- und Finanzplanung diejenige präferiert, die unter Vernachlässigung der gleichzeitig verfolgten Zielgrößen zu einem kleineren Wert von CR_t korrespondiert. Demnach wäre es möglich, jede einzelne Variable CR_t als zu minimierende Zielfunktion in das Modell aufzunehmen. Aus Praktikabilitätsgründen erweist es sich auch hier als sinnvoll, bereits bei der Modellformulierung Teile der Artenpräferenzrelation des Entscheidungsträgers zu berücksichtigen. Dem Entscheidungsträger wird dabei eine Artenpräferenzrelation bezüglich dieser Zielgrößen unterstellt, die folgende Amalgamation ermöglicht. Stets wird die Verminderung der Größe CR_t versucht zu erreichen, die im Vergleich zu anderen den größten Wert aufweist. Unter Zuhilfenahme der nicht negativen Variablen CR läßt sich dieses Entscheidungsverhalten im Modell wie folgt erfassen:

(4.2.2.21) $\min CR$

(4.2.2.22) $CR \geqq CR_t \qquad (t \in I_{FR}^{Pe}).$

Durch diesen Ansatz wird es für den Entscheidungsträger möglich, das Ausmaß der Einhaltung der unterstellten Finanzierungsregel unter Berücksichtigung zusätzlicher, im Zeitpunkt der Datengewinnung nicht verfügbarer und erst im Laufe des interaktiven Lösungsprozesses bereitgestellter Informationen zu bestimmen. Hierzu sind insbesondere Informationen über die erfolgswirtschaftlichen Konsequenzen einer strengeren Einahltung der jeweiligen Finanzierungsregeln zu zählen, wodurch Fragen der Art, wieviel die Einhaltung geforderter Relationen kostet, beantwortbar werden.

c) Die Erfassung finanzwirtschaftlicher Bestandsgrößen am Ende des Planungszeitraums

Die Planung des Einsatzes der zur Verfügung stehenden finanzwirtschaftlichen Instrumente kann nicht ohne Rücksicht auf die daraus resultierende Ausgangssituation für die Perioden nach dem Ende des Planungszeitraums erfolgen. Zu groß wäre die Gefahr, ungünstige Bedingungen für die auch nach dem Planungszeitraum bestehende Aufgabe der Liquiditätssicherung zu schaffen. Die modellmäßiegn Auswirkungen dieser Überlegungen schlagen sich in der Installierung von Beständen der einzelnen finanzwirtschaftlichen Größen am Ende des Planungszeitraums nieder.

Es muß an dieser Stelle deutlich betont werden, daß es sich bei diesen einzurichtenden Endbeständen nicht um hinreichende oder notwendige, die Liquidität nach dem Ende des Planungszeitraums stets sichernde Bedingungen handelt. Vielmehr sollen diese Enbestände zur Bewältigung der Aufgabe beitragen, die Aufrechterhaltung der Liquidität auch nach dem betrachteten Planungszeitraum zu sichern.

Die Problematik bei der Fixierung dieser Endbestände resultiert auch hier aus der Herauslösung eines zeitlich isolierten Partialmodells aus einem zeitlich vertikalen Totalmodell. Die aus der Literatur bekannten und die Bestimmung von Beständen am Ende des Planungszeitraums berücksichtigenden Finanzplanungsmodelle versuchen auf zwei Wegen dieses Problem zu bewältigen. Während bei der ersten Möglichkeit durch den Entscheidungsträger Endbestandshöhen ex ante vorgegeben werden, die durch die Modellösung zu erreichen sind und somit Daten für das Modell darstellen,[1)] faßt man bei der zweiten Vorgehensweise die jeweiligen Enbestandshöhen als Variablen auf und ver-

1. Vgl. u.a. ORGLER [1970], S. 92 f., SPÄTH/GUTGESELL/GRÜN [1972], S. B193, KISTNER [1975], S. 627, BÜHLER/GEHRING/GLASER [1979], S. 38 f.

sucht, durch eine geeignete Bewertung alternativer Endbestandshöhen und deren Berücksichtigung in der Zielfunktion die Höhe der Endbestände zu bestimmen.[1]

Ohne den Anspruch zu erheben, die aus der Entscheidungsfeldabgrenzung entstehenden Probleme theoretisch richtig zu lösen, wird im folgenden in Analogie zur Berücksichtigung der Endbestandsproblematik der einzelnen Materialarten im Rahmen der Materialplanung eine abgewandelte Vorgehensweise vorgestellt. Sie erlaubt es, die Auswirkungen alternativer Endbestandshöhen auf die anderen, gleichzeitig im Modell formulierten Zielfunktionen zu erkennen. Hierzu werden die verschiedenen Bestandskomponenten des Umlaufvermögens am Ende des Planungszeitraums - bestehend aus den disponiblen Kontokorrentguthaben, Festgeldanlagen, Wechsel- und anderen Wertpapierbeständen zuzüglich dem nicht durch die erfaßten Instrumente beeinflußbaren Teil des Umlaufvermögens - zu einer aggregierten Größe UV^E zusammengefaßt.

$$(4.2.2.23) \qquad UV^E = B_T^{Ko-} + B_T^{W} + B_T^{FG} + B_T^{WP} + UV_T .$$

Nicht enthalten sind in diesem Ausdruck die disponiblen Endbestände der einzelnen auf dem Lager befindlichen Materialarten, da ihre Bestimmung - wie geschildert - isoliert vorgenommen wird.

Eine analoge Aggregation erfolgt für die Bestandskomponenten der kurzfristigen Verbindlichkeiten zur Größe KV^E, die sich aus den disponiblen Beständen der Kontokorrent-, Akzept- und Lombardkredite zuzüglich den sonstigen Krediten, den Wechselschulden, den Lieferantenverbindlichkeiten sowie dem nicht durch die im Modell erfaßten Instrumente des Finanzbereichs beeinflußbaren Teil am Ende des Planungszeitraums zusammensetzt.

1. Vgl. u.a. ROBICHEK/TEICHROEW/JONES [1966], S. 14 f., POGUE/BUSSARD [1972], S. 76 ff. sowie ROSENBERG [1976], Sp. 590 ff.

$$(4.2.2.24) \quad KV^E = B_T^{Ko+} + B_T^{Lo} + B_T^{Ak} + B_T^{So} + B_T^{KS} + B_T^{OR} + KV_T ,$$

wobei

$$(4.2.2.25) \quad B_T^{OR} = \sum_{l=1}^{L} \sum_{t^o=t_l^*}^{T} RB_{lt^o} .$$

Somit sind die beiden Größen UV^E und KV^E im Modell als Variablen zu betrachten, deren Höhen zum Zeitpunkt der Datengenerierung indeterminiert sind. Durch eine systematische Variation dieser Ausdrücke ist der Entscheidungsträger im Rahmen des interaktiven Lösungsverfahrens auch bezüglich dieser Größen in der Lage, Auswirkungen alternativer Höhen der geplanten Endbestände auf die anderen im Modell erfaßten Zielgrößen zu erkennen. Unterstellt man weiter, daß der Entscheidungsträger tendenziell mit einem hohen Umlaufvermögen und einem niedrigen Bestand an kurzfristigen Verbindlichkeiten das Ende des Planungszeitraums erreichen will, so ist zu fordern:

$$(4.2.2.26) \quad \max \; UV^E ,$$

$$(4.2.2.27) \quad \min \; KV^E .$$

4.2.3. Der Finanzerfolg

Wie BÖHLER/GEHRING/GLASER gezeigt haben,[1] verwenden zur Entscheidungshilfe konzipierte Modelle der kurzfristigen Finanzplanung in der Regel eine Zielgröße, die sich einem der nachfolgenden Vorschläge zuordnen läßt.

(1) Die im Planungszeitraum sich aus dem Einsatz der finanzwirtschaftlichen In-

1. Vgl. BÖHLER/GEHRING/GLASER [1979], S. 42 f.

strumente ergebenden Finanzerträge und Finanzierungskosten werden saldiert und als Zielgröße betrachtet.[1]

(2) Die im Planungszeitraum sich aus dem Einsatz der finanzwirtschaftlichen Instrumente ergebenden Barwerte der Finanzerträge und Finanzierungskosten werden saldiert und als Zielgröße betrachtet.[2]

(3) Die am Ende des Planungszeitraums sich aus dem Einsatz der finanzwirtschaftlichen Instrumente ergebende Summe aller Einzahlungen abzüglich der Summe aller Auszahlungen wird als Zielgröße betrachtet.[3]

(4) Die im Planungszeitraum sich aus dem Einsatz der finanzwirtschaftlichen Instrumente ergebenden Finanzerträge und Finanzierungskosten werden saldiert und zuzüglich den am Ende des Planungszeitraums vorhandenen bewerteten Beständen an kurzfristigen Forderungen und Verbindlichkeiten als Zielgröße betrachtet.[4][5]

---

1. Vgl. u.a. STEINMANN [1968], S. 270 f., MAO [1969], S. 538 f., CALMAN [1970], S. 24 f., ORGLER [1970], S. 80 f., SPÄTH/GUTGESELL/GRÜN [1972], S. B195 f., SRINIVASAN [1974], S. 1353, DEPPE [1975], S. 61 f. sowie DENK [1978], S. 356 ff.
2. Vgl. KISTNER [1975], S. 627 f.
3. Vgl. BÜHLER/GEHRING/GLASER [1979], S. 43 ff.
4. Vgl. ROBICHEK/TEICHROEW/JONES [1966], S. 14 f., POGUE/BUSSARD [1972], S. 87 und ROSENBERG [1976], Sp. 590 ff.
5. Als Zielgröße verwenden COHON/HAMMER den um die Endbestände korrigierten Barwert aus Vorschlag (2); vgl. COHON/HAMMER [1967], S. 161 f.

Unabhängig davon, mit welcher Zielfunktion entsprechend den Vorschlägen (1), (2) oder (3) ein Modellansatz versehen wird, stimmen die jeweiligen optimalen Lösungen überein.[1] Prinzipielle Unterschiede bestehen demnach hinsichtlich dieser vier, in der Literatur vorgeschlagenen Varianten lediglich zwischen den ersten drei Vorschlägen und der vierten Vorgehensweise. Während in der Regel bei den ersten drei Vorschlägen versucht wird, die Schwierigkeiten der Berücksichtigung zeitlich vertikaler Interdependenzen, die aus der künstlich herbeigeführten zeitlich vertikalen Isolation des vorliegenden Partialmodells vom übergreifenden Totalmodell resultieren, in Form von Endbestandsforderungen zu bewältigen, beschreitet die vierte Vorgehensweise den Weg, die zeitlich vertikalen Interdependenzen über die Bewertung von Endbeständen in der Zielfunktion des Modells zu erfassen.

Im vorliegenden Modell werden beide Wege kombiniert. Auf der einen Seite werden der Bestand des Umlaufvermögens sowie der Bestand an kurzfristigen Verbindlichkeiten am Ende des Planungszeitraums durch den Entscheidungsträger im Rahmen eines interaktiven Lösungsverfahrens in ihrer gesamten Höhe ohne einen explizit erfolgenden Bewertungsvorgang bestimmt. Auf der anderen Seite ist es notwendig, die Struktur dieser Endbestände, die bisher indeterminiert ist, an dem hier darzustellenden erfolgswirtschaftlichen Kriterium auszurichten. Aus diesem Grunde ist auch im vorliegenden Modell eine Bewertung aufzubauender Endbestände der einzelnen finanzwirtschaftlichen Grössen und deren Berücksichtigung in der erfolgswirtschaftlichen Zielfunktion erforderlich. Dieser Bewertung kommt demnach allein die Aufgabe zu, die Zusammensetzung der durch den Entscheidungsträger gewünschten gesamten Bestandshöhe des Umlaufvermögnes bzw. der kurz-

1. Die Äquivalenz der Vorschläge (1) und (2) zeigen u.a. LAUX/FRANKE [1969], S. 54; auf die zwischen den Formulierungen (1), (2) und (3) bestehende verweisen BÜHLER/GEHRING/GLASER [1979], S. 43. Vgl. auch die Arbeit von BITZ [1976], S. 485 ff., der Beziehungen dieser drei Zielgrößen zu weiteren Zielgrößen aufzeigt.

fristigen Verbindlichkeiten festzulegen.[1] Den weiteren Ausführungen liegt die Frage zugrunde, welche inner- und außerbetrieblichen Erfolgskomponenten in die erfolgswirtschaftliche Zielgröße des Finanzbereichs eingehen.

Damit die betrachtete Unternehmung überhaupt den Einsatz ihr zur Verfügung stehender finanzwirtschaftlicher Instrumente vornehmen kann, müssen notwendigerweise Organisationselemente vorhanden sein, die mit der Abwicklung der entsprechenden Aufgaben betraut sind. Die charakteristischen Merkmale der unterstellten Planungssituation in diesem Zusammenhang sind in den folgenden zwei Punkten zu sehen:

(1) Verschiedene finanzwirtschaftliche Instrumente, die der Zahlungsmittelbeschaffung und -verwendung dienen, sind einzusetzen.

(2) Es erfolgt eine zentrale Finanzplanung; die Kapazität der zuständigen organisatorischen Einheit wird als gegeben und im Planungszeitraum als nicht veränderbar unterstellt. Bei Unterbeschäftigung ist eine andere Verwendung der freien Kapazitäten nicht möglich.

Ohne an dieser Stelle erneut die Diskussion um das Vorhandensein relevanter innerbetrieblicher, aus der Planungstätigkeit erwachsender Kostenbestandteile aufzunehmen,[2] wird im weiteren davon ausgegangen, daß lediglich Kosten in einer vernachlässigbaren Höhe existie-

---

1. Demgegenüber wird in den Modellen von ROBICHEK/TEICHROEW/JONES [1966], POGUE/BUSSARD [1972] und ROSENBERG [1976] neben der Zusammensetzung auch die Gesamthöhe aus allen Endbestandsgrößen durch den Bewertungsvorgang determiniert. Ob der Entscheidungsträger sich bei dieser notwendigen Bewertung mit den daraus resultierenden Konsequenzen auf die Modellösung bewußt ist, bleibt zumindest fraglich; vgl. auch BÜHLER/GEHRING/GLASER [1979], S. 39.

2. Vgl. hierzu Kap. 4.1.3. der vorliegenden Arbeit.

ren, die mit dem Einsatz der im Modell erfaßten finanzwirtschaftlichen Instrumente variieren.[1] Demnach kann im Modell auf eine Berücksichtigung innerbetrieblicher Erfolgskomponenten verzichtet werden.[2]

Als außerbetriebliche Erfolgsbestandteile sind die aus dem Einsatz der zur Verfügung stehenden finanzwirtschaftlichen Instrumente erwachsenden Erträge und Kosten zu erfassen.

Kontokorrentkredite und -guthaben sind als einperiodige Aufnahme- bzw. Anlagemöglichkeiten in das Modell eingeführt worden. Die während des gesamten Planungszeitraums in Verbindung mit der Kontokorrentplanung verursachten Zinskosten und -erträge werden in der Grösse KK^Z erfaßt und gehen in dieser Höhe in die zu formulierende Zielfunktion ein:

$$(4.2.3.0) \quad KK^Z = \sum_{k=1}^{K} \sum_{t=1}^{T} (f_{kt}^{Ko-} w_{kt}^{Ko-} - f_{kt}^{Ko+} w_{kt}^{Ko+} - f_{kt}^{Ko+'} w_{kt}^{Ko+'})$$

Demnach werden auch die Kontokorrenttransaktionen in die Zielfunktion aufgenommen, deren Erträge bzw. Kosten im Planungszeitraum zwar verursacht worden sind, aber noch nicht zu entsprechenden Zinszahlungen geführt haben.

Die während des Planungszeitraums aufgenommenen Diskontkredite werden in der Zielfunktion mit ihren jeweiligen Diskontabschlägen bewertet. Hingegen sind Diskontkredite, deren Laufzeit über den Planungszeitraum hinausreicht, lediglich mit der anteiligen Bewertung

1. Vgl. hierzu die als proportional zur Beschäftigung ausgewiesenen Kostenbeträge in den Kostenstellen Finanzbuchhaltung und EDV in der von KILGER exemplarisch durchgeführten Kostenplanung; vgl. KILGER [1981 b], S. 503 ff. Nach Zuordnung der Personal- und kalkulatorischen Personalnebenkosten zu den nicht entscheidungsrelevanten Kosten gelangt man zu einem als entscheidungsrelevant einzustufenden Kostenanteil von ungefähr 1% an der gesamten Plankostensumme der beiden Kostenstellen.

2. Ein anderer Weg wird von STRAUB [1974], S. 65 ff. vorgeschlagen.

in der Zielfunktion zu erfassen, die dem Planungszeitraum zuzurechnen ist. Im weiteren kennzeichnet f^{WBo}_{kcrt} den in der Zielfunktion zu erfassenden Diskontabschlag pro Einheit eines in Periode t durch die Diskontierung eines bundesbankfähigen Wechsels vom Typ cr beim Kreditinstitut k aufgenommenen Diskontkredits (r+c>T+1); für die Diskontierung nicht bundesbankfähiger Wechsel erhält man mit der analogen Interpretation den Koeffizienten f^{WNo}_{kcrt}. Die Variable DK^Z bringt den Betrag zum Ausdruck, der der Unternehmung aus der Wechseldiskontierung an Kosten entsteht und somit in der Zielfunktion zu berücksichtigen ist.

$$(4.2.3.1) \quad DK^Z = \sum_{k=1}^{K} \{ \sum_{c\in I^L_{WB(k)}} [\sum_{r=-c+1}^{T-c+1} (\sum_{t=\max\{1,r\}}^{r+c-c^{WB}_k} f^{WB}_{kcrt}\, w^{WB}_{kcrt}$$

$$+ \sum_{t=\max\{1,r+c-c^{WB}_k+1\}}^{r+c-1} f^{WN}_{kcrt}\, w^{WB}_{kcrt})$$

$$+ \sum_{r=T-c+2}^{T} \sum_{t=\max\{1,r\}}^{\min\{T,r+c-c^{WB}_k\}} f^{WBo}_{kcrt}\, w^{WB}_{kcrt}]$$

$$+ \sum_{r=T-c+2}^{T-c^{WB}_k} \sum_{t=\max\{1,r+c-c^{WB}_k+1\}}^{\min\{T,r+c-1\}} f^{WNo}_{kcrt}\, w^{WB}_{kcrt}$$

$$+ \sum_{c\in I^L_{WN}} [\sum_{r=-c+1}^{T-c+1} \sum_{t=\max\{1,r\}}^{r+c-1} f^{WN}_{kcrt}\, w^{WN}_{kcrt}$$

$$+ \sum_{r=T-c+2}^{T} \sum_{t=\max\{1,r\}}^{T} f^{WNo}_{kcrt}\, w^{WN}_{kcrt}]\} .$$

Im Planungszeitraum aufgenommene Lombard- und Akzeptkredite gehen mit ihren jeweils verursachten Zinsen bzw. Provisionen bewertet in die Zielfunktion ein, sofern sie im Planungszeitraum fällig werden.

Sind die entsprechenden Kredite erst nach dem Planungszeitraum fällig, begrenzt sich die Bewertung auch hier wiederum auf den dem Planungszeitraum zurechenbaren Teil. So kennzeichnet f^{Loo}_{kct} den dem Planungszeitraum zurechenbaren Teil der pro Einheit anfallenden Zinsen eines in Periode t beim Kreditinstitut k mit einer Laufzeit von c Perioden aufgenommenen Lombardkredits (t+c>T+1). Die in Verbindung mit der Lombardkreditinanspruchnahme anfallenden und in der Zielfunktion zu erfassenden Zinsen belaufen sich auf LK^Z.

$$(4.2.3.2) \quad LK^Z = \sum_{k=1}^{K} \sum_{c \in I^L_{Lo(k)}} \Big(\sum_{T=1}^{T-c+1} f^{Lo}_{kct} w^{Lo}_{kct} + \sum_{t=T-c+2}^{T} f^{Loo}_{kct} w^{Lo}_{kct} \Big) .$$

Bei Akzeptkrediten drückt pr^{Ako}_{kct} die pro Einheit anfallende Gebühr des in Periode t beim Kreditinstitut k mit einer Laufzeit von c Perioden aufgenommenen Akzeptkredits aus, die dem Planungszeitraum zuzurechnen ist. Die aus der Akzeptkreditinanspruchnahme erwachsenden Zinsen und in der Zielfunktion zu berücksichtigenden Kosten betragen AK^Z:

$$(4.2.3.3) \quad AK^Z = \sum_{k=1}^{K} \sum_{c \in I^L_{Ak(k)}} \Big[\sum_{t=1}^{T-c+1} (pr^{Ak}_{kct} w^{Ak}_{kct} + f^{WB}_{kct} w^{Ak+}_{kct}) + \sum_{t=T-c+2}^{T} (pr^{Ako}_{kct} w^{Ak}_{kct} + f^{WBo}_{kct} w^{Ak+}_{kct}) \Big] .$$

In Analogie hierzu werden die Kosten in Verbindung mit der Inumlaufsetzung von Solawechseln erfaßt, wobei st^{Soo}_{ct} den Teil der Kosten pro Einheit der Wechselsumme wiedergibt, der bei einer Wechselausstellung in Periode t mit einer geplanten Laufzeit von c Perioden dem Planungszeitraum angelastet wird (t+c>T+1).

$$(4.2.3.4) \quad SO^Z = \sum_{c \in I^L_{So}} \left(\sum_{t=1}^{T-c+1} st^{So} \, w^{So}_{ct} + \sum_{t=T-c+2}^{T} st^{Soo}_{ct} \, w^{So}_{ct} \right) .$$

Darüber hinaus sind die sonstigen Kredite mit ihren Erfolgswirkungen in der zu formulierenden erfolgswirtschaftlichen Zielfunktion des Finanzbereichs zu berücksichtigen. Über die Laufzeit zu verteilen und demnach anteilig in der Zielfunktion zu erfassen erweist sich das bei der Kreditaufnahme anfallende Disagio. Die Größen g^{K1o}_{qct} und g^{K2o}_{qct} kennzeichnen - differenziert nach nicht vorzeitig und vorzeitig tilgbaren Krediten - die dem Planungszeitraum zurechenbaren Anteile des mit der Kreditaufnahme bei der kreditgewährenden Quelle q in Periode t verbundenen Disagios pro Einheit, wobei die Laufzeit des Kredits c Perioden beträgt ($t+c>T+1$). Als in die Zielfunktion aufzunehmende Kreditkosten erhält man die Größe KS^Z, die sich wie folgt ermitteln läßt:

$$(4.2.3.5) \quad KS^Z = \sum_{q=1}^{Q} \Big\{ \sum_{c \in I^L_{K1(q)}} \Big[\sum_{t=1}^{T-c+1} g^{K1}_{qct} \, w^{K1+}_{qct} + \sum_{t=T-c+2}^{T} g^{K1o}_{qct} \, w^{K1+}_{qct} \Big]$$

$$+ \sum_{t=1}^{T} \tilde{c} \, f^{K1}_{qct} \, w^{K1+}_{qct}$$

$$+ \sum_{c \in I^L_{K2(q)}} \Big[\sum_{t=1}^{T-c+1} g^{K2}_{qct} \, w^{K2+}_{qct} + \sum_{t=T-c+2}^{T} g^{K2o}_{qct} \, w^{K2+}_{qct}$$

$$+ \sum_{t=1}^{T} \sum_{r=t-c+1}^{t} f^{K2}_{qcr} \Big(w^{K2+}_{qcr} - \sum_{s=r+1}^{t} w^{K2-}_{qcrs} \Big) \Big] \Big\} ,$$

wobei

$$(4.2.3.6)^* \quad \tilde{c} := \begin{cases} c & \text{für} \quad t \leqq T-c+1 \\ T-t+1 & \text{für} \quad t > T-c+1 . \end{cases}$$

Im Planungszeitraum vorgenommene, vorzeitig nicht auflösbare Festgeldanlagen werden mit ihren Zinsen bewertet in die Zielfunktion aufgenommen. Die Bewertung der am Ende des Planungszeitraums vorhandenen Festgeldanlagen hingegen erfolgt lediglich in der dem Planungszeitraum zurechenbaren Höhe; hierzu werden die Größen f^{FGo}_{kct} eingeführt, die den Anteil des pro Einheit erzielbaren Zins der in Periode t beim Kreditinstitut k mit einer Laufzeit von c Perioden getätigten, vorzeitig nicht auflösbaren Festgeldanlage wiedergeben, der aufgrund der bis zur Periode T einschließlich vergangenen Laufzeit dem Planungszeitraum zugerechnet wird ($t+c>T+1$). Anders hingegen wird die Bewertung von vorzeitig auflösbaren Festgeldanlagen in der Zielfunktion gehandhabt. Als Bewertungsmaßstab fungieren hier die bei der Auflösung der Festgeldanlagen anfallenden Zinsen. Bestände am Ende des Planungszeitraums werden mit den bei der Auflösung in Periode T+1 erzielbaren Zins in der Zielfunktion berücksichtigt. Die aus Finanzanlagen dieser Form resultierenden Erträge werden in der Größe FG^Z aggregiert.

$$(4.2.3.7)\quad FG^Z = \sum_{k\in I_{FG}^{Kr-}} \sum_{c\in I^L_{FG(k)}} \Big[\sum_{t=1}^{T-c+1} f^{FG}_{kct} w^{FG-}_{kct} + \sum_{t=T-c+2}^{T} f^{FGo}_{kct} w^{FG-}_{kct} \Big]$$

$$+ \sum_{k\in I_{FG}^{Kr+}} \sum_{c\in I^L_{FG(k)}} \Big[\sum_{t=1}^{T} \sum_{s=t-c}^{t-1} f^{FG}_{kcst}\, w^{FG+}_{kcst}$$

$$+ f^{FG}_{kcTT+1} w^{FG-}_{kcT} + \sum_{s=T-c+2}^{T-1} f^{FG}_{kcsT+1} \big(w^{FG-}_{kcs} - \sum_{r=s+1}^{T} w^{FG+}_{kcrs} \big) \Big] .$$

Wertpapiertransaktionen gehen mit ihren realisierten Kursen in die Zielfunktion ein, hinzu treten die erhaltenen Zins- und Dividendenzahlungen. Besondere Annahmen sind wiederum für die Bestände am Ende des Planungszeitraums zu treffen. Sowohl die Bestände der mit einem Fälligkeitstermin versehenen Wertpapiere als auch die ohne einen solchen werden demnach mit den in der Periode T+1 erwarteten korrigierten Kursen bewertet, in denen die bis zu dieser Periode angelaufenen Stückzinsen bzw. Dividenden enthalten sind. In die Zielfunktion geht somit der durch die Wertpapiertransaktionen erzielbare Erfolgsbestandteil WP^Z ein.

$$(4.2.3.8) \quad WP^Z = \sum_{g\in I_{VF}^{FA}} \sum_{t=1}^{T} \sum_{s\geqq t, s\in I_g^{Fä}} (p_{gst}^{ko+} v_{gst}^{+} - p_{gst}^{ko-} v_{gst}^{-})$$

$$+ \sum_{g\in I_{KF}^{FA}} \sum_{t=1}^{T} (p_{gt}^{ko+} v_{gt}^{+} - p_{gt}^{ko-} v_{gt}^{-})$$

$$+ \sum_{t=1}^{T} \{ \sum_{g\in I_{Z(t)}^{FA}} f_{gst} [v_{gs0} + \sum_{r=1}^{t} (v_{gsr}^{-} - v_{gsr}^{+})]$$

$$+ \sum_{g\in I_{D(t)}^{FA}} f_{gt} [v_{g0} + \sum_{r=1}^{t} (v_{gr}^{-} - v_{gr}^{+})]\}$$

$$+ \sum_{g\in I_{VF}^{FA}} \sum_{s>T, s\in I_g^{Fä}} p_{gsT+1}^{ko+} [v_{gs0} + \sum_{r=1}^{T} (v_{gsr}^{-} - v_{gsr}^{+})]$$

$$+ \sum_{g\in I_{KF}^{FA}} p_{gT+1}^{ko+} [v_{g0} + \sum_{r=1}^{T} (v_{gr}^{-} - v_{gr}^{+})] \quad .$$

Schließlich sind in der Zielfunktion die in Verbindung mit vorgenommenen Rechnungstilgungen anfallenden Erfolgs- und Kostenkomponenten zu berücksichtigen. Für Rechnungsbeträge, deren Begleichung innerhalb des Planungszeitraums laut Zahlungsbedingungen notwendig ist, sind die im Planungszeitraum erwirtschafteten Skontoerträge und die aus dem Einsatz der einzelnen speziellen Instrumente der Rechnungsbegleichung resultierenden Kosten als Erfolgsbestandteile in der Zielfunktion zu erfassen. Bewertungs- und Zurechnungsprobleme entstehen lediglich für Rechnungsbeträge, deren vollständige Begleichung erst nach dem Ende des Planungszeitraums erfolgen muß. Der

Koeffizient $sk^{o}_{lt^{o}t}$ bringt den dem Planungszeitraum zurechenbaren Skontoertrag zum Ausdruck,der für eine in Periode t überwiesene Einheit zur Rechnungsbegleichung einer in Periode t^{o} vom Lieferanten l erhaltenen Rechnung erzielt wird. Analoge Interpretationen erfahren die Koeffizienten, die in Verbindung mit den anderen Instrumenten der Rechnungsbegleichung stehen. Als einen im Planungszeitraum entstandenen Erfolgsbeitrag RT^{Z} zur Zielfunktion, der aus der Art und Weise der Rechnungsbegleichung resultiert, erhält man demnach:

(4.2.3.9)

$$RT^{Z} = \sum_{l\in I^{Li}_{R-}} \sum_{t^{o}=t^{*}_{l}}^{T-1} \{ \sum_{t\in I^{Pe'}_{l(t^{o})}} sk_{lt^{o}t}\, \text{ü}w_{lt^{o}t} + \sum_{t\in I^{Pe*}_{l(t^{o})}} sk^{o}_{lt^{o}t}\, \text{ü}w_{lt^{o}t} \}$$

$$+ \sum_{l\in I^{Li}_{R+}} \sum_{t^{o}=t^{*}_{l}}^{T-1} \{ \sum_{t\in I^{Pe'}_{l(t^{o})}} [sk_{lt^{o}t}\, \text{ü}w_{lt^{o}t}$$

$$+ \sum_{c\in I^{L}_{WB(l)}} \sum_{r=t-c+c_{l}}^{t} (sk^{WB}_{lt^{o}crt}-1)\, w^{WB}_{lt^{o}crt}$$

$$+ \sum_{c\in I^{L}_{WN(l)}} \sum_{r=t-c+c_{l}}^{t} (sk^{WN}_{lt^{o}crt}-1)\, w^{WN}_{lt^{o}crt}$$

$$+ \sum_{c\in I^{L}_{Ak(l)}} (sk^{Ak}_{lt^{o}ct}-1)\, w^{Ak}_{lt^{o}ct} + \sum_{c\in I^{L}_{So(l)}} (sk^{So}_{lt^{o}ct}-1)\, w^{So}_{lt^{o}ct}]$$

$$+ \sum_{t\in I^{Pe*}_{l(t^{o})}} [sk^{o}_{lt^{o}t}\, \text{ü}w_{lt^{o}t}$$

$$+ \sum_{c\in I^{L}_{WB(l)}} \sum_{r=t-c+c_{l}}^{t} (sk^{WBo}_{lt^{o}crt}-1)\, w^{WB}_{lt^{o}crt}$$

$$+ \sum_{c\in I^{L}_{WN(l)}} \sum_{r=t-c+c_{l}}^{t} (sk^{WNo}_{lt^{o}crt}-1)\, w^{WN}_{lt^{o}crt}$$

$$+ \sum_{c \in I^L_{Ak(l)}} (sk^{Ak\delta}_{lt ct} - 1)\, w^{Ak}_{lt}{}^{o}_{ct} + \sum_{c \in I^L_{So(l)}} (sk^{So\delta}_{lt ct} - 1)\, w^{So}_{lt}{}^{o}_{ct} \}\}.$$

Damit sind die Einzelkomponenten der erfolgswirtschaftlichen Zielgröße des Finanzbereichs zusammengestellt. Im weiteren wird davon ausgegangen, daß der Entscheidungsträger bestrebt ist, ein Maximum der sich aus diesen Einzelkomponenten additiv zusammensetzenden Zielfunktion FE zu erhalten; demnach ist zu fordern:

$$(4.2.3.10) \quad \max\ FE = KK^Z - DK^Z - LK^Z - AK^Z - SO^Z - KS^Z + FG^Z + WP^Z + RT^Z .$$

Das der kurzfristigen Material- und Finanzplanung vorgegebene Zielsystem ist unter Vernachlässigung der vollständigen Berücksichtigung der zugehörigen Artenpräferenzrelation in Tabelle 6 zusammengefaßt:

Zielfunktion	Zielvorschrift	Zielinhalt
r^{BS}	min	Minimierung der maximal geplanten relativen Unterdeckung eines Lagermindestbestandes einer Materialart vom vorgegebenen Idealbestand im Planungszeitraum (PZR)
r^{Ma}	min	Minimierung der maximal geplanten relativen Unterdeckung eines Lagerbestandes einer Materialart vom vorgegebenen Idealbestand am Ende des PZR
MK	min	Minimierung der Materialkosten im PZR
LR	max	Maximierung der im PZR minimal geplanten Liquiditätsreserve
CR	min	Minimierung der im PZR maximal geplanten Abweichung bei Einhaltung der Finanzierungsregel
UV^E	max	Maximierung des Umlaufvermögens am Ende des PZR
KV^E	min	Minimierung der kurzfristigen Verbindlichkeiten am Ende des PZR
FE	max	Maximierung des Finanzerfolges im PZR

Tabelle 6

C. INTERAKTIVE VERFAHREN ALS LÖSUNGSKONZEPT LINEARER VEKTORMAXIMUMPROBLEME

1. Einleitende Bemerkungen

Das in den vorherigen Kapiteln formulierte Entscheidungsmodell zur simultanen Material- und Finanzplanung besitzt die Struktur des Vektormaximumproblems

$$\text{(VMP)} \quad max \; \{ Cx \mid x \in X \} .$$

Hierbei beinhaltet die [K×N] Matrix C die Koeffizienten der K linearen Zielfunktionen und X die Menge der zur Verfügung stehenden, sich gegenseitig ausschließenden Alternativen $x \in \mathbb{R}^N$. Die Vorschrift *max* bringt in der obigen Aufgabenstellung die geforderte simultane Maximierung der individuellen Zielfunktionen über der Menge X zum Ausdruck.[1] Eine zentrale Bedeutung im Zusammenhang mit den verschiedenen Lösungskonzepten von (VMP) nimmt der Begriff der effizienten Alternative ein.[2]

<u>Definition 1:</u> Eine Alternative $x^* \in X$ heißt effizient bzgl. (VMP), falls keine Alternative $\bar{x} \in X$ existiert, für die $C\bar{x} \geq Cx^*$ gilt.[3]

---

1. Eine zu minimierende Zielfunktion läßt sich durch Multiplikation mit -1 in eine zu maximierende Zielfunktion transformieren.
2. Vgl. zu dieser Definition u.a. CHARNES/COOPER [1961], S. 321 und DINKELBACH [1971], S. 3 f.
3. Es seien a und b zwei beliebige Vektoren des $\mathbb{R}^N$ mit $a = (a_1,\ldots,a_N)^T$ und $b = (b_1,\ldots,b_N)^T$; es finden folgende Ordnungsrelationen Verwendung:

   - $a \geqq b$ falls $a_n - b_n \geqq 0$ $(n=1(1)N)$,
   - $a \geq b$ falls $a_n - b_n \geqq 0$ $(n=1(1)N)$ und $a_{n'} - b_{n'} > 0$ $(n' \in \{1,\ldots,N\})$,
   - $a > b$ falls $a_n - b_n > 0$ $(n=1(1)N)$.

In Fällen, in denen die Menge der vollständigen Lösung X^* eines Vektormaximumproblems - definiert als die Menge aller effizienten Alternativen - einelementig ist, entfällt das in dem Vorhandensein von Zielkonflikten zu sehende Charakteristikum der obigen Aufgabenstellung. Durch die Generierung dieser perfekten Alternative, mit der jede individuelle Zielfunktion unter Beachtung der zur Verfügung stehenden Alternativen ihren maximalen Wert annimmt, ist das Entscheidungsproblem für den Entscheidungsträger gelöst. Existieren hingegen bzgl. (VMP) mehrere effiziente Alternativen, so stellt sich die Frage nach einem für die Entscheidungsfindung heranzuziehenden Lösungskonzept, das einen Entscheidungsträger bei der Ermittlung einer von ihm präferierten Alternative aus der Menge der zulässigen Alternativen X unterstützt.

Ein derartiges Lösungskonzept besteht in der Bestimmung der vollständigen Lösung X^* von (VMP). Mit der Vorlage dieser in der Regel nicht einelementigen Menge ist das Entscheidungsproblem für den Entscheidungsträger hingegen nicht gelöst. Denn für ihn bleibt die Frage, welche Alternative nun letztlich seinen Präferenzen am besten entspricht, nach wie vor unbeantwortet. Für den Entscheidungsträger hat durch die Kenntnis der vollständigen Lösung lediglich insofern eine Reduktion des obigen Entscheidungsproblems stattgefunden, als er nach der Vorlage der Menge X^* weiß, daß die von ihm präferierte Alternative aus dieser Menge stammen wird. Beinhaltet jedoch die Menge X^* eine für den Entscheidungsträger unüberschaubar große Anzahl von Elementen, so erscheint dieses Lösungskonzept der Bestimmung aller effizienten Alternativen bzgl. (VMP) für sich allein stehend als nicht ausreichend, dem Entscheidungsträger bei der Suche nach einer von ihm präferierten Alternative wirkungsvoll behilflich zu sein.

Ein anderer Weg zur Generierung einer vom Entscheidungsträger präferierten Alternative des Problems (VMP) wird beschritten, wenn mit den Daten des Entscheidungsmodells vor Beginn der Modellösung vom Entscheidungsträger die Angabe der bei ihm implizit vorhandenen Artenpräferenzrelation gefordert wird. Durch die Einbeziehung dieser zusätzlichen Information wird die Formulierung eines Kompromißprogramms mit nur einer Zielfunktion ermöglicht, das zumindest den beiden folgenden Anforderungen genügen muß:

(1) Einerseits muß wenigstens eine optimale Lösung eines derartigen Kompromißprogramms aus der Menge X^* des zugrundeliegenden Vektormaximumproblems stammen.

(2) Andererseits müssen die Zielfunktionswerte der einzelnen vom Entscheidungsträger verfolgten Zielfunktionen - resultierend aus der Alternative, die das gebildete Kompromißprogramm als optimale Alternative generiert - in Einklang stehen mit dem Präferenzsystem des Entscheidungsträgers.[1)]

Hemmend steht dieser Vorgehensweise in der Regel die Unfähigkeit des Entscheidungsträgers gegenüber, sein Präferenzsystem ohne zusätzliche Hilfestellung vollständig zu artikulieren. Darüber hinaus ist es aufgrund empirischer Befunde zumindest fraglich, ob aus den Angaben des Entscheidungsträgers über sein Präferenzsystem - z.B. in Form von Zielgewichten - ein Kompromißmodell generiert werden kann, dessen optimale Alternative der Anforderung (2) genügt.[2)] Somit kann auch dieser Weg - wiederum für sich isoliert betrachtet - nicht als geeignet angesehen werden, die Generierung einer vom Entscheidungsträger präferierten Alternative des zugrundeliegenden Vektormaximumproblems (VMP) zu gewährleisten.

---

1. Vgl. zu einer Klasse möglicher Kompromißprogramme DINKELBACH [1971], S. 5 ff.; siehe auch COHON [1978], S. 163 ff.

2. Vgl. hierzu u.a. STEUER/SCHULER [1978], S. 258.

Ein dritter und erfolgversprechenderer Weg gegenüber den oben kurz skizzierten Ansätzen ist in der Verwendung von interaktiven Verfahren bei der Ermittlung einer vom Entscheidungsträger präferierten Alternative des Problems (VMP) zu sehen. Das Charakteristikum einer derartigen Vorgehensweise ist im Gegensatz zu den Lösungskonzepten der Bestimmung der vollständigen Lösung bzw. des Ansatzes von Kompromißprogrammen darin zu sehen, daß auch während des Prozesses der Modellösung ein Wechselspiel von Informationsbereitstellung und Informationsverarbeitung zwischen Entscheidungsträger und Computer stattfindet. Bei der aus Abbildung 14 ersichtlichen und im wesentlichen allen interaktiven Verfahren zugrundeliegenden Vorgehensweise wird es dem Entscheidungsträger ermöglicht, auf der Grundlage einer bereitgestellten Information - hierbei kann es sich z.B. um eine (oder mehrere) Kompromißlösung(en) handeln - in einer Entscheidungsphase seine bisher unvollständig artikulierten Präferenzvorstellungen sukzessive zu vervollständigen bzw. zu korrigieren. Aufbauend auf diesen zusätzlichen bzw. revidierten Informationen werden im Rahmen eines Informationsverarbeitungsprozesses - dies kann durch einen Computer auf der Basis eines Algorithmus' geschehen - dem Entscheidungsträger wiederum neue Informationen bereitgestellt. Dieser sich wiederholende Interaktionsprozeß kann fortgesetzt werden, bis eine vom Entscheidungsträger präferierte Alternative gefunden wird bzw. dieser angibt, daß der Suchprozeß nach einer präferierten Alternative abgebrochen werden soll.[1)]

Die in den folgenden Kapiteln vorzustellenden interaktiven Verfahren unterscheiden sich nicht allein in ihrer jeweiligen Anwendbarkeit auf zugrundeliegende Modellstrukturen, sondern darüber hinaus durch den Inhalt der vom Rechner angebotenen Informationen und in den Anforderungen an die Informationen, die der Entscheidungsträger im

---

1. Eine zusammenfassende Darstellung ausgewählter interaktiver Verfahren findet man bei COHON [1978], S. 200 ff., HWANG/MASUD [1979], ISERMANN [1979], S. 12 ff., RIETVIELD [1980], S. 192 f. und WINKELS [1980], S. 560 ff.

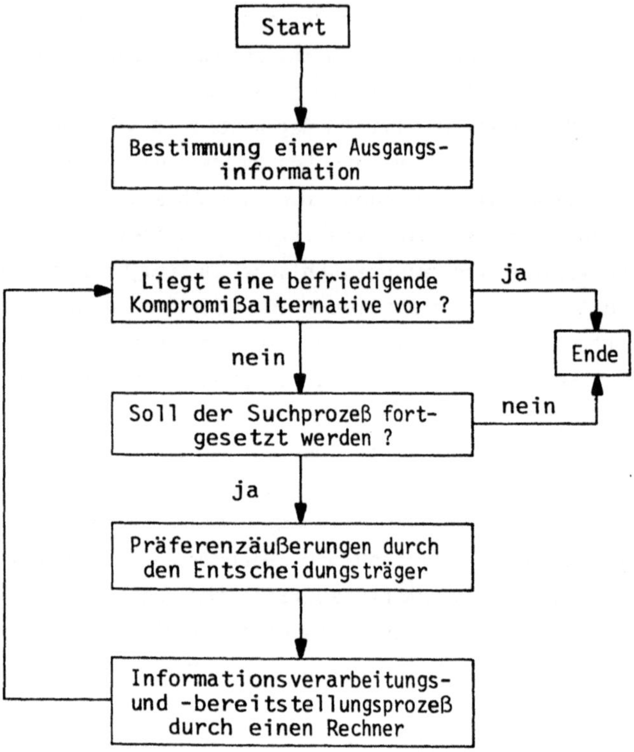

Abbildung 14[1)]

Rahmen der Interaktionsphase bereitzustellen hat. Gemeinsam ist hingegen diesen Verfahren, daß sie ohne eine bestimmte Annahme über die beim Entscheidungsträger implizit unterstellte Artenpräferenzrelation auskommen.[2)]

1. Vgl. DINKELBACH/ROSENBERG [1976], S. 830.

2. Zu diesen Differenzierungskriterien interaktiver Verfahren vgl. ISERMANN [1979], S. 12.

2. Ein interaktives Verfahren zur Lösung gemischt - ganzzahliger linearer Vektormaximumprobleme

2.1. Die Grundstruktur des Verfahrens

Erlaubt es der bei der Modellformulierung zugrundeliegende Sachverhalt nicht, auf Binärvariablen zu verzichten, dann handelt es sich bei dem daraus resultierenden Entscheidungsmodell um ein gemischt - ganzzahliges lineares Vektormaximumproblem, das wie folgt beschrieben werden kann:

$$\text{(GVMP)} \qquad \max \; \{ \, Cx \mid x \in \mathfrak{X} \, \}$$

$$\text{mit} \quad \mathfrak{X} := \left\{ x \in \mathbb{R}^N \;\middle|\; \begin{array}{l} \bar{A}x \leqq \bar{b} \\ x \geqq \underline{0} \\ x_i \in \{0,1\} \text{ für } i=1(1)L \\ \qquad\qquad \text{mit } 1 \leqq L < N \end{array} \right\}$$

Hierbei ist $\bar{A}$ eine [M×N] Matrix, $\bar{b} \in \mathbb{R}^M$ sowie $\underline{0} := (0,\ldots,0)^T \in \mathbb{R}^N$. Zerlegt man die Matrix C in

$$C := \begin{pmatrix} c_1 \\ \vdots \\ c_K \end{pmatrix}$$

mit $c_k^T \in \mathbb{R}^N$ (k=1(1)K), so gelangt man zu den individuellen Zielfunktionen $c_k x$ (k=1(1)K), von denen im weiteren angenommen wird, daß sie über dem Zulässigkeitsbereich $\mathfrak{X}$ beschränkt sind. Die nachfolgenden Ausführungen beschreiben eine an das STEM-Verfahren angelehnte interaktive Prozedur,[1] die einen Weg darstellt, den Entscheidungsträger bei der Generierung einer von ihm präferierten Alternative des Pro-

1. Zum STEM-Verfahren vgl. BENAYOUN/DE MONTGOLFIER/TERGNY/LARITCHEV [1971], S. 366 ff.

blems (GVMP) zu unterstützen.[1]

Folgt man der Abbildung 14, so ist zu Beginn der gesamten Prozedur eine Ausgangsinformation dem Entscheidungsträger bereitzustellen, die im Falle dieses Verfahrens in einer ersten Kompromißalternative x^{*1} zu sehen ist.[2] Im folgenden wird unterstellt, daß die (j-1)-te Kompromißalternative x^{*j-1} berechnet wurde ($j \geqq 2$).

Nach Berechnung der (j-1)-ten Kompromißalternative x^{*j-1} und der Bereitschaft zur Fortführung des Verfahrens werden vom Entscheidungsträger Präferenzäußerungen in der Gestalt verlangt, daß dieser angibt, bei welcher (welchen) Zielfunktion(en) Zielfunktionswertabschläge in welchem Ausmaß von den vorliegenden Zielfunktionswerten $c_k x^{*j-1}$ hingenommen werden, um hierdurch Zielfunktionswertverbesserungen bei anderen Zielfunktionen zu erreichen. In der Indexmenge I_A werden die Indizes der Zielfunktionen zusammengefaßt, für die der Entscheidungsträger Abschläge von den vorliegenden Zielfunktionswerten $c_k x^{*j-1}$ akzeptiert; $\tilde{\delta}_k$ kennzeichnet das Ausmaß des Zielfunktionswertabschlags der k-ten Zielfunktion ($k \in I_A$), das der Entscheidungsträger bereit ist hinzunehmen. Mit Hilfe dieser Angaben wird anschließend das gemischt - ganzzahlige lineare Programm

$$\text{(TA)} \quad \min \quad \left\{ \lambda \mid \begin{pmatrix} x \\ \lambda \end{pmatrix} \in \hat{X} \right\}$$

$$\text{mit } \hat{X} := \left\{ \begin{pmatrix} x \\ \lambda \end{pmatrix} \in \mathbb{R}^{N+1} \;\middle|\; \begin{array}{ll} x \in \mathfrak{X} & \\ c_k x + \lambda \geqq c_k \tilde{x}_k & (k \in \{1,\dots,K\} \setminus I_A) \\ c_k x \geqq c_k x^{*j-1} - \tilde{\delta}_k & (k \in I_A) \end{array} \right\}$$

gelöst und damit die Tschebyscheff - Approximation berechnet. Im Programm (TA) beinhaltet $c_k \tilde{x}_k$ das zuvor zu berechnende individuelle

---

1. Die folgenden Ausführungen beruhen auf der Verfahrensdarstellung von HUCKERT/RHODE/ROGLIN/WEBER [1980], S. 53 ff.

2. Geeignete Verfahren werden hierfür u.a. bei HWANG/MASUD [1979], S. 254 angeführt.

Optimum der k-ten Zielfunktion ($k \in \{1,...,K\}$) über dem Zulässigkeitsbereich $\tilde{\mathfrak{X}}$.

<u>Satz 1:</u>[1] Unter den zum optimalen Wert von λ^o führenden Lösungen von (TA) befindet sich mindestens eine auf die x-Komponenten eingeschränkte Lösung x*, die bzgl. (GVMP) effizient ist.

Ist demnach die auf die x-Komponenten eingeschränkte Lösung x^o optimal bzgl. (TA), so ist x^o nicht notwendigerweise effizient bzgl. (GVMP). Zur Ermittlung einer bzgl. (GVMP) effizienten Lösung ist das gemischt-ganzzahlige lineare Programm (TP) zu lösen, in dem $\underline{1} \in \mathbb{R}^K$ den Einsvektor darstellt.

$$\text{(TP)} \qquad \max \ \{ \ \underline{1}^T y \mid \begin{pmatrix} x \\ y \end{pmatrix} \in X^o \ \}$$

$$\text{mit} \quad X^o := \left\{ \begin{pmatrix} x \\ y \end{pmatrix} \in \mathbb{R}^{N+K} \;\middle|\; \begin{array}{c} x \in \tilde{\mathfrak{X}} \\ Cx - y = Cx^o \end{array} \right\}.$$

Mit der Bestimmung einer auf die x-Komponenten eingeschränkten optimalen Lösung x* bzgl. des Programms (TP) - die dann auch effizient bzgl. (GVMP) ist[2] - wird der als Informationsverarbeitungs- und -bereitstellungsprozeß des Computers gekennzeichnete Teil in Abbildung 14 abgeschlossen. Aufbauend auf dieser neuen Kompromißalternative kann sich der Entscheidungsträger wiederum dafür aussprechen, ob das gesamte Verfahren mit dieser Kompromißalternative abgebrochen oder der Suchprozeß in der skizzierten Art fortgeführt werden soll.

In Anbetracht der Tatsache, daß mit steigender Anzahl der im Problem (GVMP) vorhandenen Binärvariablen die Suche nach optimalen Lösungen der Probleme (TA) und (TP) sowie die Bestimmung der individuellen Optima der K Zielfunktionen über dem Zulässigkeitsbereich $\tilde{\mathfrak{X}}$

---

1. Vgl. DINKELBACH [1971], S. 10.
2. Vgl. CHARNES/COOPER [1961], S. 322.

einen unverhältnismäßig hohen Rechenaufwand erfordert, stellt sich die Frage nach einem weniger aufwendigen Lösungsverfahren zur Generierung einer durch den Entscheidungsträger präferierten Alternative des zugrundeliegenden Vektormaximumproblems (GVMP). Ein Kompromiß im Zielkonflikt - auf der einen Seite fordert man optimale Alternativen der jeweils zu lösenden gemischt - ganzzahligen linearen Unterprogramme, was auf der anderen Seite durch einen unverhältnismäßig hohen Rechenaufwand erkauft werden muß - kann in folgender heuristischen Version des vorgestellten interaktiven Verfahrens gesehen werden.[1)]

2.2. Eine heuristische Version

Bevor dem Entscheidungsträger eine Ausgangsinformation vorgelegt wird, erfolgt durch den Rechner eine Umwandlung des zugrundeliegenden Vektormaximumproblems (GVMP) in ein diskretes Vektormaximumproblem. Hierzu werden P Alternativen aus der Menge $\mathfrak{X}$ durch die Lösung der P (P>K) gemischt - ganzzahligen linearen Programme (EP) mit Hilfe eines heuristischen Verfahrens gewonnen und in der Menge $\mathfrak{X}_H$ zusammengefaßt.[2)]

$$(\text{EP}) \quad \max \quad \{ t_p^T Cx \mid x \in \mathfrak{X} \} \qquad \text{mit } t_p \in \mathbb{R}^K \ (p=1(1)P).$$

Die ersten K Vektoren t_p entsprechen dabei $t_1 = (1,0,\ldots,0)^T$, $t_2 = (0,1,\ldots,0)^T$, ... , $t_K = (0,0,\ldots,1)^T$, während die restlichen (P-K) Vektoren t_p die Forderung $t \geq \underline{0}$ erfüllen und aus Zufallszahlen gebildet werden können. Aus Gründen der Rechenersparnis gegenüber dem im vorherigen Abschnitt skizzierten interaktiven Verfahren gibt man demnach den Anspruch der Optimalität bei der Lösung der

---

1. Vgl. hierzu HUCKERT/RHODE/ROGLIN/WEBER [1980], S. 58 f.
2. Verweise über hierfür geeignete heuristische Verfahren sind u.a. den ausführlichen Bibliographien von KASTNING [1976], S. 333 ff. und HAUSMANN [1978], S. 220 ff. zu entnehmen.

gemischt - ganzzahligen linearen Programme auf und ist damit bereit, hinreichend gute Alternativen als Lösungen zu akzeptieren.[1)]

Aus der Menge $\mathfrak{X}_H$ werden in einem anschließenden Schritt die Alternativen eliminiert, die sich als nicht heuristisch effizient bzgl. des Problems (GVMP) erweisen.[2)]

Definition 2: Eine Alternative $x^* \in \mathfrak{X}_H$ heißt heuristisch effizient bzgl. (GVMP) und $\mathfrak{X}_H$, falls kein $\bar{x} \in \mathfrak{X}_H$ existiert, für das $C\bar{x} \geq Cx^*$ gilt.

Die verbleibenden Alternativen, die in der Menge $\mathfrak{X}_H^*$ zusammengefaßt werden, bilden die Grundlage für ein beliebiges auf diskreten Alternativenmengen aufbauendes interaktives Verfahren.[3)] Hierzu kann auch die im vorherigen Kapitel geschilderte Prozedur gerechnet werden, indem anstelle des Unterprogramms (TA) die diskrete Tschebyscheff-Approximation verwendet wird und auf die Lösung des Programms (TP) verzichtet wird, da aufgrund der Konstruktion der Menge $\mathfrak{X}_H^*$ die heuristische Effizienzeigenschaft der gefundenen Lösung gesichert ist. Der aufgezeigte Interaktionsprozeß zwischen Entscheidungsträger und Computer sowie die Art der bereitgestellten Information erfährt hingegen keine Veränderung. Das Charakteristikum eines derartigen, auf heuristischen Bestandteilen basierenden interaktiven Verfahrens ist darin zu sehen, daß eine aus den verbleibenden Alternativen der

---

1. Gelingt es nicht, mit Hilfe einer worst-case Analyse das maximal mögliche Abweichen einer durch ein heuristisches Verfahren generierten hinreichend guten Alternative zum wahren Optimum der zugrundeliegenden Optimierungsaufgabe zu bestimmen, so kann über die Qualität einer derartigen Alternative keine intersubjektiv nachprüfbare Aussage getroffen werden; auf das hohe Ausmaß eingehender Subjektivität bei diesen Fragen verweist nachdrücklich DINKELBACH [1980 a], S. 337 f.
2. Vgl. HUCKERT/RHODE/ROGLIN/WEBER [1980], S. 59.
3. Vgl. zu interaktiven Verfahren, die bei diskreten Alternativenmengen angewendet werden können, RIETVIELD [1980], S. 208 ff. und ZIONTS [1980], S. 389 ff. sowie die dort angegebene Literatur.

Menge $\tilde{X}_H^*$ gewonnenen Kompromißalternative x* sich im Hinblick auf die Definition 1 als ineffizient bzgl. (GVMP) erweisen kann. Diese Gefahr aber wird zugunsten eines geringeren Rechenaufwandes gegenüber einem exakten Verfahren in Kauf genommen.

3. Ein interaktives Verfahren zur Lösung eines linearen Vektormaximumproblems

3.1. Motivation

Ist es im Gegensatz zum Ausgangspunkt des vorherigen Kapitels möglich, das zugrundeliegende Sachproblem ohne Binärvariablen in das vorgestellte Entscheidungsmodell abzubilden, so erhält man ein lineares Vektormaximumproblem der Form

$$\text{(LVMP)} \qquad \mathit{max} \quad \{ Cx \mid x \in \bar{X} \}$$

$$\text{mit} \quad \bar{X} := \{ x \in \mathbb{R}^N \mid \bar{A}x \leqq \bar{b},\ x \geqq \underline{0} \} \ .$$

Prinzipiell ist es möglich, das im vorherigen Kapitel vorgestellte interaktive Verfahren auch für dieses aufgrund der fehlenden Binärvariablen gegenüber (GVMP) vereinfachte Vektormaximumproblem zur Ermittlung einer Kompromißalternative anzuwenden. Änderungen sind allein in den jeweils zu lösenden Unterprogrammen erforderlich. Aus den gemischt - ganzzahligen linearen Programmen resultieren gewöhnliche lineare Programme. Hingegen bleiben die im Interaktionsprozeß vom Computer bereitgestellten Informationen und die Anforderungen an die Informationen, die der Computer zum Fortgang des Verfahrens vom Entscheidungsträger benötigt, unverändert.

Gerade an diesem Punkt wird aber eine Schwäche des STEM-Verfahrens deutlich, da der Entscheidungsträger allein auf der Grundlage einer bereitgestellten Kompromißalternative entscheiden muß, bei welcher (welchen) Zielfunktion(en) er in welchem Ausmaß bereit ist, Zielfunktionswertabschläge hinzunehmen, um hierdurch Verbesserungen bei anderen Zielfunktionswerten der simultan verfolgten Zielfunktionen zu erhalten.

Beispiel 3.1.: Gegeben sei das lineare Vektormaximumproblem

$$(3.1)_B \quad \max \left\{ \begin{pmatrix} -x_1 + x_2 \\ x_1 + x_2 \\ x_1 \end{pmatrix} \middle| \begin{array}{r} x_2 \leqq 6 \\ 1/2x_1 + \quad x_2 \leqq 7 \\ x_1 + 1/2x_2 \leqq 8 \\ x_1 - \quad x_2 \leqq 5 \\ x_1, x_2 \geqq 0 \end{array} \right\}$$

Als effizient erweist sich der in Abbildung 15 stärker hervorgehobene Rand der zulässigen Alternativenmenge. Als erste, ebenfalls in Abbildung 15 kenntlich gemachte Kompromißalternative wird dem Entscheidungsträger $x^{*1} = (16/5, 27/5)^T$ mit den daraus resultierenden Zielfunktionswerten $Cx^{*1} = (11/5, 43/5, 16/5)^T$ unterbreitet.

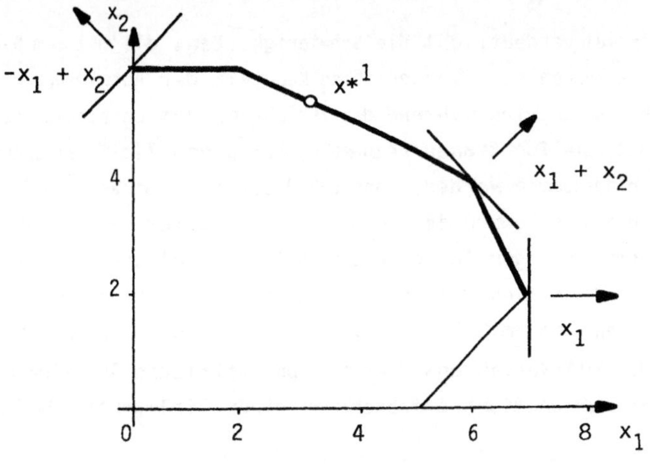

Abbildung 15

Dieser erklärt sich daraufhin z.B. bereit, bei der Zielfunktion k=2 einen Zielfunktionswertabschlag vom vorliegenden Zielfunktionswert

43/5 in Höhe von $\tilde{\delta}_2 = 1$ hinzunehmen, um hierdurch Zielfunktionswertverbesserungen bei einer (oder den beiden anderen) Zielfunktion(en) zu erhalten. Das daraufhin zu lösende Unterprogramm der Form (TA)

$$\min \left\{ \lambda \;\middle|\; \begin{array}{rcl} x_2 & \leq & 6 \\ 1/2x_1 + x_2 & \leq & 7 \\ x_1 + 1/2x_2 & \leq & 8 \\ x_1 - x_2 & \leq & 5 \\ -x_1 + x_2 + \lambda & \geq & 6 \\ x_1 + \lambda & \geq & 7 \\ x_1 + x_2 & \geq & 38/5 \\ x_1, x_2 & \geq & 0 \end{array} \right\}$$

liefert als optimale, auf die Entscheidungsvariablen des Ausgangsproblems $(3.1)_B$ eingeschränkte Lösung $x^{*2} = x^{*1} = (16/5, 27/5)^T$, die aufgrund ihrer Eindeutigkeit auch gleichzeitig die zweite effiziente Kompromißalternative darstellt.

Dieses Beispiel verdeutlicht die Schwierigkeiten, die mit dem STEM-Verfahren verbunden sein können: Ohne Kenntnis der Auswirkungen seiner Entscheidungen wird während des Verfahrens vom Entscheidungsträger verlangt, Zielfunktionen anzugeben, bei denen Zielfunktionswertabschläge hingenommen werden, ohne daß dabei eine Garantie dafür besteht, eine andere Kompromißalternative zu erhalten bzw. Zielfunktionswertverbesserungen in dem Ausmaß bei den Zielfunktionen zu erreichen, bei denen dies der Entscheidungsträger in Kenntnis der bisher gewonnenen Kompromißalternativen wünscht.[1)] Der Versuch, diese Schwäche des STEM-Verfahrens über eine parametrische Abwandlung des geforderten Zielfunktionswertabschlages einer Zielfunktion $k \in \{1, ..., K\}$

1. Eine andere Version des STEM-Verfahrens versucht dieser Schwäche zu begegnen, indem im Laufe des Verfahrens dem Entscheidungsträger die Möglichkeit eingeräumt wird, eine getroffene Entscheidung über Zielfunktionswertabschläge zu revidieren, falls die erhoffte Wirkung auf die anderen Zielfunktionswerte ausbleibt; vgl. ISERMANN [1979], S. 22 ff.

zu beheben und dem Entscheidungsträger Informationen über die Auswirkungen unterschiedlicher Abschläge auf die Zielfunktionswerte der anderen, von ihm simultan verfolgten Zielgrößen zu geben, führt bei Benutzung der Tschebyscheff-Approximation unter Umständen nicht zum gewünschten Erfolg.[1)]

Beispiel 3.2.: Gegeben sei das lineare Vektormaximumproblem $(3.1)_B$ mit der Kompromißalternative $x^{*3} = (6,4)^T$ sowie den zugehörigen Zielfunktionswerten $Cx^{*3} = (-2,10,6)^T$. Durch eine Senkung des Zielfunktionswertes der Zielfunktion k=2 kann - wie aus Abbildung 15 ersichtlich ist - entweder eine Erhöhung von $c_1x^{*3} = -2$ bei gleichzeitiger Verringerung von $c_3x^{*3} = 6$ oder eine Erhöhung von $c_3x^{*3} = 6$ bei einer gleichzeitigen Verringerung von $c_1x^{*3} = -2$ erreicht werden. Entschließt sich der Entscheidungsträger zu einer Senkung des Zielfunktionswertes der Zielfunktion k=2, so resultiert bei Ansatz einer parametrischen Abwandlung des Zielfunktionswertabschlages das folgende aus der Tschebyscheff-Approximation hervorgehende lineare Programm mit einem Parameter im Begrenzungsvektor:

$$\min \left\{ \lambda \;\middle|\; \begin{array}{rcl} x_2 & \leqq & 6 \\ 1/2x_1 + x_2 & \leqq & 7 \\ x_1 + 1/2x_2 & \leqq & 8 \\ x_1 - x_2 & \leqq & 5 \\ -x_1 + x_2 + \lambda & \geqq & 6 \\ x_1 + \lambda & \geqq & 7 \\ x_1 + x_2 & \geqq & 10 - \delta \\ x_1, x_2 & \geqq & 0 \end{array} \right\}, \quad \delta \geqq 0.$$

Die auf die x-Komponenten eingeschränkten parameterabhängigen Lösungen und die sich daraus ergebenden Zielfunktionswerte sind in Tabelle 7 wiedergegeben.

1. Vgl. zu diesem Vorschlag BENAYOUN/DE MONTGOLFIER/TERGNY/LARITCHEV [1971], S. 374 f. und HWANG/MASUD [1979], S. 181 f.

δ	$x_1(\delta)$	$x_2(\delta)$	$c_1x(\delta)$	$c_2x(\delta)$	$c_3x(\delta)$
$0 \leqq \delta \leqq 7/5$	$6 - 2\delta$	$4 + \delta$	$-2 + 3\delta$	$10 - \delta$	$6 - 2\delta$
$7/5 \leqq \delta$	16/5	27/5	7/5	43/5	16/5

Tabelle 7

Zweierlei zeigt dieses Beispiel:

(1) Durch die Hinnahme von Zielfunktionswertabschlägen bei der Zielfunktion k=2 werden aufgrund der Tschebyscheff-Approximation allein Kompromißalternativen generiert, die eine Erhöhung des Zielfunktionswertes der Zielfunktion k=1 bei gleichzeitiger Verringerung des Zielfunktionswertes der Zielfunktion k=3 verursachen. Die Information, daß Zielfunktionswertabschläge der Zielfunktion k=2 auch genau entgegengesetzte Wirkungen nach sich ziehen können, wird unterdrückt.

(2) Zielfunktionswertabschläge bei der Zielfunktion k=2 werden durch die Tschebyscheff-Approximation zur Generierung weiterer Kompromißalternativen nur bis zu der Grenze ausgenutzt, von der ab weitere Zielfunktionswertabschläge den optimalen Wert für λ nicht mehr verändern, auch wenn darüber hinaus die Möglichkeit besteht, weitere Kompromißalternativen zu gewinnen, indem eine Senkung des Zielfunktionswertes der Zielfunktion k=2 über den Wert von $\delta = 7/5$ hinaus vorgenommen wird.

Das im weiteren vorzustellende interaktive Verfahren versucht, die skizzierten Schwächen zu vermeiden, indem es auf den Ansatz von Kompromißprogrammen in zu lösenden Unterprogrammen verzichtet. Das Charakteristikum des Verfahrens ist darin zu sehen, dem Entscheidungsträger die aus der in Betracht gezogenen Veränderung eines Zielfunktionswertes resultierenden Auswirkungen auf die Werte der anderen, von ihm simultan verfolgten Zielgrößen quantitativ anzugeben. Durch diese Informationen wird es dem Entscheidungsträger ermöglicht, weitere Entscheidungen über das Ausmaß gewünschter Zielfunktionswertveränderungen einer Zielfunktion in Kenntnis bestehender Zielfunktionsinterdependenzen zu treffen und den sich anschließenden Suchprozeß nach präferierten Kompromißalternativen zielgerecht zu steuern.

3.2. Gesamtübersicht über das Verfahren

Aus der in Abbildung 16 gegebenen Übersicht ist die Struktur des gesamten Verfahrens zu entnehmen. Die wesentlichen Aspekte der Prozedur sind in folgenden Punkten zu sehen.

Nach der Berechnung einer ersten Kompromißalternative - im Rahmen der auch gleichzeitig festgestellt wird, ob das zugrundeliegende Problem (LVMP) überhaupt zulässige bzw. effiziente Alternativen besitzt - wird dem Entscheidungsträger mit der ersten Kompromißalternative x^{*1} der aus dieser resultierende Vektor der Zielfunktionswerte Cx^{*1} vorgelegt. Erscheint der ermittelte erste Kompromißvorschlag bereits akzeptabel, so kann das gesamte Verfahren bereits an dieser Stelle abgebrochen werden. Im weiteren wird angenommen, daß die (j-1)-te Kompromißalternative x^{*j-1} ($j \geqq 2$) bestimmt wurde.

Zur Generierung der j-ten Kompromißalternative x^{*j} werden dem Entscheidungsträger von der Verfahrensseite zwei unterschiedliche Vorgehensweisen angeboten:

(1) Zum einen kann der Suchprozeß nach effizienten Alternativen fortgeführt werden, indem der Entscheidungsträger eine Zielfunktion $\bar{k} \in \{1,...,K\}$ bestimmt, deren Zielfunktionswert ausgehend vom vorliegenden Wert $c_{\bar{k}}x^{*j-1}$ erhöht werden soll.

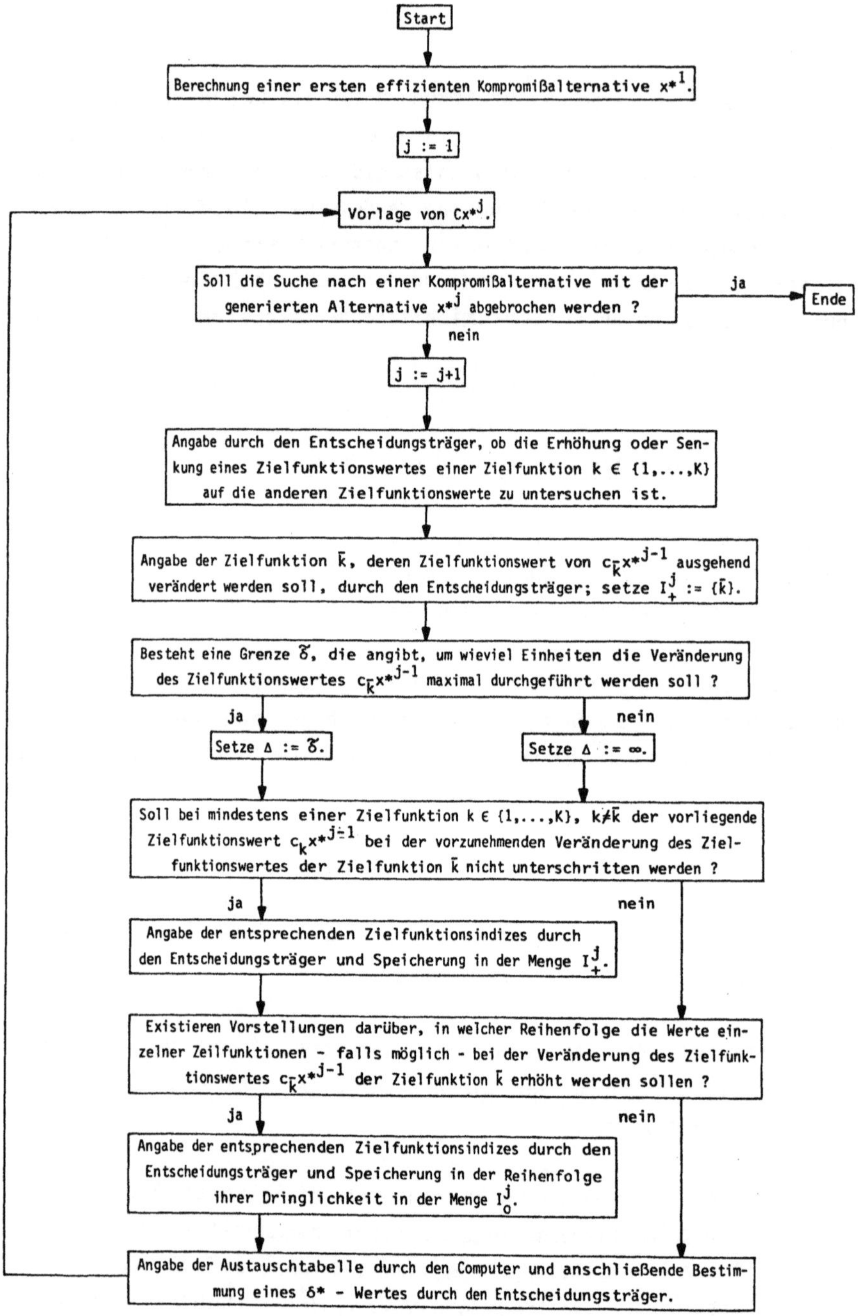

Abbildung 16

(2) Zum anderen kann der Suchprozeß nach effizienten Alternativen fortgeführt werden, indem der Entscheidungsträger eine Zielfunktion $\bar{k} \in \{1,...,K\}$ bestimmt, deren Zielfunktionswert ausgehend vom vorliegenden Wert $c_{\bar{k}}x^{*j-1}$ gesenkt werden soll, um hierdurch Zielfunktionswertverbesserungen bei gleichzeitg verfolgten Zielfunktionen zu erhalten.

In beiden Fällen kann der Entscheidungsträger einen Wert δ angeben, über den hinaus eine Veränderung des vorliegenden Zielfunktionswertes $c_{\bar{k}}x^{*j-1}$ nicht vorgenommen werden soll.

Entschließt sich der Entscheidungsträger für die erste Variante, so wird ihm gleichzeitig die Möglichkeit eröffnet, in der Indexmenge I_+^j neben dem Zielfunktionsindex $\bar{k}$ die Indizes der Zielfunktionen anzugeben, deren vorliegende Zielfunktionswerte $c_k x^{*j-1}$ bei der Suche nach weiteren Kompromißalternativen nicht unterschritten werden dürfen. Durch diese zusätzlichen Beschränkungen wird verhindert, daß im Rahmen des sich anschließenden Suchprozesses effiziente Alternativen generiert werden, mit deren zugehörigen Zielfunktionswerten der Entscheidungsträger sich von vornherein nicht einverstanden erklären wird. Eine weitere Einflußmöglichkeit auf den Prozeß der Generierung effizienter Kompromißalternativen wird dem Entscheidungsträger durch die Variante eröffnet, Zielfunktionsindizes in der Reihenfolge anzugeben, in der die zugehörigen Zielfunktionswerte bei der Erhöhung des Zielfunktionswertes der Zielfunktion $\bar{k}$ nach Möglichkeit mit erhöht werden sollen. Die entsprechenden Indizes werden in der angegebenen Reihenfolge in der Indexmenge I_0^j aufgenommen. Dahinter verbirgt sich von der Verfahrensseite die Oberlegung, bei mehreren zur Verfügung stehenden Möglichkeiten der Zielfunktionswerterhöhung der Zielfunktion $\bar{k}$ diejenige zu wählen, die am ehesten den Präferenzen des Entscheidungsträgers entspricht. Die aus diesen Informationen zu ermittelnde und dem Entscheidungsträger vorzulegende Austauschtabelle ist in Tabelle 8 in ihrem Aufbau wiedergegeben. Durch die Wahl eines δ^*- Wertes ($\delta^* \in [0,\delta^Z]$) bestimmt der Entscheidungsträger das Ausmaß der gewünschten Zielfunktionswerterhöhung der Zielfunktion $\bar{k}$ in Kenntnis der damit verbundenen Konsequenzen auf die Zielfunktionswertentwicklung der anderen simultan verfolgten Zielgrößen.

δ	$c_1x(\delta)$	...	$c_{\bar{k}}x(\delta)$	...	$c_Kx(\delta)$
$0 \leqq \delta \leqq \delta^1$	$c_1x^{*j-1} + \bar{d}_1^1\delta$	...	$c_{\bar{k}}x^{*j-1} + \delta$	...	$c_Kx^{*j-1} + \bar{d}_K^1\delta$
⋮	⋮		⋮		⋮
$\delta^{Z-1} \leqq \delta \leqq \delta^Z$	$c_1x^{*j-1} + \bar{d}_1^Z\delta$	...	$c_{\bar{k}}x^{*j-1} + \delta$	...	$c_Kx^{*j-1} + \bar{d}_K^Z\delta$

Tabelle 8

Entschließt sich der Entscheidungsträger nach Vorlage der aus δ^* resultierenden Kompromißalternative x^{*j} für die Fortführung des Verfahrens, so gelangt er wieder zu den beiden oben skizzierten Möglichkeiten der Zielfunktionswertveränderung einer beliebigen Zielfunktion $\bar{k} \in \{1,\ldots,K\}$. Die Variante einer systematischen Zielfunktionssenkung einer Zielfunktion $\bar{k}$ verläuft dabei in analogen Schritten wie der Fall der Zielfunktionswerterhöhung. Die Form der Austauschtabelle, die dem Entscheidungsträger vorgelegt wird, unterscheidet sich allein in der Spalte der $\bar{k}$-ten Zielfunktion; bei einer Zielfunktionssenkung der $\bar{k}$-ten Zielfunktion sind hier die entsprechenden δ-Werte zu subtrahieren.

Hervorzuheben ist an dieser Stelle, daß die Bestimmung der Indexmengen I_+^j und I_0^j sowie der Größe $\tilde{\delta}$ zur Ermittlung der j-ten Austauschtabelle keine notwendige Voraussetzung ist. Vielmehr werden dem Entscheidungsträger damit Einflußmöglichkeiten im Verfahren eingeräumt, die dieser nicht unbedingt ausfüllen muß. Ist der Entscheidungsträger so z.B. nicht willens oder nicht in der Lage, neben dem Zielfunktionsindex $\bar{k} \in \{1,\ldots,K\}$ weitere Indizes für eine der beiden Mengen anzugeben, so wird das Verfahren mit den Indexmengen $I_+^j := \{\bar{k}\}$ und $I_0^j := \emptyset$ fortgesetzt. Vor der algorithmischen Darstellung des Verfahrens werden einige für die Prozedur benötigte Definitionen und Sätze angeführt.

3.3. Einige Eigenschaften und Sätze

Zur Bestimmung einer ersten Kompromißalternative wird das lineare Programm (EF) mit $u > \underline{0} \in \mathbb{R}^K$ gelöst.

$$\text{(EF)} \qquad \max \left\{ u^T y \mid \begin{pmatrix} x \\ y \end{pmatrix} \in X^+ \right\}$$

$$\text{mit } X^+ := \left\{ \begin{pmatrix} x \\ y \end{pmatrix} \in \mathbb{R}^{N+K} \;\middle|\; \begin{array}{c} x \in \bar{X} \\ Cx - y = Cx^o \end{array} \right\}$$

Hierbei kennzeichnet x^o eine beliebige zulässige Alternative des Problems (LVMP). Eine hinreichende Bedingung für die Beantwortung der Frage, ob das Problem (LVMP) effiziente Alternativen besitzt - und falls ja - wie eine solche lautet, beinhaltet die von ECKER/KOUADA bewiesene Aussage:[1)]

Satz 2: Ist die Zielfunktion $u^T y$ über dem Zulässigkeitsbereich X^+ nicht beschränkt, dann besitzt (LVMP) keine effiziente Alternative. Ist hingegen die auf die x-Komponenten eingeschränkte Lösung x^* optimal bzgl. (EF), dann ist x^* effizient bzgl. (LVMP).

Im weiteren wird davon ausgegangen, daß (LVMP) effiziente Alternativen besitzt.

---

1. Vgl. ECKER/KOUADA [1975], S. 376 f.

Betrachtet wird darüber hinaus das mit einem Parameter im Begrenzungsvektor versehene lineare Vektormaximumproblem

$$\text{(PVMP)} \qquad \mathit{max} \quad \{ \; Cx \mid x \in X(\delta) \; \}$$

$$\text{mit} \quad X(\delta) := \{ \; x \in \mathbb{R}^N \mid Ax \leqq b - d\delta \;, \; x \geqq \underline{0} \; \} \qquad \text{für } \delta \in \mathbb{R}.$$

Der Vektor $b \in \mathbb{R}^{M+L}$ läßt sich unter Zuhilfenahme der bzgl. (LVMP) effizienten Alternative x^* beschreiben als $b = (b_1,\ldots,b_{M+L})^T := (\bar{b}_1,\ldots,\bar{b}_M,-c_{k_1}x^*,\ldots,-c_{k_L}x^*)^T$, wobei $k_l \in \{1,\ldots,K\}$ $(l=1(1)L\leqq K)$.
Die $[(M+L)\times N]$ Matrix A ist wie folgt aufgebaut:

$$A = \begin{pmatrix} a_1 \\ \vdots \\ a_M \\ a_{M+1} \\ \vdots \\ a_{M+L} \end{pmatrix} := \begin{pmatrix} \bar{A} \\ -C_L \end{pmatrix} ,$$

wobei C_L definiert ist als $C_L := (c_{k_1},\ldots,c_{k_L})^T$.

Der Vektor $d \in \mathbb{R}^{M+L}$ ist der Einheitsvektor, der seine 1 an $(M+\bar{l})$-ter Stelle besitzt, so daß daraus die Restriktion (RE) resultiert.

$$\text{(RE)} \quad a_{M+\bar{k}}x = c_{\bar{k}}x \geqq c_{\bar{k}}x^* + \delta \quad \text{mit } \bar{k} =: k_{\bar{l}} \in \{1,\ldots,K\}.$$

Gegeben ist schließlich das lineare Vektormaximumproblem

$$\text{(EVMP)} \qquad \mathit{max} \quad \{ \; Cx \mid x \in X' \; \}$$

$$\text{mit} \quad X' := \{ \; x \in \mathbb{R}^N \mid A'x \leqq b', \; x \geqq \underline{0} \; \},$$

das durch Streichung der Restriktion (RE) des Problems (PVMP) gewonnen wird. Entsprechend gilt für $b' \in \mathbb{R}^{M+L-1}$:

$$b'_m := \begin{cases} b_m & \text{für } m=1(1)M+\bar{k}-1 \\ b_{m+1} & \text{für } m=M+\bar{k}(1)M+L-1 \ . \end{cases}$$

Die $[(M+L-1)\times N]$ Matrix A' besitzt folgendes Aussehen:

$$A' = \begin{pmatrix} a_1 \\ \vdots \\ a_M \\ a_{M+1} \\ \vdots \\ a_{M+L-1} \end{pmatrix} := \begin{pmatrix} \bar{A} \\ -C_{L-1} \end{pmatrix} ,$$

wobei C_{L-1} definiert ist als $C_{L-1} := (c_{k_1},\dots,c_{\bar{k}-1},c_{\bar{k}+1},\dots,c_{k_L})^T$.

Stellt man dem Problem (EVMP) das mit einem Parameter im Begrenzungsvektor versehene Problem (PVMP) gegenüber, so läßt sich folgender Satz formulieren:

<u>Satz 3:</u> $x^* \in X'$ sei effizient bzgl. (EVMP). Für jedes $\delta \in \mathbb{R}$ ist entweder

(a) $X(\delta) = \emptyset$ oder

(b) jede bzgl. (PVMP) effiziente Alternative auch effizient bzgl. (EVMP).

<u>Beweis:</u> (a) Kennzeichnet $\tilde{x}_{\bar{k}}$ eine optimale Alternative der über dem Zulässigkeitsbereich X' zu maximierenden Zielfunktion $\bar{k}$, so folgt $X(\delta) = \emptyset$ offenbar für alle

$$\delta \notin I_{\bar{k}} := \{ \delta \in \mathbb{R} \mid \delta \leqq c_{\bar{k}}\tilde{x}_{\bar{k}} - c_{\bar{k}}x^* \} .$$

(b) Ann.: Es sei für ein $\hat{\delta} \in I_{\bar{k}}$ die Alternative $x'' \in X(\hat{\delta})$ effizient bzgl. (PVMP), nicht aber effizient bzgl. (EVMP).

Dann muß offensichtlich eine Alternative $x' \in X'$ existieren, für die $Cx' \geq Cx''$ gilt. Darüber hinaus gilt aber $x' \in X(\hat{\delta})$, was aber der vorausgesetzten Effizienzeigenschaft der Alternative x'' widerspricht.

Satz 4: Jede effiziente Alternative bzgl. (EVMP) ist auch effizient bzgl. (LVMP).

Der Beweis ist analog zu dem des Satzes 3, Teil (b) zu führen.

Beispiel 3.3.: Gegeben sei das lineare Vektormaximumproblem $(3.1)_B$ sowie die bzgl. dieses Problems effiziente Alternative $x^{*4} = (1,6)^T$. Die Forderung, daß der Zielfunktionswert der Zielfunktion $k=2$ nicht unter $c_2x^{*4} = 7$ sinken soll, führt zu der zusätzlichen Restriktion $x_1 + x_2 \geqq 7$. Die effizienten Alternativen des um die zusätzliche Restriktion erweiterten Problems sind in der Abbildung 17 wiedergegeben.

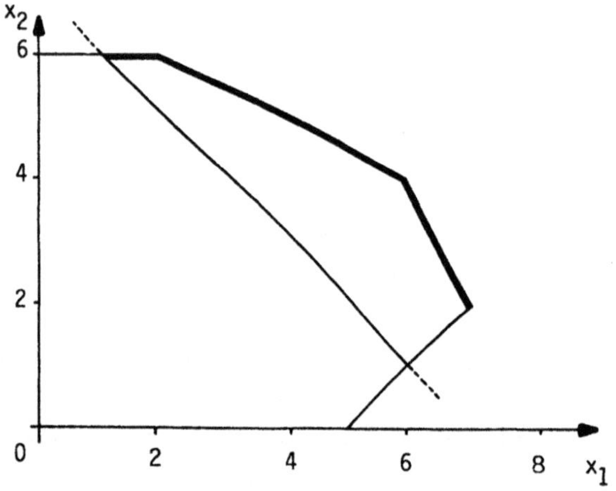

Abbildung 17

Formuliert man darüber hinaus das parameterabhängige lineare Vektormaximumproblem mit $\bar{k}=1$, so erhält man:

$$(3.2)_B \quad \max \left\{ \begin{pmatrix} -x_1 + x_2 \\ x_1 + x_2 \\ x_1 \end{pmatrix} \middle| \begin{array}{rl} x_2 & \leqq 6 \\ 1/2x_1 + x_2 & \leqq 7 \\ x_1 + 1/2x_2 & \leqq 8 \\ x_1 - x_2 & \leqq 5 \\ -x_1 + x_2 & \geqq 5 + \delta \\ x_1 + x_2 & \geqq 7 \\ x_1, x_2 & \geqq 0 \end{array} \right\} \quad \delta \in \mathbb{R}.$$

Man erkennt aus Abbildung 18, daß für alle $\delta \in I_1 := \{ \delta \in \mathbb{R} \mid \delta \leqq 0 \}$ keine zulässigen und damit auch keine effizienten Alternativen für das Problem $(3.2)_B$ existieren. Hingegen stimmen für $\delta \leqq -10$ die Mengen aller effizienten Alternativen des um die Restriktion $x_1 + x_2 \geqq 7$ erweiterten Problems $(3.1)_B$ und des parameterabhängigen Problems $(3.2)_B$ überein.

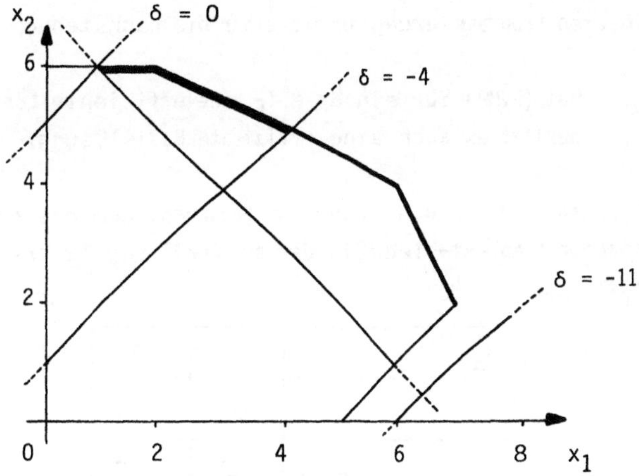

Abbildung 18

Im Mittelpunkt der weiteren Betrachtungen steht das Problem (PVMP). Es ist das Ziel, die effizienten Alternativen des Problems (PVMP) - die aufgrund der Sätze 3 und 4 auch effizient bzgl. des Problems (LVMP) sind - in Abhängigkeit des Parameters δ und damit in Abhängigkeit von Zielfunktionswertänderungen einer Zielfunktion $\bar{k}$ darzustellen.

In Analogie zu linearen Vektormaximumproblemen der Form (LVMP) läßt sich zum parameterabhängigen Problem (PVMP) das mit K Parametern in der Zielfunktion und einem Parameter im Begrenzungsvektor versehene lineare Programm

$$\text{(PLP)} \quad \max \quad \{ t^T Cx \mid x \in X(\delta) \} \quad \delta \in \mathbb{R},\ t \in \mathbb{R}^K$$

formulieren.[1] Unter Verwendung des Programms (PLP) läßt sich ein Effizienztheorem wie folgt formulieren:[2]

Satz 5: Es sei $\delta^* \in I_{\bar{k}}$ gegeben. Eine Alternative $x^* \in X(\delta^*)$ ist genau dann effizient bzgl. (PVMP) mit $\delta = \delta^*$, wenn x^* eine optimale Alternative von (PLP) mit $\delta = \delta^*$ für $t^* > \underline{0}$ ist.

Aufgrund des polyedrischen Zulässigkeitsbereichs folgt in Analogie zur linearen Programmierung unmittelbar die nachstehende Aussage:[3]

Satz 6: Hat (PVMP) für ein $\delta^* \in I_{\bar{k}}$ eine effiziente Lösung, dann besitzt es auch eine effiziente Basislösung.

Im folgenden wird o.B.d.A. davon ausgegangen, daß das zur Basislösung x^r gehörende Simplextableau in der aus Abbildung 19 ersichtlichen Form vorliegt.

x^r_α	x^r_γ		δ
	c^r	Cx^{*r}	$\bar{d}^r$
E^r	A^r	b^r	d^r

Abbildung 19

1. Vgl. zur Theorie und zu Lösungsverfahren dieser Aufgabenstellung u.a. NOZICKA/GUDDAT/HOLLATZ/BANK [1974], S. 226 ff. und GAL [1979], S. 220 ff.
2. Vgl. FOCKE [1973], S. 368 und ISERMANN [1974 b], S. 190.
3. Vgl. ISERMANN [1974 b], S. 35.

Während $x_\alpha^r := (x_{\alpha_1}^r,\dots,x_{\alpha_{M+L}}^r)^T$ den Vektor der Basisvariablen und $x_\gamma^r := (x_{\gamma_1}^r,\dots,x_{\gamma_N}^r)^T$ den Vektor der Nichtbasisvariablen der Basislösung x^r darstellen, kennzeichnet die [K×N] Matrix C^r die unter den Nichtbasisvariablen stehenden Zielfunktionskoeffizienten im entsprechenden Tableau:

$$C^r := \begin{pmatrix} c_{1\gamma_1}^r & \dots & c_{1\gamma_N}^r \\ \vdots & & \vdots \\ c_{K\gamma_1}^r & \dots & c_{K\gamma_N}^r \end{pmatrix} = (c_{\gamma_1}^r,\dots,c_{\gamma_N}^r) = \begin{pmatrix} c_1^r \\ \vdots \\ c_K^r \end{pmatrix}.$$

Entsprechend sind in der [(M+L)×N] Matrix A^r die unter den Nichtbasisvariablen des entsprechenden Tableaus stehenden Koeffizienten der Restriktionen des Problems (PVMP) zusammengefaßt.

$$A^r := \begin{pmatrix} a_{1\gamma_1}^r & \dots & a_{1\gamma_N}^r \\ \vdots & & \vdots \\ a_{M+L\gamma_1}^r & \dots & a_{M+L\gamma_N}^r \end{pmatrix} = (a_{\gamma_1}^r,\dots,a_{\gamma_N}^r) = \begin{pmatrix} a_1^r \\ \vdots \\ a_{M+L}^r \end{pmatrix}$$

E^r ist identisch mit der [(M+L)×(M+L)] Einheitsmatrix, die Vektoren Cx^{*r}, $\bar{d}^r \in \mathbb{R}^K$ bilden als $Cx^{*r} + \bar{d}^r\delta$ die Zielfunktionswerte der Basislösung x^r, während b^r, $d^r \in \mathbb{R}^{M+L}$ mit $b^r + d^r\delta$ die rechte Seite kennzeichnen.

Im (M+L) Tupel α^r werden die Indizes der Basisvariablen der Basislösung x^r aufgenommen, während im (N) Tupel γ^r die Indizes der Nichtbasisvariablen enthalten sind, also $\alpha^r = (\alpha_1^r,\dots,\alpha_{M+L}^r)$ und $\gamma^r = (\gamma_1^r,\dots,\gamma_N^r)$. Der Vektor $x^{*r} \in \mathbb{R}^N$ beinhaltet im weiteren die Werte der Entscheidungsvariablen der Probleme (LVMP) bzw. (PVMP), die aus der Basislösung x^r des Problems (PVMP) resultieren.

Defintion 3: Eine Basislösung x^r des Problems (PVMP) heißt effiziente Basislösung von (PVMP), wenn der aus x^r resultierende Vektor $x^{*r} \in \mathbb{R}^N$ der Entscheidungsvariablen der Probleme (LVMP) bzw. (PVMP) eine effiziente Alternative der Probleme (LVMP) bzw. (PVMP) ist.

Damit die vorliegende Basislösung x^r effizient bzgl. (PVMP) ist, muß zunächst die Forderung der Primalzulässigkeit erfüllt sein. Einer Basislösung x^r wird hierfür der kritische Bereich KB_R^r zugeordnet, der wie folgt definiert ist:

$$KB_R^r := \{ \delta \in \mathbb{R} \mid b^r + d^r\delta \geqq \underline{0} \} .$$

Definition 4: Eine Basislösung x^r von (PVMP) heißt primalzulässig, falls $KB_B^r \neq \emptyset$.

Entsprechend läßt sich die Forderung nach der Dualzulässigkeit einer Basislösung x^r durch das folgende System ausdrücken:[1)]

$$KB_Z^r := \{ t \in \mathbb{R}^K \mid t^T C^r \geqq \underline{0}^T, t \geqq \underline{1} \} .$$

Definition 5: Eine Basislösung x^r von (PVMP) heißt dualzulässig, falls $KB_Z^r \neq \emptyset$.

Mit Hilfe dieser beiden Definitionen läßt sich der nachstehende Satz formulieren.

Satz 7: Ist x^r eine primal- und dualzulässige Basislösung von (PVMP), dann ist x^r effizient bzgl. (PVMP).

Beweis: Für die primalzulässige Basislösung x^r existiert aufgrund der Annahme der Dualzulässigkeit ein $t^* \geqq \underline{1}$, so daß

1. O.B.d.A. kann die Forderung $t > \underline{0}$ durch die Formulierung $t \geqq \underline{1} = (1,\ldots,1)^T \in \mathbb{R}^K$ ersetzt werden.

$t^{*T}C^r \geqq \underline{0}^T$ gilt. Demnach ist x^r optimale Lösung von (PLP) für $\delta \in KB_R^r$ und $t \in KB_Z^r$. In Verbindung mit dem Effizienztheorem folgt daraus die Effizienzeigenschaft der Basislösung x^r bzgl. (PVMP).

Beispiel 3.4.: Gegeben sei das parameterabhängige lineare Vektormaximumproblem $(3.2)_B$. Eine zur effizienten Alternative $x^{*4} = (1,6)^T$ korrespondierende Basislösung ist im folgenden Tableau wiedergegeben.

x_1^4	x_2^4	x_3^4	x_4^4	x_5^4	x_6^4	x_7^4	x_8^4		δ
							-1	5	1
						-1		7	0
						-1/2	1/2	1	-1/2
1						-1/2	1/2	1	-1/2
	1					-1/2	-1/2	6	1/2
		1				1/2	1/2	0	-1/2
			1			1/4	1/4	1/2	-1/4
				1		3/4	-1/4	4	1/4
					1		-1	10	1

Tableau 1

Der zugehörige kritische Bereich KB_R^4 ist mit

$$KB_R^4 := \{\ \delta \in \mathbb{R} \mid 0 \geqq \delta \geqq -10\ \}$$

definiert. Für $\delta = 0$ ist die vorliegende Basislösung x^4 demnach primalzulässig und - wie aus Abbildung 18 ersichtlich - auch effizient bzgl. $(3.2)_B$. Hingegen ist der kritische Bereich KB_Z^4 - definiert als

$$KB_Z^4 := \left\{ t \in \mathbb{R}^3 \;\middle|\; \begin{array}{rrrl} & -t_2 & -1/2t_3 & \geqq 0 \\ -t_1 & & +1/2t_3 & \geqq 0 \\ t_1 & & & \geqq 1 \\ & t_2 & & \geqq 1 \\ & & t_3 & \geqq 1 \end{array} \right\} -$$

offensichtlich leer. Hieraus wird ersichtlich, daß aus der Effizienzeigenschaft einer Basislösung nicht auf ihre Dualzulässigkeit geschlossen werden kann.

Ist man im Besitz einer primal- und dualzulässigen Basislösung x^r des Problems (PVMP), deren kritischer, die Primalzulässigkeit sichernder Bereich KB_R^r aus einem abgeschlossenen Intervall besteht, so ist offenbar die Schlupfvariable der Restriktion (RE) eine Nichtbasisvariable und nimmt somit den Wert Null an. Die Restriktion (RE) ist mithin für alle $\delta \in KB_R^r$ als Gleichung erfüllt. Desweiteren liegen die Entscheidungsvariablen der Probleme (PVMP) und (LVMP) in parameterabhängiger Form vor; $x^{*r} = x^{*r}(\delta)$ ist somit vom Ausmaß der Zielfunktionswertveränderung δ der betreffenden Zielfunktion $\bar{k}$ abhängig. Es stellt sich darüber hinaus die Frage, wie weitere bzgl. (PVMP) und (LVMP) effiziente und parameterabhängige Alternativen generiert werden können, wenn δ nicht aus dem vorliegenden Intervall KB_R^r stammt.

<u>Satz 8:</u> x^r sei eine primal- und dualzulässige Basislösung des Problems (PVMP), in der $x_{N+M+\bar{k}}$ Nichtbasisvariable ist. Kennzeichnet $a^r_{\gamma_{n'}}$ den unter der Schlupfvariablen $x^r_{\gamma_{n'}} := x_{N+M+\bar{k}}$ der Restriktion (RE) stehenden Koeffizientenvektor im Tableau der Basislösung x^r, dann kann man durch die Aufnahme der Nichtbasisvariablen $x^r_{\gamma_{n'}}$ in die Basis

(a) zu einer Basislösung x^f des Problems (PVMP) gelangen, deren kritischer Bereich KB_R^f die Beziehung $KB_R^f \supseteqq KB_R^r$ erfüllt, falls $a^r_{\gamma_{n'}} \nleqq \underline{0}$ ist, oder

(b) zu einer Basislösung x^g des Problems (PVMP) gelangen, deren kritischer Bereich KB_R^g die Beziehung $\bar{\bar{KB}}{}_R^g \cap \bar{\bar{KB}}{}_R^r = \emptyset$ erfüllt, falls $a^r_{\gamma_{n'}} \ngeqq \underline{0}$ ist.[1)]

Beide Basislösungen - x^f und x^g - sind effizient bzgl. (PVMP).

---

1. $\bar{\bar{KB}}{}_R^r$ bezeichnet das Innere der Menge KB_R^r.

<u>Beweis:</u> Es sei $KB_R^r := \{ \delta \in \mathbb{R} \mid b_{\tilde{m}}^r / d_{\tilde{m}}^r \leqq \delta \leqq b_{\bar{m}}^r / d_{\bar{m}}^r \}$ der die Primalzulässigkeit sichernde kritische Bereich der vorliegenden effizienten Basislösung x^r.

(a) Da $a_{\gamma_{n'}}^r = -d^r$ gilt, führt die Aufnahme der Variablen $x_{\gamma_{n'}}^r$ in die Basis durch das Pivotelement $a_{\bar{m}\gamma_{n'}}^r > 0$ zum kritischen Bereich $KB_R^f := \{ \delta \in \mathbb{R} \mid \delta \leqq b_{\bar{m}}^r / d_{\bar{m}}^r \}$ der Basislösung x^f, so daß $KB_R^f \supseteqq KB_R^r$ gilt.

(b) Wird hingegen $a_{\tilde{m}\gamma_{n'}}^r < 0$ als Pivotelement gewählt, so erhält man als kritischen Bereich der Basislösung x^g $KB_R^g := \{ \delta \in \mathbb{R} \mid \delta \leqq b_{\tilde{m}}^r / d_{\tilde{m}}^r \}$, so daß $\overline{KB}_R^g \cap \overline{KB}_R^r = \emptyset$ gilt.

(c) Schränkt man die Basislösungen x^r, x^f und x^g auf die N Entscheidungsvariablen der Probleme (PVMP) bzw. (LVMP) ein, so erhält man $x^{*r}(\delta)$, x^{*f} und x^{*g}. Im Gegensatz zur Alternative $x^{*r}(\delta)$ sind x^{*f} und x^{*g} somit nicht parameterabhängig. Offensichtlich gilt aber

- $x^{*r}(\delta_o) = x^{*f} \quad (\delta_o = b_{\bar{m}}^r / d_{\bar{m}}^r)$ und
- $x^{*r}(\delta_u) = x^{*g} \quad (\delta_u = b_{\tilde{m}}^r / d_{\tilde{m}}^r)$,

woraus unter Beachtung der Effizienzeigenschaft der Basislösung $x^r(\delta)$ für $\delta \in KB_R^r$ bzgl. (PVMP) auch die Effizienz der Basislösungen x^f und x^g bzgl. (PVMP) folgt.

Demnach können beim Vorliegen einer primal- und dualzulässigen Basislösung x^r, in der $x_{N+M+\bar{k}}$ Nichtbasisvariable ist, ohne die Lösung weiterer Unterprogramme im nächsten Simplexschritt neue Basislösungen ermittelt werden, die wieder effizient bzgl. (PVMP) sind und in denen $x_{N+M+\bar{k}}$ dann Basisvariable ist. Zu diesen Basislösungen gehört ein die Primalzulässigkeit sichernder kritischer Bereich, der in Form eines halboffenen Intervalls vorliegt.

Im weiteren wird davon ausgegangen, daß eine Basislösung x^r des Problems (PVMP) vorliegt, in der die Variable $x^r_{\alpha_{m'}} := x_{M+N+\bar{k}}$ Basisvariable ist. Primalzuässig ist diese Basislösung für alle $\delta \in KB^r_R :=$ $\{ \delta \in \mathbb{R} \mid \delta \leqq b^r_{m'} \}$. Zu untersuchen ist im weiteren die Frage, wie man zu einer bzgl. den Problemen (PVMP) und (LVMP) effizienten Basislösung gelangen kann, die dann - eingeschränkt auf die Entscheidungsvariablen dieser Probleme - wieder in parameterabhängiger Form vorliegen. Eine notwendige Bedingung hierfür ist offensichtlich, daß die Schlupfvariable der Restriktion (RE) $x_{N+M+\bar{k}}$ zur Nichtbasisvariablen wird.

Zunächst wird im weiteren angenommen, daß für alle α^r_m (m=1(1)M+L, m≠m') $x^r_{\alpha_m} > 0$ gilt. Soll ausgehend von x^r im nächsten Simplexschritt eine weitere effiziente Basislösung bzgl. (PVMP) ermittelt werden, in der $x_{N+M+\bar{k}}$ Nichtbasisvariable ist, so sind zwei Forderungen einzuhalten:

(1) Es kommen allein Pivotelemente in der Zeile m' in Frage, die - falls der Zielfunktionswert $c_{\bar{k}}x^{*r}$ gesenkt werden soll - positiv sind oder - falls $c_{\bar{k}}x^{*r}$ erhöht werden soll - negativ sind.

(2) Es dürfen allein Nichtbasisvariablen in die Basis der Basislösung x^r eingebracht werden, die zu effizienten Basislösungen bzgl. (PVMP) führen.

<u>Definition 6:</u> Zwei Basislösungen x^i und x^h besitzen den Abstand q, wenn α^i genau q verschiedene Komponenten von α^h besitzt.[1)]

<u>Definition 7:</u> Zwei Basislösungen x^i und x^h, die bzgl. (LVMP) effizient sind, heißen benachbart, wenn sie den Ab-

1. Vgl. MANAS/NEDOMA [1968], S. 227.

stand q = 1 besitzen und jede aus ihnen gebildete Konvexkombination ebenfalls bzgl. (LVMP) effizient ist.[1]

Mit Hilfe dieser beiden Definitionen und den in der Indexmenge $I_{\bar{p}}$ zusammengefaßten Indizes der Nichtbasisvariablen der Basislösung x^r, die als potentielle Basisvariablen in Betracht kommen,

$$I_{\bar{p}} := \{ \gamma_n^r \mid c^r_{\gamma_n} \ngeqq \underline{0} \quad (n \in \{1,\dots,N\}) \},$$

läßt sich die in Satz 9 angeführte hinreichende Bedingung formulieren, wann durch die Aufnahme einer Nichtbasisvariablen $x^r_{\gamma_{\bar{n}}}$ $(\gamma^r_{\bar{n}} \in I_{\bar{p}})$ eine neue Basislösung $x^{\bar{r}}$ ermittelt werden kann, die zur Basislösung x^r benachbart ist.[2]

<u>Satz 9:</u> Durch die Aufnahme der in der effizienten Basislösung x^r des Problems (PVMP) vorhandenen Nichtbasisvariablen $x^r_{\gamma_{\bar{n}}}$ $(\gamma^r_{\bar{n}} \in I_{\bar{p}})$ in die Basis gelangt man zu einer benachbarten effizienten Basislösung $x^{\bar{r}}$, wenn das lineare Programm

$$\text{(PE)} \quad \min \quad \{ s_{\gamma_{\bar{n}}} \mid \binom{t}{s} \in X^{(P)} \}$$

$$\text{mit} \quad X^{(P)} := \left\{ \binom{t}{s} \in \mathbb{R}^{K+|I_{\bar{p}}|} \;\middle|\; \begin{array}{rll} t^T c^r_{\gamma_n} - s_{\gamma_n} & = 0 & (\gamma^r_n \in I_{\bar{p}}) \\ s_{\gamma_n} & \geqq 0 & (\gamma^r_n \in I_{\bar{p}}) \\ t & \geqq \underline{1} & \end{array} \right\}$$

einen optimalen Zielfunktionswert $s^*_{\gamma_{\bar{n}}} = 0$ besitzt und darüber hinaus $a^r_{\gamma_{\bar{n}}} \nleq \underline{0}$ gilt. Im anderen Fall - $a^r_{\gamma_{\bar{n}}} \leqq \underline{0}$ - besitzt das entsprechende Vektormaximumproblem neben der ermittelten effizienten Basislösung x^r eine durch x^r ge-

1. Vgl. ISERMANN [1974 b], S. 52.
2. Vgl. ISERMANN [1974 b], S. 108 ff. und GAL [1977], S. 320 f.

hende unbeschränkte Facette des Polyeders $X(\delta)$, auf der sich effiziente Alternativen bzgl. (PVMP) befinden.

Gilt hingegen $x^r_{\alpha_m} = 0$ für mindestens ein $m \in \{1,\ldots,M+L\}$ und $m \neq m'$, so besitzt - wie aus Beispiel 3.4. ersichtlich ist - das lineare Programm (PE) nicht notwendigerweise ein zulässige Lösung. Folgende eingeschränkte Umkehrung von Satz 7 kann jedoch formuliert werden:

Satz 10: Ist x^r eine primalzulässige effiziente Basislösung bzgl. (PVMP) mit der Basisvariablen $x^r_{\alpha_{m'}} := x_{N+M+\bar{k}}$ und dem kritischen Bereich $KB^r_R := \{ \delta \in \mathbb{R} \mid \delta \leqq b^r_{m'} \}$, dann ist x^r entweder dualzulässig, oder es existiert eine primal- und dualzulässige Basislösung x^r mit denselben Variablenwerten und gleichem kritischen Bereich KB^r_R wie x^r.

Beweis: Ist x^r primal- und dualzulässig, bleibt in Verbindung mit Satz 7 nichts zu zeigen. Ist x^r hingegen primalzulässig, nicht aber dualzulässig, so ist offensichtlich $KB^r_Z = \emptyset$. Aus der Effizienzeigenschaft der Basislösung x^r und dem Effizienztheorem folgt aber die Existenz eines $t^r \geqq \underline{1}$, so daß das lineare Programm (PLP) für $\delta \in KB^r_R$ eine optimale Basislösung x^r mit denselben Variablenwerten wie die Lösung x^r besitzt, die darüber hinaus dann auch dualzulässig ist.

Schließlich hat für degenerierte effiziente Basislösungen bzgl. (PVMP), die nicht dualzulässig sind, die folgende Aussage Gültigkeit:[1]

Satz 11: Ist x^r eine primal- aber nicht dualzulässige effiziente Basislösung bzgl. (PVMP) mit der Basisvariablen

1. Vgl. ISERMANN [1974 b], S. 56 ff.

$x^r_{\alpha_{m'}} := x_{N+M+\bar{k}}$ sowie dem kritischen Bereich $KB^r_R :=$ $\{\delta \in \mathbb{R} \mid \delta \leqq b^r_{m'}\}$, und ist $\bar{x}^r$ eine primal- und dualzulässige Basislösung von (PVMP) mit gleichem kritischen Bereich und denselben Variablenwerten wie x^r, dann existiert eine endliche Folge benachbarter effizienter Basislösungen $x^{r'},\dots,x^{r''}$ mit denselben Variablenwerten wie x^r und $\bar{x}^r$, so daß die Basislösung $\bar{x}^r$ von x^r aus durch sukzessive Basiswechsel erreicht werden kann.

Zusammenfassend läßt sich demnach beim Vorliegen einer degenerierten Basislösung x^r, in der die Variable $x^r_{\alpha_{m'}} := x_{N+M+\bar{k}}$ Basisvariable ist und die den kritischen Bereich $KB^r_R := \{ \delta \in \mathbb{R} \mid \delta \leqq b^r_{m'} \}$ besitzt, folgendes festhalten.

Nimmt die Zielfunktion $\bar{k}$ in der zur Basislösung x^r korrespondierenden Ecke nicht ihr individuelles Maximum an, dann existiert eine zu dieser Ecke korrespondierende Basislösung $\bar{x}^r$ mit denselben Variablenwerten und gleichem kritischen Bereich wie x^r, von der aus in einem nächsten Simplexschritt eine Basislösung x^s erreicht werden kann, die folgende Eigenschaften besitzt:

(1) $KB^s_R := \{ \delta \in \mathbb{R} \mid b^r_{m'}/d^r_{m'} \leqq \delta \leqq \delta^o \}$ $\quad \delta^o \in (b^r_{m'}/d^r_{m'},\infty]$,

(2) $x*^s(\delta)$ mit $\delta \in KB^s_R$ ist effizient bzgl. (PVMP) und (LVMP),

(3) für jedes $\delta^r \in KB^r_R$ und $\delta^s \in KB^s_R$ mit $\delta^s > b^r_{m'}/d^r_{m'}$ gilt $c_{\bar{k}}x*^r < c_{\bar{k}}x*^s(\delta^s)$.

Kann der Zielfunktionswert der Zielfunktion $\bar{k}$ von der Basislösung x^r aus gesenkt werden, ohne daß die Menge der effizienten Alternativen des Problems (EVMP) verlassen wird, so existiert eine zu dieser Ecke korrespondierende Basislösung $\tilde{x}^r$ mit denselben Variablenwerten und gleichem kritischen Bereich wie x^r, von der aus in einem nächsten Simplexschritt eine Basislösung x^u ermittelt werden kann, die folgende Eigenschaften besitzt.

(1) $KB_R^u := \{ \delta \in \mathbb{R} \mid b_{m'}^r/d_{m'}^r \geqq \delta \geqq \delta^o \}$ $\delta^o \in (b_{m'}^r/d_{m'}^r, -\infty]$,

(2) $x^{*u}(\delta)$ mit $\delta \in KB_R^u$ ist effizient bzgl. (PVMP) und (LVMP),

(3) für jedes $\delta^r \in KB_R^r$ und $\delta^u \in KB_R^u$ mit $\delta^u < b_{m'}^r/d_{m'}^r$ gilt $c_{\bar{k}} x^{*r} > c_{\bar{k}} x^{*u}(\delta^u)$.

3.4. Ein Algorithmus

3.4.1. Bestimmung einer ersten Kompromißalternative

Diese als Einstiegsphase in das eigentliche interaktive Verfahren zu interpretierende Prozedur läßt sich unter Zuhilfenahme der linearen Programme (EF) und

$$\text{(ZU)} \quad \max \quad \{ \underline{1}^T Cx \mid x \in \bar{X} \}$$

wie folgt abwickeln:

(0.1) Bestimme eine zulässige Lösung des Programms (ZU).

(0.2) Besitzt das lineare Programm (ZU) eine zulässige Lösung ? Falls nein, gehe zu (0.6).

(0.3) x^o sei eine zulässige Lösung des linearen Programms (ZU); wähle ein $u > \underline{0} \in \mathbb{R}^K$ und löse unter Verwendung von x^o das lineare Programm (EF).

(0.4) Besitzt das lineare Programm (EF) eine optimale Lösung ? Falls ja, gehe zu (0.7).

(0.5) Das lineare Vektormaximumproblem (LVMP) besitzt keine effiziente Alternative. Ende.

(0.6) Das lineare Vektormaximumproblem besitzt keine zulässige Alternative. Ende.

(0.7) Die aus einer optimalen Basislösung $\begin{pmatrix}\hat{x}\\ \hat{y}\end{pmatrix}$ des linearen Programms (EF) durch die Einschränkung auf die Entscheidungsvariablen des Problems (LVMP) resultierende Alternative ist x^{*1}, die die erste Kompromißalternative darstellt. Setze $j := 2$, $I_+^{j-1} := \{1,\dots,K\}$ und gehe zu (1.1).

Aus einer optimalen Basislösung des linearen Programms (EF) läßt sich das in Abbildung 20 vorliegende Tableau einer zu x^{*1} gehörenden Basislösung des Problems (EVMP) mit Hilfe einiger Transformationen aufbauen.

x_α^1	x_γ^1	
	C^1	Cx^{*1}
E^1	A^1	b^1

Abbildung 20

Hierbei sind $x_\alpha^1 = (x_{\alpha_1}^1,\dots,x_{\alpha_{M+K}}^1)^T$ identisch mit den Basisvariablen und $x_\gamma^1 = (x_{\gamma_1}^1,\dots,x_{\gamma_N}^1)^T$ identisch mit den Nichtbasisvariablen der optimalen Basislösung $\begin{pmatrix}\hat{x}\\ \hat{y}\end{pmatrix}$ des linearen Programms (EF). Ebenfalls aus dem Tableau der Basislösung $\begin{pmatrix}\hat{x}\\ \hat{y}\end{pmatrix}$ können die $[(M+K)\times(M+K)]$ Einheitsmatrix E^1, die $[(M+K)\times N]$ Matrix $A^1 := (a_1^1,\dots,a_{M+K}^1)^T$ sowie der Vektor $b^1 \in R^{M+K}$ übernommen werden. Aus diesen Größen läßt sich die $[K\times N]$ Matrix $C^1 := (c_1^1,\dots,c_K^1)^T$ entwickeln:

$$c_k^1 := \begin{cases} -e_{n'} & \text{falls die zur Restriktion } c_k x - y_k = c_k x^0 \text{ korrespondierende Variable } y_k = x_{N+M+k} = x_{\gamma_{n'}}^1 \text{ Nichtbasisvariable ist.} \\ & (k=1(1)K) \\ a_{m'}^1 & \text{falls die zur Restriktion } c_k x - y_k = c_k x^0 \text{ korrespondierende Variable } y_k = x_{N+M+k} = x_{\alpha_{m'}}^1 \text{ Basisvariable ist.} \end{cases}$$

$e_{n'}^T$ ist der Einheitsvektor des $\mathbb{R}^N$, der seine 1 an n'-ter Stelle besitzt. Am Ende der Einstiegsphase steht mithin fest, ob das zugrundeliegende Vektormaximumproblem (LVMP) zulässige bzw. effiziente Alternativen besitzt und - falls dies bejaht werden kann - wie eine erste Kompromißalternative lautet.

Beispiel 3.5.: Gegeben sei das lineare Vektormaximumproblem

$$(3.3)_B \quad \max \left\{ \begin{pmatrix} x_1 + 3/4x_2 + x_3 \\ -x_1 + 2x_3 \\ x_2 \end{pmatrix} \middle| \begin{array}{r} x_1 + x_2 \leqq 4 \\ x_2 \leqq 2 \\ 1/2x_2 + x_3 \leqq 2 \\ 1/2x_1 + 1/2x_2 + x_3 \leqq 3 \\ x_1, x_2, x_3 \geqq 0 \end{array} \right\}$$

Die Bestimmung einer ersten effizienten Kompromißalternative verläuft demnach in folgenden Schritten:

(0.1) Das lineare Programm (ZU) braucht nicht gelöst zu werden, da $x^0 = \underline{0}$ eine zulässige Alternative des Ausgangsproblems darstellt.

(0.3) Zu lösen ist das lineare Programm (EF) mit $u = (1,1,1/4)^T$.

$$\max \left\{ y_1 + y_2 + 1/4y_3 \middle| \begin{array}{r} x_1 + x_2 \leqq 4 \\ x_2 \leqq 2 \\ 1/2x_2 + x_3 \leqq 2 \\ 1/2x_1 + 1/2x_2 + x_3 \leqq 3 \\ x_1 + 3/4x_2 + x_3 - y_1 = 0 \\ -x_1 + 2x_3 - y_2 = 0 \\ x_2 - y_3 = 0 \\ x_1, x_2, x_3 \geqq 0 \end{array} \right\}$$

Das Tableau einer optimalen Basislösung ist in Tableau 2 wiedergegeben.

(0.4) Ja.

(0.7) Die erste effiziente Kompromißalternative lautet demnach $x^{*1} = (2,0,2)^T$, woraus sich die Zielfunktionswerte $Cx^{*1} = (4,2,0)^T$ ergeben. Darüber hinaus ist $j = 2$ und $I_+^1 = \{1,2,3\}$ zu setzen; das Verfahren ist mit Schritt (1.1) fortzusetzen.

$\hat{x}_1^1$	$\hat{x}_2^1$	$\hat{x}_3^1$	$\hat{x}_4^1$	$\hat{x}_5^1$	$\hat{y}_1^1$	$\hat{y}_2^1$	$\hat{x}_6^1$	$\hat{x}_7^1$	$\hat{y}_3^1$	
							3		1/2	6
1							-2	2		2
	1								-1	0
		1					1		1/2	2
			1				2	-2	1	2
				1					1	2
					1		-1	2	-1/4	4
						1	4	-2	1	2

Tableau 2

Das zugehörige Simplextableau gemäß Abbildung 20 der effizienten Basislösung x^1 sieht wie folgt aus:

x_1^1	x_2^1	x_3^1	x_4^1	x_5^1	x_8^1	x_9^1	x_6^1	x_7^1	x_{10}^1	
							-1	2	-1/4	4
							4	-2	1	2
									-1	0
1							-2	2		2
	1								-1	0
		1					1		1/2	2
			1				2	-2	1	2
				1					1	2
					1		-1	2	-1/4	4
						1	4	-2	1	2

Tableau 3

3.4.2. Aufbau eines Ausgangstableaus zur Ermittlung einer Austauschtabelle

Den Ausgangspunkt für die weiteren Überlegungen bildet die Annahme, daß die Kompromißalternative x^{*j-1} ($j \geqq 2$) mit dem Tableau der zugehörigen Basislösung x^{j-1} vorliegt. Nachdem der Entscheidungsträger in Kenntnis der Zielfunktionswerte Cx^{*j-1} die Indexmenge I_+^j bestimmt hat, läßt sich aus diesen Angaben das parameterabhängige lineare Vektormaximumproblem

$$(\text{PVMP})_1 \qquad \mathit{max} \quad \{ Cx \mid x \in X^1 \}$$

$$\text{mit } X^1 := \left\{ x \in \mathbb{R}^N \;\middle|\; \begin{array}{l} x \in \bar{X} \\ c_k x \geqq c_k x^{*j-1} + d_k \delta \quad (k \in I_+^j) \end{array} \right\} \; \delta \in \mathbb{R}$$

formulieren, wobei $d_k = 0$ für $k \in I_+^j \setminus \{\bar{k}\}$ und $d_{\bar{k}} = 1$.

Ziel des Verfahrens ist es, vom Zielfunktionswert $c_{\bar{k}} x^{*j-1}$ ausgehend eine Veränderung des Zielfunktionswertes der Zielfunktion $\bar{k}$ vorzunehmen und dabei nur solche Lösungen in Abhängigkeit von δ zu generieren, die sich als effizient bzgl. $(\text{PVMP})_1$ und - aufgrund der Sätze 3 und 4 - bzgl. (LVMP) erweisen. Im folgenden wird gezeigt, wie durch einige Modifikationen im Tableau der vorliegenden Basislösung x^{j-1}, die nicht notwendigerweise eine Basislösung des Problems $(\text{PVMP})_1$ darstellt, eine primalzulässige Basislösung des Problems $(\text{PVMP})_1$ mit $\delta = 0$ generiert werden kann, die darüber hinaus bzgl. $(\text{PVMP})_1$ effizient ist. Von dieser dann vorliegenden Basislösung ausgehend wird anschließend die für den Fortgang des Verfahrens benötigte Austauschtabelle erzeugt.

Das Tableau der Basislösung x^{j-1}, die aus der Lösung des Problems

$$(\text{PVMP})_2 \qquad \mathit{max} \quad \{ Cx \mid x \in X^2 \}$$

$$\text{mit } X^2 := \left\{ x \in \mathbb{R}^N \;\middle|\; \begin{array}{l} x \in \bar{X} \\ c_k x \geqq c_k x^{*j-2} + d_k \delta^* \quad (k \in I_+^{j-1}) \end{array} \right\}$$

resultiert, ist in Abbildung 21 wiedergegeben. Hierbei kennzeichnet δ^* den vom Entscheidungsträger im Rahmen der Generierung der Kompromißalternative x^{*j-1} fixierten Parameterwert. Die Indexmenge I_+^{j-1} beinhaltet alle k, deren zugehörige Zielfunktionen als Restriktionen im Tableau der Basislösung x^{j-1} enthalten sind.

x_α^{j-1}	x_γ^{j-1}	
	C^{j-1}	$Cx^{*j-2} + \bar{d}^{j-1}\delta^*$
E^{j-1}	A^{j-1}	$b^{j-1} + d^{j-1}\delta^*$

Abbildung 21

Erweitert man das Problem $(PVMP)_2$ um die Restriktionen $c_k x \geqq c_k x^{*j-1}$ für alle k, die zwar Element der Menge I_+^j nicht aber Element der Menge I_+^{j-1} sind - also für alle $k \in I'^j := I_+^j \setminus I_+^{j-1}$ -, und ersetzt $c_k x^{*j-2} + d_k \delta^*$ durch $c_k x^{*j-1}$ für alle $k \in I_+^{j-1}$, so gelangt man zum Problem

$$(PVMP)_3 \qquad \max \quad \{ Cx \mid x \in X^3 \}$$

$$\text{mit} \quad X^3 := \left\{ x \in \mathbb{R}^N \;\middle|\; \begin{array}{ll} x \in \bar{X} & \\ c_k x \geqq c_k x^{*j-1} & (k \in I_+^{j-1} \cup I'^j) \end{array} \right\},$$

für das eine Basislösung x'^1 mit dem in Abbildung 22 wiedergegebenen Tableau mit Hilfe folgender Beziehungen aus der vorliegenden Basislösung x^{j-1} des Problems $(PVMP)_2$ ermittelt werden kann.

$x_\alpha'^1$	$x_\gamma'^1$	
	C'^1	Cx^{*j-1}
E'^1	A'^1	b'^1

Abbildung 22

(1) $x'^{1}_{\alpha} := (x'^{1}_{\alpha_1},\dots,x'^{1}_{\alpha_{M+\bar{L}}})^T = (x^{j-1}_{\alpha_1},\dots,x^{j-1}_{\alpha_{M+L}},x_{N+M+k_1},\dots,x_{N+M+L'})^T$

wobei $I'^{j} := \{k_1,\dots,k_{L'}\}$,

(2) $x'^{1} = x^{j-1}$

(3) $C'^{1} = C^{j-1}$.

Die Zeilenvektoren a'^{1}_{m} $(m=1(1)M+\bar{L})$ der $[(M+\bar{L})\times N]$ Matrix A'^{1} nehmen folgende Gestalt an:

(4) $$a'^{1}_{m} := \begin{cases} a^{j-1}_{m} & \text{für } m=1(1)M+L \\ c^{j-1}_{k_{m-(M+L)}} & \text{für } m=M+L+1(1)M+\bar{L}. \end{cases}$$

Darüber hinaus gilt:

(5) $$b'^{1}_{m} := \begin{cases} 0 & \text{für } x'^{1}_{\alpha_m} \in \{x_{N+M+1},\dots,x_{N+M+K}\} \\ b^{j-1}_{m} + d^{j-1}\delta* & \text{sonst} \end{cases} \qquad (m=1(1)M+\bar{L}).$$

E'^{1} kennzeichnet die $[(M+\bar{L})\times(M+\bar{L})]$ Einheitsmatrix, wobei $\bar{L} = L + L'$ $(\bar{L}\leqq K)$ gilt.

Aufgrund der Konstruktion der Mengen I^{j-1}_{+}, I'^{j} und I^{j}_{+} gilt stets $I^{j}_{+} \subseteqq I^{j-1}_{+} \cup I'^{j}$ und somit $X^3 \subseteqq X^1$. Hebt man die Vorzeichenbeschränkung der Schlupfvariablen x_{N+M+k} der Restriktionen $c_k x \geqq c_k x*^{j-1}$ für alle $k \in \bar{I}^{j} := I^{j-1}_{+} \setminus I^{j}_{+}$ des Problems $(PVMP)_3$ auf, so geht der Zulässigkeitsbereich X^3 in den Zulässigkeitsbereich X^1 über. Gelingt es demnach, ausgehend von der Basislösung x'^{1} alle Variablen x_{N+M+k} $(k \in \bar{I}^{j})$ zu Basisvariablen zu machen und anschließend mit den entsprechenden Zeilen aus dem Tableau zu streichen, so stellt die reduzierte Basislösung offensichtlich eine Basislösung des Problems $(PVMP)_1$ dar. Die folgenden Verfahrensschritte beinhalten die einzelnen Operationen, mit denen man von der Basislösung der letzten Kompromißalternative $x*^{j-1}$ zu einer Basislösung des Problems $(PVMP)_1$

gelangt, von der aus die Austauschtabelle erzeugt werden kann. Dabei bezieht sich die algorithmische Darstellung auf den Fall, daß der Zielfunktionswert der vom Entscheidungsträger bestimmten Zielfunktion $\bar{k}$ vom vorliegenden Zielfunktionswert $c_{\bar{k}}x^{*j-1}$ aus erhöht werden soll.

(1.1) Bilde die Indexmengen $I'^{j} := I_{+}^{j} \setminus I_{+}^{j-1}$ und $\bar{I}^{j} := I_{+}^{j-1} \setminus I_{+}^{j}$ sowie - ausgehend vom Tableau der Basislösung x^{j-1} - das Tableau der Basislösung x'^{1} unter Beachtung der Beziehungen (1) bis (5). Fasse die Indizes der Basisvariablen der Basislösung x'^{1} in der Indexmenge $I_{BV}'^{1}$ zusammen und setze $I_{NV} := \{N+M+k \mid k \in \bar{I}^{j}\}$. Streiche im Tableau der Basislösung x'^{1} alle $x_{\alpha_m}'^{1}$ mit ihren Zeilen m, für die $\alpha_m'^{1} \in I_{BV}'^{1} \cap I_{NV}$ gilt; setze $I_{BV}'^{2} := I_{BV}'^{1} \setminus I_{NV}$, $I_{NB} := \{ \gamma_n'^{2} \mid \gamma_n'^{2} \in I_{NV} \}$, $I_Z := \{1,\ldots,|I_{BV}'^{2}|\}$, $I_E := \emptyset$, $I_U := \emptyset$, $I_T := \emptyset$ und $r := 2$.

(1.2) Ist $x_{N+M+\bar{k}}$ in der vorliegenden Basislösung x'^{r} Basisvariable ? Falls nein, gehe zu (1.4).

(1.3) Es sei $x_{\alpha_{m'}}'^{r} = x_{N+M+\bar{k}}$. Gilt $a_{m'}'^{r} \geq \underline{0}^{T}$? Falls ja, setze $\bar{\delta} := 0$ und gehe zu (2.11.1).

(1.4) Gilt $I_{NB} = \emptyset$? Falls ja, gehe zu (1.8.1).

(1.5.1) Bilde $I_D := \{ m \in I_Z \mid b_m'^{r} = 0 \}$.

(1.5.2) Gilt $I_D = \emptyset$? Falls ja, gehe zu (1.6.1).

(1.5.3) Wähle ein $m' \in I_D$, setze $I_D := I_D \setminus \{m'\}$ und bilde $I_D^{m'} := \{ \gamma_n'^{r} \in I_{NB} \mid a_{m'\gamma_n}'^{r} \neq 0 \}$.

(1.5.4) Gilt $I_D^{m'} = \emptyset$? Falls ja, gehe zu (1.5.2).

(1.5.5) Wähle ein $\gamma_{n'}^{'r} \in I_D^{m'}$ und setze $I_{NB} := I_{NB} \setminus \{\gamma_{n'}^{'r}\}$. Gehe mit dem Pivotelement $a_{m'\gamma_{n'}}^{'r}$ zu (1.7).

(1.6.1) Wähle ein $\gamma_{n'}^{'r} \in I_{NB}$ und setze $I_{NB} := I_{NB} \setminus \{\gamma_{n'}^{'r}\}$.

(1.6.2) Gilt $a_{\gamma_{n'}}^{'r} \leq \underline{0}$?
Falls nein, gehe zu (1.6.4).

(1.6.3) Setze $c_{\gamma_{n'}}^{'r} := -c_{\gamma_{n'}}^{'r}$ und $a_{\gamma_{n'}}^{'r} := -a_{\gamma_{n'}}^{'r}$.

(1.6.4) Wähle das Pivotelement $a_{m'\gamma_{n'}}^{'r}$, wobei m' die Beziehung
$\bar{a}_{m'\gamma_{n'}}^{'r} = \min \{ b_m^{'r}/a_{m\gamma_{n'}}^{'r} \mid a_{m\gamma_{n'}}^{'r} > 0 \quad (m \in I_Z) \}$ erfüllt.

(1.7) Ermittle mit $a_{m'\gamma_{n'}}^{'r}$ als Pivotelement die Basislösung $x^{'r+1}$.
Es sei $x_{\alpha_{\bar{m}}}^{'r+1} = x_{\gamma_{n'}}^{'r}$; streiche die Basisvariable $x_{\alpha_{\bar{m}}}^{'r+1}$ und die Zeile $\bar{m}$ aus dem Tableau der Basislösung $x^{'r+1}$;
setze $\hat{m} := \max \{ m \mid m \in I_Z \}$, $I_Z := I_Z \setminus \{\hat{m}\}$, $r := r+1$ und gehe zu (1.2).

(1.8.1) Erweitere das Tableau der vorliegenden Basislösung $x^{'r}$ durch eine Spalte auf der rechten Seite und setze
$\bar{d}^{'r} := -c_{N+M+\bar{k}}^{'r}$, $d^{'r} := -a_{N+M+\bar{k}}^{'r}$ sowie $\bar{\delta} := 0$.

(1.8.2) Ist $x_{N+M+\bar{k}}$ in der vorliegenden Basislösung $x^{'r}$ Basisvariable ?
Falls nein, gehe zu (2.5.1).

(1.8.3) Es sei $x_{\alpha_{m'}}^{'r} := x_{N+M+\bar{k}}$. Bilde $I_D := \{ m \in I_Z \setminus \{m'\} \mid b_m^{'r} = 0 \}$,
$I_P := \{ \gamma_n^{'r} \mid a_{m'\gamma_n}^{'r} < 0 \quad (n \in \{1,\ldots,N\}) \}$ und gehe zu (2.1.1).

Erläuterungen zu den Verfahrensschritten

Nachdem im Schritt (1.1) die Basisvariablen aus der Basislösung $x^{'1}$ mit ihren entsprechenden Zeilen gestrichen wurden, die als nicht vorzeichenbeschränkte Schlupfvariablen mit ihren Restriktionen bzgl. des Problems

$(PVMP)_1$ redundant sind, wird in den Schritten (1.2) und (1.3) geprüft, ob ausgehend von der reduzierten Basislösung eine Parameterwerterhöhung ausgeschlossen ist. Dies ist offensichtlich dann der Fall, wenn für die betreffende Zielfunktion $\bar{k}$ das Simplexkriterium erfüllt ist.

Kann das Verfahren hingegen fortgesetzt werden - erweist sich also eine Parameterwerterhöhung als unter Umständen möglich -, so erfolgt im Schritt (1.4) der Test, ob in der vorliegenden Basislösung nicht vorzeichenbeschränkte Schlupfvariablen als Nichtbasisvariablen vertreten sind. Ist dies nicht der Fall ($I_{NB} = \emptyset$), liegt offensichtlich eine Basislösung des Problems $(PVMP)_1$ vor, und das Verfahren kann mit Schritt (1.8.1) fortgesetzt werden.

Liegt hingegen noch keine Basislösung des Problems $(PVMP)_1$ vor, so wird in den Schritten (1.5.1) bis (1.5.5) zunächst versucht, Pivotelemente aufgrund vorhandener Degenerationen zu generieren. Denn gelingt es, eine nicht vorzeichenbeschränkte Schlupfvariable einer Restriktion $c_k x \geqq c_k x^{*j-1}$ ($k \in \bar{I}^j$), die in der vorliegenden Basislösung Nichtbasisvariable ist, im Austausch gegen eine degenerierte Basisvariable zur Basisvariablen zu machen, so resultiert aus dieser Operation eine Basislösung, in der nach Streichung der neuen Basisvariablen mit ihrer entsprechenden Zeile die verbliebenen Variablen dieselben Werte wie in der zuvor ermittelten Basislösung annehmen.

Liegt hingegen keine degenerierte Basislösung vor, so wird eine beliebige Nichtbasisvariable, die als Schlupfvariable keiner Vorzeichenbeschränkung unterliegt, in den Schritten (1.6.1) bis (1.6.4) als neue Basisvariable ermittelt. Den Schritten (1.6.3) und (1.6.4) kommt dabei die Aufgabe zu, die Bestimmung des Pivotelements derart vorzunehmen, daß die nach durchgeführtem Basiswechsel resultierende Basislösung wiederum primalzulässig ist. Im Schritt (1.7) erfolgt schließlich die Berechnung einer weiteren - und nach Streichung der neuen Basisvariablen mit der entsprechenden Zeile - gegenüber der zuvor ermittelten Basislösung um eine Dimension verringerten Basislösung. Diese Prozedur wird iterativ so lange fortgesetzt, bis eine Basislösung x'^r ermittelt ist, in der keine vorzeichenunbeschränkte Schlupfvariable mehr vertreten ist ($I_{NB} = \emptyset$). In den Schritten (1.8.1) bis (1.8.3) wird zum Abschluß des ersten Verfahrensteils neben einer durchzuführenden Tableauerweiterung lediglich darüber befunden, mit welchem Schritt der zweite Verfahrensteil fortzusetzen ist.

Daß die ermittelte Basislösung x'^r für das Problem $(PVMP)_1$ mit $\delta = 0$ sowohl primalzulässig als auch effizient ist, geht aus folgenden Überlegungen hervor. Beachtet man zunächst, daß $b_m'^r \geqq 0$ für alle $m \in I_Z$ gilt, so folgt für $\delta = 0$ die Primalzulässigkeit der Basislösung x'^r. Grundlage für den Nachweis der Effizienzeigenschaft der Basislösung x'^r bzgl. $(PVMP)_1$ mit $\delta = 0$ ist die Effizienzeigenschaft der Basislösung x^{j-1} bzgl. $(PVMP)_2$. Demnach ist x^{j-1} zwar nicht notwendig eine Basislösung des Problems $(PVMP)_1$, wohl aber ist $x*^{j-1}$ effizient bzgl. $(PVMP)_1$. Unter Beachtung von Satz 6 muß dann aber eine effiziente Basislösung des Problems $(PVMP)_1$ auf der gleichen Facette des Polyeders liegen, auf der auch die effiziente Lösung $x*^{j-1}$ liegt. Weiter erkennt man, daß bei der Generierung der Basislösung x'^r aus der Basislösung x'^1 keine zusätzlichen Schlupfvariablen von Restriktionen des Problems $(PVMP)_1$ zu Basisvariablen gemacht werden. Somit muß die Basislösung x'^r auf derselben Facette liegen wie die Basislösungen x'^1 und x^{j-1}. Betrachtet man das Problem $(PVMP)_1$ mit $\delta = 0$, und liegt $x*^{j-1}$ im Innern einer Facette des zugehörigen Polyeders X^1, so sind alle Ecken und damit alle zu diesen Ecken korrespondierenden Basislösungen - also auch die vorliegende Basislösung x'^r - effizient bzgl. $(PVMP)_1$. Liegt $x*^{j-1}$ hingegen auf dem Rand der betrachteten Facette, so gelangt man durch die vorgeschlagene Prozedur allein zu Ecken, deren Konvexkombinationen gerade diesen Rand, auf dem $x*^{j-1}$ liegt, erzeugen. Auch in diesem Fall erweist sich somit die generierte Basislösung x'^r als effizient bzgl. des Problems $(PVMP)_1$ mit $\delta = 0$.[1)]

---

1. Vgl. hierzu auch ECKER/HEGNER [1978], S. 1006 f.

<u>Beispiel 3.6.:</u> Gegeben sei das lineare Vektormaximumproblem $(3.3)_B$. Dem Entscheidungsträger liegt die erste Kompromißalternative $x^{*1} = (2,0,2)^T$ mit den zugehörigen Zielfunktionswerten $Cx^{*1} = (4,2,0)^T$ vor. Ausgehend von diesen Informationen wünscht dieser eine Erhöhung des Zielfunktionswertes der Zielfunktion $\bar{k} = 1$. Zielfunktionswertuntergrenzen seien seinen Angaben nach nicht zu beachten. Als Zielfunktion, deren Wert bei Erhöhung des Zielfunktionswertes der Zielfunktion $\bar{k} = 1$ - falls möglich - mit erhöht werden soll, wird $k = 3$ angegeben. Eine Grenze für die Zielfunktionswerterhöhung der Zielfunktion $\bar{k} = 1$ wird durch den Entscheidungsträger nicht angegeben.

Aus diesen Informationen des Entscheidungsträgers resultieren die Indexmengen $I_+^2 = \{1\}$ und $I_0^2 = \{3\}$, die Indexmenge I_+^1 ist für die erste Kompromißalternative mit $I_+^1 = \{1,\ldots,K\} = \{1,2,3\}$ gegeben; schließlich gilt $\Delta = \infty$.

(1.1) $I'^2 = \emptyset$, $\bar{I}^2 = \{2,3\}$. Das Tableau der Basislösung x'^1 stimmt mit dem Tableau 3 der Basislösung x^1 aufgrund von $I'^2 = \emptyset$ überein. Lediglich $b_6'^1$ und $b_7'^1$ sind Null zu setzen. Als Indexmengen erhält man $I_{BV}'^1 = \{1,2,3,4,5,8,9\}$ sowie $I_{NV} = \{9,10\}$. Da $\alpha_7'^1 = 9 \in \{1,2,3,4,5,8,9\} \cap \{9,10\}$ ist, wird die Variable $x_7'^1 = x_9$ aus dem Tableau mit der Zeile $m = 7$ entfernt, und man erhält als Tableau der Basislösung x'^2

$x_1'^2$	$x_2'^2$	$x_3'^2$	$x_4'^2$	$x_5'^2$	$x_8'^2$	$x_6'^2$	$x_7'^2$	$x_{10}'^2$	
						-1	2	-1/4	4
						4	-2	1	2
								-1	0
1						-2	2		2
	1							-1^*	0
		1				1		1/2	2
			1			2	-2	1	2
				1				1	2
					1	-1	2	-1/4	0

Tableau 4

Schließlich ergeben sich die Indexmengen $I'^2_{BV} = \{1,2,3,4,5,8\}$, $I_{NB} = \{10\}$, $I_Z = \{1,2,3,4,5,6\}$, $I_E = \emptyset$, $I_U = \emptyset$ und $I_T = \emptyset$; darüber hinaus ist $r = 2$ zu setzen.

(1.2) Ja, x_8 ist Basisvariable.

(1.3) Nein; denn $x'^2_{\alpha_6} = x_8$ und $a'^2_6 = (-1,2,-1/4) \not\geqq \underline{0}^T$.

(1.4) Nein; denn $I_{NB} = \{10\} \neq \emptyset$.

(1.5.1) $I_D = \{2,6\}$.

(1.5.2) Nein.

(1.5.3) $m' = 2$, $I_D = \{6\}$, $I^2_D = \{10\}$.

(1.5.4) Nein.

(1.5.5) $\gamma'^2_3 = 10$, $I_{NB} = \emptyset$. Mit dem derart bestimmten und im Tableau 4 gekennzeichneten Pivotelement $a'^2_{2,10} = -1$ wird das Verfahren mit Schritt (1.7) fortgesetzt.

(1.7) Man erhält die Basislösung x'^3, deren Tableau - nachdem $x'^3_{\alpha_6} = x'^2_{10}$ und die Zeile $m = 6$ getsrichen wurden - wie folgt aussieht:

x'^3_1	x'^3_3	x'^3_4	x'^3_5	x'^3_8	x'^3_2	x'^3_6	x'^3_7		δ
					-1/4	-1	2	4	0
					1	4	-2	2	0
					-1			0	0
1						-2	2	2	0
	1				1/2	1		2	0
		1			1	2	-2	2	0
			1		1			2	0
				1	-1/4	-1	2	0	-1

Tableau 5

Weiter gilt $I_Z = \{1,2,3,4,5\}$ und $r = 3$.

(1.2) Ja, x_8 ist Basisvariable.

(1.3) Nein.

(1.4) Ja.

(1.8.1) Es liegt eine Basislösung des Problems $(PVMP)_1$ mit $\delta = 0$ vor. Die Tableauerweiterung ist im Tableau 5 bereits durchgeführt. Weiter ist $\bar{\delta} = 0$ zu setzen.

(1.8.2) Ja.

(1.8.3) Es ergeben sich aufgrund von $x'^{3}_{\alpha_5} = x_8$ die Indexmengen $I_D = \emptyset$ und $I_P = \{2,6\}$, mit denen das Verfahren mit Schritt (2.1.1) fortzusetzen ist.

3.4.3. Ermittlung einer Austauschtabelle

Nach der Bestimmung einer ersten effizienten Basislösung des Problems $(PVMP)_1$ mit $\delta = 0$ kommt dem zweiten Teil des Verfahrens die Aufgabe zu, die angesprochene Austauschtabelle zu generieren.

(2.1.1) Gilt $I_D = \emptyset$?
Falls ja, setze $I_P^o := I_P$ und gehe zu (2.1.3).

(2.1.2) Bilde $I_P^o := \{ \gamma'^{r}_{n} \in I_P \mid a'^{r}_{m\gamma_n} \leqq 0 \quad (m \in I_D) \}$.

(2.1.3) Gilt $I_P^o = \emptyset$?
Falls ja, gehe zu (2.9.2).
Andernfalls setze $i := 0$.

(2.2.1) Gilt $I_o^j = \emptyset$?
Falls ja, gehe zu (2.3.1).
Andernfalls sezte $\bar{U} := |I_o^j|$.

(2.2.2) Gilt $|I_P^i| \leqq 1$?
Falls ja, gehe zu (2.3.1).

Andernfalls setze $i := i + 1$.

(2.2.3) Bilde $I_P^i := \{ \gamma_n^{'r} \in I_P^{i-1} \mid c_{k_i \gamma_n}^{'r} < 0 \quad (k_i \in I_o^j) \}$.

(2.2.4) Gilt $i = \bar{U}$?
Falls ja, gehe zu (2.3.1).

(2.2.5) Gilt $I_P^i = \emptyset$?
Falls ja, setze $I_P^i := I_P^{i-1}$, $i := i + 1$ und gehe zu (2.2.3).
Andernfalls gehe zu (2.2.2).

(2.3.1) Gilt $I_P^i = \emptyset$?
Falls nein, gehe zu (2.3.3).

(2.3.2) Gilt $i \geqq 1$?
Falls ja, setze $i := i - 1$ und gehe zu (2.3.1).
Andernfalls gehe zu (2.9.2).

(2.3.3) Wähle ein $\gamma_{n'}^{'r} \in I_P^i$ und setze $I_P^i := I_P^i \setminus \{\gamma_{n'}^{'r}\}$.

(2.3.4) Gilt $\gamma_{n'}^{'r} \in I_T$?
Falls ja, gehe zu (2.3.1).
Andernfalls setze $I_T := I_T \cup \{\gamma_{n'}^{'r}\}$.

(2.3.5) Besitzt das lineare Programm (PE) eine optimale Lösung mit $s^*_{\gamma_{n'}} = 0$?
Falls nein, gehe zu (2.3.1).

(2.4) Berechne ausgehend von der vorliegenden Basislösung $x^{'r}$ die Basislösung $x^{'r+1}$ mit dem Pivotelement $a_{m'\gamma_{n'}}^{'r}$, wobei m' sich bestimmt aus $x_{\alpha_{m'}}^{'r} := x_{M+N+\bar{k}}$. Setze $r := r + 1$.

(2.5.1) Bilde $I_G := \{ m \in I_Z \mid d_m^{'r} < 0 \}$.

(2.5.2) Gilt $I_G = \emptyset$?
Falls ja, gehe zu (2.11.2).

(2.5.3) Setze $\underline{\delta} := \bar{\delta}$. Berechne $\bar{\delta} = \min \{ -b'^{r}_{m}/d'^{r}_{m} \quad (m \in I_G) \}$, speichere die Lösung $x'^{r}(\delta)$, das zugehörige Tableau sowie das Intervall $\underline{\delta} \leqq \delta \leqq \bar{\delta}$. Bilde $I'_D := \{ m \in I_G \mid b'^{r}_{m} + d'^{r}_{m}\bar{\delta} = 0 \}$.

(2.6) Gilt $\bar{\delta} \geqq \Delta$?
Falls ja, gehe zu (2.11.1).

(2.7) Existiert ein $m' \in I'_D$ für das $a'^{r}_{m'} \geq \underline{0}^T$ gilt ?
Falls ja, gehe zu (2.11.1).

(2.8) Wähle ein $m' \in I'_D$ und berechne ausgehend von der vorliegenden Basislösung x'^{r} die Basislösung x'^{r+1} mit dem Pivotelement $a'^{r}_{m'N+M+\bar{k}}$; setze $r := r + 1$, $I_U := \emptyset$ und $I_T := \emptyset$. Es ei $x'^{r}_{\alpha_{m'}} := x_{N+M+\bar{k}}$; bilde $I_D := \{ m \in I_Z \setminus \{m'\} \mid b'^{r}_{m} = 0 \}$ und $I_P := \{ \gamma'^{r}_{n} \mid a'^{r}_{m'\gamma_n} < 0 \quad (n \in \{1,...,N\}) \}$ und gehe zu (2.1.1).

(2.9.1) Wähle ein $\bar{m} \in I_D$, setze $I_D := I_D \setminus \{\bar{m}\}$ und bilde $I^{\bar{m}}_D := \{ \gamma'^{r}_{n} \mid a'^{r}_{\bar{m}\gamma_n} \neq 0 \quad (n \in \{1,...,N\}) \}$, stelle jede durch die Aufnahme von $x'^{r}_{\gamma_n}$ $(\gamma'^{r}_{n} \in I^{\bar{m}}_D)$ in die Basis neu entstehende Basislösung durch das Tupel α'^{n} dar und speichere alle so gewonnenen Tupel in I_U.

(2.9.2) Gilt $I_D = \emptyset$?
Falls nein, gehe zu (2.9.1).
Andernfalls setze $I_E := I_E \cup \{\alpha'^{r}\}$ und $I_U := I_U \setminus I_E$.

(2.9.3) Gilt $I_U = \emptyset$?
Falls ja, gehe zu (2.11.1).

(2.9.4) Wähle das Element aus I_U, das zum Basistupel α'^{r} der vorliegenden Basislösung x'^{r} den geringsten Abstand besitzt, und ermittle die zugehörige Basislösung x'^{r+1}; setze $r := r + 1$.

(2.10) Es sei $x'^{r}_{\alpha_{m'}} := x_{N+M+\bar{k}}$. Gilt $a'^{r}_{m'} \geqq \underline{0}^T$?

Falls nein, bilde $I_P := \{ \gamma'^{r}_{n} \mid a'^{r}_{m'\gamma_n} < 0 \quad (n \in \{1,\ldots,N\}) \}$

sowie $I_D := \{ m \in I_Z \setminus \{m'\} \mid b'^{r}_{m} = 0 \}$; gehe zu (2.1.1).

(2.11.1) Für $0 \leqq \delta \leqq \bar{\delta}$ liegen bzgl. des Problems $(PVMP)_1$ effiziente Alternativen in Abhängigkeit von δ vor.

(2.11.2) Für $0 \leqq \delta$ liegen bzgl. des Problems $(PVMP)_1$ effiziente Alternativen in Abhängigkeit von δ vor.

Erläuterungen zu den Verfahrensschritten

Ausgangspunkt für die erläuternden Bemerkungen zu diesem Verfahrensteil ist das Vorliegen einer nichtdegenerierten Basislösung des Problems $(PVMP)_1$, wobei zunächst unterstellt wird, daß die Schlupfvariable der Restriktion $c_{\bar{k}}x \geqq c_{\bar{k}}x^{*j-1} + \delta$ Basisvariable ist - also $x'^{r}_{\alpha_{m'}} := x_{N+M+\bar{k}}$. Demnach wird das Verfahren mit den Schritten (2.2.1) bis (2.2.5) fortgesetzt.

Diesen Schritten kommt die Aufgabe zu, eine Reihenfolge festzulegen, in der die in Zeile m' vorhandenen potentiellen Pivotelemente hinsichtlich ihrer Eigenschaft geprüft werden, zu neuen effizienten Basislösungen zu führen. Grundlage dieser Anordnung ist die vom Entscheidungsträger bestimmte Menge I_0^j. Ist in den Schritten (2.3.1) bis (2.3.5) ein geeignetes Pivotelement ermittelt worden, erfolgt im Schritt (2.4) die Bestimmung einer neuen effizienten Basislösung des Problems $(PVMP)_1$.

Für diese ermittelte Basislösung wird in den Schritten (2.5.1) bis (2.5.3) der kritische Bereich ermittelt, in dem der Parameter δ variieren darf, ohne daß die vorliegende effiziente Basislösung ihre Primalzulässigkeit verliert. Wird im Schritt (2.5.2) festgestellt, daß sich keine obere Parametergrenze bestimmen läßt, so liegt offenbar ein nicht beschränkter Zulässigkeitsbereich vor, und das Verfahren kann mit der vorliegenden Basislösung beendet werden. Bei Existenz einer Parameterobergrenze und bei Nichtwirksamkeit der in den Schritten (2.6) und (2.7) formulierten Abbruchkriterien wird mit Hilfe eines dualen Simplexschrittes im Schritt (2.8) die Variable $x_{N+M+\bar{k}}$ zur Basisvariable gemacht. Aufgrund des Satzes 8 erweist sich diese ermittelte Basislösung als effizient bzgl. $(PVMP)_1$. Die Nichteindeutigkeit der Zeilenwahl bei der Bestimmung des Pivotelements führt nach durchgeführtem Basiswechsel stets zu einer degenerierten Basislösung.

Für derartige degenerierte Basislösungen wird im Schritt (2.1.2) zunächst geprüft, ob durch die angestrebte Parameterwerterhöhung im nächsten Simplexschritt eine neue effiziente Ecke des zugrundeliegenden Polyeders erreicht werden kann oder ob lediglich eine Basislösung gewonnen wird, die zur selben Ecke korrespondiert wie die vorliegende Basislösung. Im zweiten Fall sind in den Schritten (2.9.1) bis (2.9.3) alle zur vorliegenden degenerierten Basislösung benachbarten und im Laufe des Verfahrens noch nicht ermittelten Basislösungen, die zur selben Ecke korrespondieren, in der Menge I_U in Form ihrer Basistupel zu speichern. Mit der Wahl eines Elements aus der Menge I_U und der anschließenden Berechnung der zu diesem Element gehörenden Basislösung wird das Verfahren mit dem Schritt (2.9.4) fortgesetzt. In dieser neuen Basislösung x'^r, die zur selben Ecke korrespondiert wie die Basislösung x'^{r-1}, verliert die Variable $x_{N+M+\bar{k}}$ nicht die Eigenschaft, Basisvariable zu sein. Sie wird erst in dem Moment wieder aus der Basis entfernt, in dem es möglich ist, ausgehend von einer vorliegenden Basislösung mit dem nächsten Simplexschritt eine neue effiziente Basislösung zu generieren, die zu einer anderen Ecke des betrachteten Polyeders korrespondiert. Ergibt die Prüfung in Schritt (2.10), daß eine Erhöhung des Parameterwertes durch die Ermittlung neuer Basislösungen nicht ausgeschlossen ist, erfolgt eine Fortführung des Verfahrens mit dem Schritt (2.1.1). Andernfalls kann die Prozedur mit dem vorliegenden Parameterintervall mit Schritt (2.11.1) beendet werden.

<u>Beispiel 3.7.:</u> Fortgeführt wird das Beispiel 3.6. Die im Schritt (1.8.3) bestimmten und für den Fortgang des Verfahrens benötigten Indexmengen lauten $I_D = \emptyset$ und $I_P = \{2,6\}$. Das Verfahren ist mit Schritt (2.1.1) fortzusetzen.

(2.1.1) Ja; $I_P^0 = \{2,6\}$.

(2.1.3) Nein; i = 0.

(2.2.1) Nein; $\bar{U} = 1$.

(2.2.2) Nein; i = 1.

(2.2.3) $I_P^1 = \{2\}$.

(2.2.4) Ja.

(2.3.1) Nein.

(2.3.3) $\gamma_2'^3 = 2$; $I_P^1 = \emptyset$.

(2.3.4) Nein; $I_T = \{2\}$.

(2.3.5) Das entsprechende lineare Programm (PE) lautet:

$$\min \left\{ s_2 \;\middle|\; \begin{array}{rl} -1/4t_1 + t_2 - t_3 - s_2 & = 0 \\ -t_1 + 4t_2 \qquad\qquad - s_6 & = 0 \\ 2t_1 - 2t_2 \qquad\qquad - s_7 & = 0 \\ s_2, s_6, s_7 & \geqq 0 \\ t_1, t_2, t_3 & \geqq 1 \end{array} \right\}$$

Ja; eine auf die t-Komponenten eingeschränkte optimale Lösung für $s_2^* = 0$ lautet $t = (8,4,2)^T$.

(2.4) Mit $a_{5,2}'^3 = -1/4$ als Pivotelement wird die effiziente Basislösung x'^4 berechnet, deren zugehöriges Tableau wie folgt aussieht:

$x_1'^4$	$x_2'^4$	$x_3'^4$	$x_4'^4$	$x_5'^4$	$x_6'^4$	$x_7'^4$	$x_8'^4$		δ
							-1	4	1
						6	4	2	-4
					4	-8	-4	0	4
1					-2	2		2	0
	1				4	-8	-4	0	4
		1			-1	4	2	2	-2
			1		-2	6	4	2	-4
				1	-4	8	4	2	-4

Tableau 6

Darüber hinaus ist r = 4 zu setzen.

(2.5.1) $I_G = \{3,4,5\}$.

(2.5.2) Nein.

(2.5.3) $\underline{\delta} = 0$; $\bar{\delta} = \min\{1, 1/2, 1/2\} = 1/2$; das zur berechneten und zu speichernden Basislösung x'^4 gehörende Intervall des Pameters δ lautet $0 \leq \delta \leq 1/2$.
Mit $I_D' = \{4,5\}$ wird das Verfahren fortgesetzt.

(2.6) Nein.

(2.7) Nein.

(2.8) $m' = 5$; mit $a'^4_{5,8} = 4$ als Pivotelement wird die nächste effiziente Basislösung x'^5 mit dem Tableau 7 berechnet. Mit $r = 5$, $I_U = \emptyset$, $I_T = \emptyset$, $I_D = \{4\}$ und $I_P = \{6\}$ wird das Verfahren mit Schritt (2.1.1) fortgesetzt.

(2.1.1) Nein.

(2.1.2) $I_P^o = \emptyset$.

(2.1.3) Ja; demnach wird das Verfahren mit Schritt (2.9.2) fortgesetzt.

$x_1'^5$	$x_2'^5$	$x_3'^5$	$x_4'^5$	$x_8'^5$	$x_5'^5$	$x_6'^5$	$x_7'^5$		δ
					1/4	-1	2	9/2	0
					-1	4	-2	0	0
					1			2	0
1						-2	2	2	0
	1				1			2	0
		1			-1/2	1		1	0
			1		-1	2	-2	0	0
				1	1/4	-1	2	1/2	-1

Tableau 7

(2.9.2) Nein.

(2.9.1) $\bar{m} = 4$, $I_D = \emptyset$, $I_D^4 = \{5,6,7\}$, $I_U = \{(1,2,3,5,8),(1,2,3,6,8),(1,2,3,7,8)\}$.

(2.9.2) Ja; $I_E = \{(1,2,3,4,8)\}$, $I_U = \{(1,2,3,5,8),(1,2,3,6,8),(1,2,3,7,8)\}$.

(2.9.3) Nein.

(2.9.4) Es wird die zum Basistupel (1,2,3,5,8) gehörende Basislösung x'^6 mit $a_{4,5}'^5 = -1$ als Pivotelement berechnet.

$x_1'^6$	$x_2'^6$	$x_3'^6$	$x_5'^6$	$x_8'^6$	$x_4'^6$	$x_6'^6$	$x_7'^6$		δ
					1/4	-1/2	3/2	9/2	0
					-1	2		0	0
					1	2	2	2	0
1						-2	2	2	0
	1				1	2	-2	2	0
		1			-1/2		1	1	0
			1		-1	-2	2	0	0
				1	1/4	-1/2	3/2	1/2	-1

Tableau 8

Weiter ist r = 6 zu setzen.

(2.10) Nein; denn $x'^{6}_{\alpha_5} = x_8$, woraus sich $a'^{6}_{5} = (1/4,-1/2,3/2)$ ergibt; $I_P = \{6\}$, $I_D = \{4\}$.

(2.1.1) Nein.

(2.1.2) $I_P^o = \{6\}$.

(2.1.3) Nein; i = 0.

(2.2.1) Nein; $\bar{U} = 1$.

(2.2.2) Ja.

(2.3.1) Nein.

(2.3.3) $\gamma'^{6}_{2} = 6$, $I_P^o = \emptyset$.

(2.3.4) Nein; $I_T = \{6\}$.

(2.3.5) Ja; eine zu $s_6^* = 0$ führende, auf die t-Komponenten eingeschränkte Lösung des hier nicht angegebenen linearen Programms (PE) lautet $t = (8,1,1)^T$.

(2.4) Mit $a'^{6}_{5,6} = -1/2$ als Pivotelement wird die effiziente Basislösung x'^{7} berechnet.

$x_1'^7$	$x_2'^7$	$x_3'^7$	$x_5'^7$	$x_6'^7$	$x_4'^7$	$x_7'^7$	$x_8'^7$		δ
							-1	4	1
						6	4	2	-4
					2	4	4	4	-4
1					-1	-4	-4	0	4
	1				2	4	4	4	-4
		1			-1/2	1		1	0
			1		-2	-4	-4	-2	4
				1	-1/2	-3	-2	-1	2

Tableau 9

Darüber hinaus ist r = 7 zu setzen.

(2.5.1) $I_G = \{2\}$.

(2.5.2) Nein.

(2.5.3) $\underline{\delta} = 1/2$; $\bar{\delta} = \min\,\{1\} = 1$; das zur berechneten und zu speichernden Basislösung x'^7 gehörende Intervall des Parameters δ lautet $1/2 \leqq \delta \leqq 1$.
Mit $I_D' = \{2\}$ wird das Verfahren fortgesetzt.

(2.6) Nein.

(2.7) Ja; denn offenbar gilt $a_2'^7 = (2,4,4) \geq \underline{0}^T$.

(2.11.1) Für $0 \leqq \delta \leqq 1$ liegen bzgl. des Problems $(PVMP)_1$ effiziente Alternativen in Abhängigkeit von δ vor. Als Austauschtabelle erhält man demnach:

δ	$c_1x^{*2}(\delta)$	$c_2x^{*2}(\delta)$	$c_3x^{*2}(\delta)$
$0 \leqq \delta \leqq 1/2$	$4 + \delta$	$2 - 4\delta$	$0 + 4\delta$
$1/2 \leqq \delta \leqq 1$	$4 + \delta$	$2 - 4\delta$	$4 - 4\delta$

Tabelle 9

Diese Austauschtabelle wird dem Entscheidungsträger vorgelegt, der durch die Bestimmung von $\delta^* \in [0,1]$ die nächste Kompromißalternative in Kenntnis der Auswirkungen auf die Zielfunktionswerte festlegt. So wird z.B. mit $\delta^* = 3/4$ demnach die aus der Basislösung $x'^7 = x^2$ resultierende Kompromißalternative $x^{*2} = (3,1,1)^T$ mit den Zielfunktionswerten Cx^{*2} $(19/4,-1,1)^T$ gewonnen. Hiervon ausgehend muß der Entscheidungsträger festlegen, ob mit der generierten Alternative das Verfahren abgebrochen werden soll oder von ihm eine Fortsetzung der Suche nach einem besseren Kompromiß gewünscht wird.

Erscheint die Anzahl der in der Austauschtabelle enthaltenen Intervalle des Parameters δ als unüberschaubar groß, so daß hieraus für den Entscheidungsträger eine nicht mehr übersichtliche Informationsfülle resultiert, kann von der Möglichkeit Gebrauch gemacht werden, auf eine parameterabhängige Darstellung der Zielfunktionswerte der einzelnen Zielfunktionen zu verzichten und für ausgewählte Parameterwerte $\delta \in [0,\delta^Z]$ die resultierenden Werte direkt anzugeben.

Das Bestreben des Entscheidungsträgers, nach Vorlage einer Kompromißalternative x^{*j-1} die Senkung des Zielfunktionswertes $c_{\bar{k}}x^{*j-1}$ der Zielfunktion $\bar{k}$ vorzunehmen, um hierdurch Zielfunktionswertverbesserungen bei den von ihm gleichzeitig verfolgten Zielfunktionen zu erreichen, läßt sich durch die Berücksichtigung der Restriktion $c_{\bar{k}}x \geqq c_{\bar{k}}x^{*j-1} - \delta$ $(\delta \geqq 0)$ im Problem $(PVMP)_1$ abbilden. Folgende Modifikationen an einzelnen Stellen der dargestellten Verfahrensteile sind zur Erfassung dieses Falles notwendig.

Im ersten Verfahrensteil entfallen die Schritte (1.2) und (1.3); entsprechend ist die Sprunganweisung im Schritt (1.7) abzuändern von (1.2) in (1.4). Im Schritt (1.8.1) ist die Erweiterung der rechten Seite mit $\bar{d}'^r := c'^r_{N+M+\bar{k}}$ und $d'^r := a'^r_{N+M+\bar{k}}$ vorzunehmen. Schließlich ist im Schritt (1.8.3) die Definition der Indexmenge I_P zu ersetzen durch $I_P := \{ \gamma'^r_n \mid a'^r_{m'\gamma_n} > 0 \quad (n \in \{1,...,N\}) \}$.

Im zweiten Verfahrensteil entfällt Schritt (2.7); die analoge Korrektur der Indexmenge I_P, wie sie auch im ersten Verfahrensteil notwendig wurde, ist im Schritt (2.8) vorzunehmen. Als letzte Abwandlung gegenüber dem Verfahren zur Zielfunktionswerterhöhung der Zielfunktion $\bar{k}$ ist der Schritt (2.10) zu ersetzen durch:

(2.10) Es sei $x'^r_{\alpha_{m'}} := x_{N+M+\bar{k}}$. Bilde $I_P := \{ \gamma'^r_n \mid a'^r_{m'\gamma_n} > 0$ $(n \in \{1,...,N\})\}$ sowie $I_D := \{ m \in I_Z \setminus \{m'\} \mid b'^r_m = 0 \}$ und gehe zu (2.1.1).

ABKÜRZUNGSVERZEICHNIS

Abs.	= Absatz
BFuP	= Betriebswirtschaftliche Forschung und Praxis
bzgl.	= bezüglich
bzw.	= beziehungsweise
DB	= Der Betrieb
d.h.	= das heißt
Ed.	= Editor oder edited
EJOR	= European Journal of Operational Research
evt.	= eventuell
f.	= folgende Seite
ff.	= folgende Seiten
GE	= Geldeinheiten
hrsg.	= herausgegeben
i.a.	= im allgemeinen
JoF	= Journal of Finance
J.Opl.Res. Soc.	= Journal of the Operational Research Society
KVStG	= Kapitalverkehrsteuergesetz
Kap.	= Kapitel
KRP	= Kostenrechnungspraxis
max, *max*	= maximiere
min	= minimiere
MOS	= Mathematische Operationsforschung und Statistik
MP	= Mathematical Programming
MS	= Management Science
Num.Math.	= Numerische Mathematik
o.B.d.A.	= ohne Beschränkung der Allgemeinheit
OR	= Operations Research
OR-S	= Operations Research-Spektrum
QJE	= Quarterly Journal of Economics
RDO	= Rechnungswesen, Datentechnik, Organisation
S.	= Seite
Sp.	= Spalte

STCK	= Stück
u.a.	= unter anderem
u.ä.	= und ähnliches
usw.	= und so weiter
UStG	= Umsatzsteuergesetz
v.	= von
vgl.	= vergleiche
WStG	= Wechselsteuergesetz
z.B.	= zum Beispiel
ZfB	= Zeitschrift für Betriebswirtschaft
ZfbF	= Schmalenbachs Zeitschrift für betriebswirtschaftliche Forschung
ZfhF	= Zeitschrift für handelswissenschaftliche Forschung
ZOR	= Zeitschrift für Operations Research

SYMBOLVERZEICHNIS[1)]

A_t := Kapazität der Materialeingangsstelle in Periode t [KE/PE].

AK_t := Zahlungen aus Aufnahme und Tilgung von Akzeptkrediten in Periode t [GE].

AK^Z := Im Planungszeitraum durch Inanspruchnahme von Akzeptkrediten verursachte und ihm zurechenbare Kosten [GE].

B_{at} := Bedarf an Materialart a in Periode t [ME].

B_t^{Ak} := Bestand an Akzeptkrediten in Periode t [GE].

B_t^{FG} := Bestand an Festgeldanlagen in Periode t [GE].

B_t^{Ko+} := Bestand an Kontokorrent- und Oberziehungskrediten in Periode t [GE].

B_t^{Ko-} := Bestand an Kontokorrentguthaben in Periode t [GE].

B_t^{KS} := Bestand an sonstigen Krediten in Periode t [GE].

B_t^{La} := Wertmäßiger Materialbestand in Periode t [GE].

B_t^{Lo} := Bestand an Lombardkrediten in Periode t [GE].

B_t^{OR} := Bestand an Lieferantenkrediten in Periode t [GE].

B_t^{So} := Bestand an ausgestellten Solawechseln in Periode t [GE].

B_t^{W} := Wertmäßiger Wechselbestand in Periode t [GE].

B_t^{WP} := Wertmäßiger Wertpapierbestand in Periode t [GE].

$\bar{\bar{BW}}_l$:= Vom Lieferanten l geforderter Mindestbestellwert [GE].

BW_t := Einzahlungen aus Fälligkeit von Besitzwechseln in Periode t [GE].

c_{al} := Zahl der Perioden, die zwischen Bestellperiode und Periode der frühest möglichen Materialzustellung für die Materialart a beim Lieferanten l liegt [-].

---

1. In das Symbolverzeichnis werden allein die im Kapitel B verwendeten Größen aufgenommen. Verzichtet wird darüber hinaus auf den Periodenbezug der einzelnen definierten Größen bei der Dimensionsangabe.

c^*_{al} := Zahl der Perioden, die die Materialart a beim Lieferanten l längstens nach der Periode der frühest möglichen Materialzustellung lagern darf [-].

c^l := Vom Lieferanten l geforderte Restlaufzeit für abgetretene Wechsel [-].

c^{WB} := Von den Kreditinstituten durchschnittlich geforderte Restlaufzeit zum Diskont gereichter bundesbankfähiger Wechsel [-].

c^{WB}_k := Vom Kreditinstitut k geforderte Restlaufzeit zum Diskont gereichter bundesbankfähiger Wechsel [-].

C_{lt} := Betrag, den der Lieferant l in Periode t für nicht im Modell disponierte Materialarten in Rechnung stellt [GE].

CR := Betrag des Umlaufvermögens, der zur Einhaltung der current ratio im Planungszeitraum maximal fehlt [GE].

CR_t := Betrag des Umlaufvermögens, der zur Einhaltung der current ratio in Periode t fehlt [GE].

d_a := Höchstlagerdauer der Materialart a [PE].

DK_t := Einzahlungen aus Wechseldiskontierungen in Periode t [GE].

DK^Z := Im Planungszeitraum durch Wechseldiskontierungen verursachte und ihm zurechenbare Kosten [GE].

E_t := Von den im Modell erfaßten Instrumenten unabhängiger Einzahlungsüberschuß in Periode t [GE].

EL_{lt} := Lagerungskosten, die der Lieferant l in Periode t in Rechnung stellt [GE].

EL_t := Externe Lagerungskosten, die in Periode t verursacht werden [GE].

EW_{lt} := Einstandswert, den der Lieferant l in Periode t berechnet [GE].

f_{gst} := Zins pro Einheit der in Periode s fällig werdenden Finanzanlage g in Periode t [GE/STCK].

f_{gt} := Dividende pro Einheit der Finanzanlage g in Periode t [GE/STCK].

f^{FG}_{kcst} := Zins pro Einheit der beim Kreditinstitut k mit einer ursprünglichen Laufzeit von c Perioden in Periode s angelegten Festgelder, die in Periode t aufgelöst werden [-].

f^{FG}_{kct}, f^{FGo}_{kct} := Dem Planungszeitraum zurechenbarer Zins pro Einheit der beim Kreditinstitut k mit einer vereinbarten Laufzeit von c Perioden in Periode t angelegten, vorzeitig nicht auflösbaren Festgeldanlage [-].

f^{Ko+}_{kt} := Zins pro Einheit und Periode eines beim Kreditinstitut k in Periode t aufgenommenen Kontokorrentkredits [-].

$f^{Ko+'}_{kt}$:= Zins pro Einheit und Periode eines beim Kreditinstitut k in Periode t aufgenommenen Oberziehungskredits [-].

f^{Ko-}_{kt} := Zins pro Einheit und Periode eines beim Kreditinstitut k in Periode t unterhaltenen Kontokorrentguthabens [-].

f^{K1}_{qct} := Zins pro Einheit und Periode eines bei der kreditgewährenden Quelle q mit einer Laufzeit von c Perioden zu Beginn der Periode t aufgenommenen, vorzeitig nicht tilgbaren Kredits [-].

f^{K2}_{qct} := Analog zu f^{K1}_{qct} für vorzeitig tilgbare Kredite [-].

f^{Lo}_{kct}, f^{Loo}_{kct} := Dem Planungszeitraum zurechenbarer Zins pro Einheit eines beim Kreditinstitut k mit einer Laufzeit von c Perioden zu Beginn der Periode t aufgenommenen Lombardkredits [-].

f^{WB}_{kcrt}, f^{WBo}_{kcrt} := Dem Planungszeitraum zurechenbarer Zins pro Einheit eines beim Kreditinstitut k in Periode t zum Diskont gereichten Wechsels, der in Periode r mit einer Laufzeit von c Perioden ausgestellt wurde [-].

f^{WN}_{kcrt}, f^{WNo}_{kcrt} := Analog zu f^{WB}_{kcrt} und f^{WBo}_{kcrt} für nicht bundesbankfähige Wechsel [-].

FE := Im Planungszeitraum verursachter und ihm zurechenbarer Finanzerfolg [GE].

FL_t := Zahlungen aus Errichtung und Auflösung von Finanzanlagen in Periode t [GE].

FG^Z := Im Planungszeitraum durch Bildung von Finanzanlagen verursachter und ihm zurechenbarer Ertrag [GE].

g_t := Versicherungsbetrag pro Lagerwerteinheit und Zeitraum [-].

g^{K1}_{qct}, g^{K1o}_{qct} := Dem Planungszeitraum zurechenbares Disagio pro Einheit eines bei der kreditgewährenden Quelle q mit einer Laufzeit von c Perioden zu Beginn der Periode t aufgenommenen, vorzeitig nicht tilgbaren Kredits [-].

g_{qct}^{K2}, g_{qct}^{K2o} := Analog zu g_{qct}^{K1} und g_{qct}^{K1o} für vorzeitig tilgbare Kredite [-].

gb_{lcrt}^{WB} := Vom Lieferanten l pro Einheit berechnete Gebühr für einen in Periode t abgetretenen bundesbankfähigen Wechsel, der in Periode r mit einer Laufzeit von c Perioden ausgestellt wurde [-].

gb_{lcrt}^{WN} := Analog zu gb_{lcrt}^{WB} für nicht bundesbankfähige Wechsel [-].

gb_{lct}^{Ak} := Vom Lieferanten l pro Einheit berechnete Gebühr für einen in Periode t abgetretenen, mit einer Laufzeit von c Perioden und einem Bankakzept versehenen Wechsel [-].

gb_{lct}^{So} := Analog zu gb_{lct}^{Ak} für Solawechsel [-].

HG_{al} := Mengeneinheiten der Materialart a, die beim Lieferanten l innerhalb eines Zeitraums maximal bestellt werden dürfen [ME].

IL_t := Interne Lagerungskosten in Periode t [GE].

k^l := Lagerkostensatz pro Kapazitätseinheit und Periode [GE/KE].

k_{al} := Lagerkostensatz pro Mengeneinheit der Materialart a und Periode, den der Lieferant l in Rechnung stellt [GE/ME].

KK_t := Zahlungen aus Transaktionen auf den Kontokorrentkonten in Periode t [GE].

KK^Z := Im Planungszeitraum durch Transaktionen auf den Kontokorrentkonten verursachter und ihm zurechenbarer Finanzerfolg [GE].

$\overline{KS}_q$:= Betrag, den die kreditgewährende Quelle q an sonstigen Krediten maximal anbietet [GE].

KS_t := Zahlungen aus Aufnahme und Tilgung von sonstigen Krediten in Periode t [GE].

KS^Z := Im Planungszeitraum durch Aufnahme sonstiger Kredite verursachte und ihm zurechenbare Kreditkosten [GE].

KV^E := Bestand an kurzfristigen Verbindlichkeiten am Ende des Planungszeitraums [GE].

KV_t := Von den im Modell enthaltenen Instrumenten unabhängiger Teil der kurzfristigen Verbindlichkeiten in Periode t [GE].

l_a := Lagerkapazitätsinanspruchnahme pro Einheit der Materialart a [KE/ME].

L_t^o := Lagerkapazität in Periode t [KE].

L_t^+ := Nicht genutzte Lagerkapazität in Periode t [KE].

$\overline{LA}_a$:= Anzustrebender Lagerbestand am Ende des Planungszeitraums der Materialart a [ME].

LK_t := Zahlungen aus Aufnahme und Tilgung von Lombardkrediten in Periode t [GE].

LK^Z := Im Planungszeitraum durch Aufnahme von Lombardkrediten verursachte und ihm zurechenbare Kosten [GE].

LR := Minimale Liquiditätsreserve, die im Planungszeitraum unterhalten wird [GE].

LR_t := Liquiditätsreserve, die in Periode t gehalten wird [GE].

$\overline{LR}_t$:= Anzustrebende Liquiditätsreserve in Periode t [GE].

LR_{kt}^{Ak} := Beitrag zur Liquiditätsreserve durch zusätzliche Aufnahme von Akzeptkrediten beim Kreditinstitut k in Periode t [GE].

LR_{qt}^K := Beitrag zur Liquiditätsreserve durch zusätzliche Aufnahme sonstiger Kredite bei der kreditgewährenden Quelle q in Periode t [GE].

LR_{kt}^{Ko+} := Beitrag zur Liquiditätsreserve durch zusätzliche Aufnahme von Kontokorrentkrediten beim Kreditinstitut k in Periode t [GE].

$LR_{kt}^{Ko+'}$:= Beitrag zur Liquiditätsreserve durch zusätzliche Aufnahme von Überziehungskrediten beim Kreditinstitut k in Periode t [GE].

LR_t^{WB} := Beitrag zur Liquiditätsreserve durch zusätzliche Diskontierung bundesbankfähiger Wechsel [GE].

LR_t^{WN} := Analog zu LR_t^{WB} für nicht bundesbankfähige Wechsel [GE].

LR_{kt}^W := Maximal möglicher Beitrag zur Liquiditätsreserve aufgrund eines nicht ausgeschöpften Wechselobligos beim Kreditinstitut k in Periode t [GE].

LR_{kt}^{WN} := Maximal möglicher Beitrag zur Liquiditätsreserve aufgrund eines nicht ausgeschöpften Wechselobligos für nicht bundesbankfähige Wechselbeträge beim Kreditinstitut k in Periode t [GE].

$LÜ_t$:= Auszahlungen aufgrund von Überweisungen in Periode t [GE].

$\overline{LW}$:= Durch den Versicherer vorgegebene Lagerwertgrenze [GE].

LW_t := Lagerwert, der zu Beginn der Periode t zu versichern ist [GE].

LW'_t := Lagerwert, der die durch den Versicherer vorgegebene Lagerwertgrenze übersteigt und zu Beginn der Periode t zu versichern ist [GE].

m_a := Kapazitätsbedarf für die Annahme und Prüfung einer Einheit der Materialart a [KE/ME].

m'_a := Korrigierter Kapazitätsbedarf für die Annahme und Prüfung einer Einheit der Materialart a [KE/ME].

$\overline{MB}_{at}$:= Anzustrebender Lagermindestbestand der Materialart a in Periode t [ME].

MK := Im Planungszeitraum verursachte und ihm zurechenbare Materialkosten [GE].

p_{at} := Durchschnittlicher Preis pro Einheit der Materialart a in Periode t [GE/ME].

$\bar{p}_{at}$:= Wertansatz pro Einheit der Materialart a für den mit der Periode t beginnenden Versicherungszeitraum [GE/ME].

p^v_{at} := Erlös pro Einheit der am Ende der Periode t zu verkaufenden Materialart a [GE/ME].

p_{alt} := Preis pro Einheit der Materialart a, die beim Lieferanten l in Periode t bestellt wird [GE/ME].

p^+_{gst} := Kurs pro Einheit der in Periode s fällig werdenden und in Periode t zu verkaufenden Finanzanlage g [GE/STCK].

p^-_{gst} := Analog zu p^+_{gst} für zu erwerbende Finanzanlagen [GE/STCK].

p^+_{gt} := Kurs pro Einheit der in Periode t zu verkaufenden Finanzanlage g [GE/STCK].

p^-_{gt} := Analog zu p^+_{gt} für zu erwerbende Finanzanlagen [GE/STCK].

p^{Ko+}_{gst} := Korrigierter Kurs pro Einheit der in Periode s fällig werdenden und in Periode t zu verkaufenden Finanzanlage g [GE/STCK].

p^{Ko-}_{gst} := Analog zu p^{Ko+}_{gst} für zu erwerbende Finanzanlagen [GE/STCK].

p^{Ko+}_{gt} := Korrigierter Kurs pro Einheit der in Periode t zu verkaufenden Finanzanlage g [GE/STCK].

p^{Ko-}_{gt} := Analog zu p^{Ko+}_{gt} für zu erwerbende Finanzanlagen [GE/STCK].

pr^+_g := Von den Kreditinstituten berechnete Gebühr pro Einheit der Finanzanlage g beim Verkauf durch die Unternehmung [GE/STCK].

pr_g^- := Analog zu pr_g^+ für zu erwerbende Finanzanlagen durch die Unternehmung [GE/STCK].

pr_{kct}^{Ak}, pr_{kct}^{Ak} := Dem Planungszeitraum zurechenbare Gebühr pro Einheit des beim Kreditinstitut k mit einer vereinbarten Laufzeit von c Perioden zu Beginn der Periode t aufgenommenen Akzeptkredits [-].

$\bar{P}$:= Unabhängig vom tatsächlichen Lagerwert zu entrichtende Mindestversicherungsprämie [GE].

P_t := In Periode t zu entrichtende Verischerungsprämie [GE].

r^{BS} := Maximale relative Unterdeckung eines Lagermindestbestandes einer Materialart vom vorgegebenen Lagermindestbestand im Planungszeitraum [-].

r_{at}^{BS} := Relative Unterdeckung des Lagermindestbestandes der Materialart a in Periode t vom vorgegebenen Lagermindestbestand [-].

r^{LR} := Maximale relative Unterdeckung einer Liquiditätsreserve von einer vorgegebenen Liquiditätsreserve im Planungszeitraum [-].

r_t^{LR} := Relative Unterdeckung der Liquiditätsreserve in Periode t von der vorgegebenen Liquiditätsreserve [-].

r^{Ma} := Maximale relative Unterdeckung eines Lagerbestandes einer Materialart am Ende des Planungszeitraums vom vorgegebenen Lagerbestand [-].

r_a^{Ma} := Relative Unterdeckung des Lagerbestandes der Materialart a am Ende des Planungszeitraums vom vorgegebenen Lagerbestand [-].

RB_{lt} := Rechnungsbetrag des Lieferanten l in Periode t [GE].

RB_{lt}^E := Am Ende des Planungszeitraums noch nicht beglichener Rechnungsbetrag einer vom Lieferanten l aus Periode t stammenden Rechnung [GE].

RT^Z := Im Planungszeitraum durch die Lieferantenkreditpolitik verursachter und ihm zurechenbarer Finanzerfolg [GE].

sk_{lt^ot}, $sk_{lt^ot}^o$:= Betrag pro Einheit, den der Lieferant l bei Rechnungsbegleichung in Periode t für eine in Periode t^o zugestellte Rechnung gutschreibt und der dem Planungszeitraum zuzurechnen ist [-].

$sk^{Ak}_{lt^o ct}, sk^{Ako}_{lt^o ct}$:= Betrag pro Einheit, den der Lieferant l bei Rechnungsbegleichung mit Hilfe eines über c Perioden laufenden Akzeptwechsels in Periode t für eine in Periode t^o zugestellte Rechnung berechnet und der dem Planungszeitraum zuzurechnen ist [-].

$sk^{So}_{lt^o ct}, sk^{Soo}_{lt^o ct}$:= Analog zu $sk^{Ak}_{lt^o ct}$ und $sk^{Ako}_{lt^o ct}$ für Rechnungsbegleichung mit Solawechseln [-].

$sk^{WB}_{lt^o crt}, sk^{WBo}_{lt^o crt}$:= Analog zu $sk^{AK}_{lt^o ct}$ und $sk^{Ako}_{lt^o ct}$ für Rechnungsbegleichung mit bundesbankfähigen, in Periode r ausgestellten Wechseln [-].

$sk^{WN}_{lt^o crt}, sk^{WNo}_{lt^o crt}$:= Analog zu $sk^{Ak}_{lt^o ct}$ und $sk^{Ako}_{lt^o ct}$ für Rechnungsbegleichung mit nicht bundesbankfähigen, in Periode r ausgestellten Wechseln [-].

st^{So}, st^{Soo}_{ct} := Wechselsteuer pro Einheit eines in Umlauf gebrachten Wechsels, die dem Planungszeitraum zurechenbar ist [-].

SM_{al} := Mengeneinheiten der Materialart a, die im Planungszeitraum beim Lieferanten l zu bestellen sind [ME].

SO_t := Auszahlungen aus Ausstellung von Solawechseln in Periode t [GE].

SO^Z := Im Planungszeitraum durch Ausstellung von Solawechseln verursachte und ihm zurechenbare Kosten [GE].

t^*_l := Früheste unter Umständen vor dem Planungszeitpunkt liegende Rechnungseingangsperiode des Lieferanten l [-].

u_{ltm} := Binärvariablen [-].

us := Umsatzsteuersatz [-].

$üw_{lt^o t}$:= Überweisung in Periode t für eine vom Lieferanten l in Periode t^o erhaltene Rechnung [GE].

US^-_t := Umsatzsteuerbetrag, der zu Beginn der Periode t an das Finanzamt zu zahlen ist [GE].

$\bar{US}_t$:= Umsatzsteuerschuld gegenüber dem Finanzamt ohne Vorsteuerkorrektur in Periode t [GE].

US_{lt} := Umsatzsteuerbetrag, der vom Lieferanten l in Periode t berechnet wird [GE].

UV_t := Von den im Modell enthaltenen Instrumenten unabhängiger Teil des Umlaufvermögens in Periode t [GE].

UV^E := Bestand des Umlaufvermögens am Ende des Planungszeitraums [GE].

v_{at} := Mengeneinheiten der Materialart a, die am Ende der Periode t veräußert werden [ME].

v_{g0} := Bestand der Finanzanlage g zu Beginn des Planungszeitraums [STCK].

v_{gs0} := Bestand der in Periode s fällig werdenden Finanzanlage g zu Beginn des Planungszeitraums [STCK].

v^+_{gst} := Zahl der zu Beginn der Periode t zu veräußernden Finanzanlage g, die in Periode s fällig wird [STCK].

v^-_{gst} := Analog zu v^+_{gst} für zu erwerbende Finanzanlagen [STCK].

v^+_{gt} := Zahl der zu Beginn der Periode t zu veräußernden Finanzanlage g [STCK].

v^-_{gt} := Analog zu v^+_{gt} für zu erwerbende Finanzanlagen [STCK].

v^{Lo}_{gkcst} := Zahl der in Periode s fälligen Einheiten der Finanzanlage g, die in Periode t als Pfand an das Kreditinstitut k zur Erlangung eines über c Perioden befristeten Lombardkredits abgetreten werden [STCK].

v^{Lo}_{gkct} := Analog zu v^{Lo}_{gkcst} für Finanzanlagen ohne Fälligkeitstermin [STCK].

VK_t := Einzahlungen aus dem Verkauf nicht mehr benötigter Materialeinheiten in Periode t [GE].

VS_t := Vorsteuerbetrag in Periode t [GE].

w^{Ak}_{kct} := Betrag, der als Akzeptkredit in Periode t beim Kreditinstitut k mit einer Laufzeit von c Perioden aufgenommen wird [GE].

w^{Ak+}_{kct} := Betrag, der als Akzeptkredit in Periode t beim Kreditinstitut k mit einer Laufzeit von c Perioden aufgenommen und gleichzeitig zum Diskont gereicht wird [GE].

$w^{Ak}_{lt^oct}$:= Mit einem Bankakzept versehener Wechselbetrag, der dem Lieferanten l zur Rechnungsbegleichung einer in Periode t^o eingegangenen Rechnung in Periode t abgetreten wird und eine Laufzeit von c Perioden besitzt [GE].

w^{FG+}_{kcst} := Betrag, der von einer in Periode s beim Kreditinstitut k mit einer ursprünglichen Laufzeit von c Perioden vorgenommenen Festgeldanlage in Periode t aufgelöst wird [GE].

w^{FG-}_{kct} := Betrag, der in Periode t beim Kreditinstitut k mit einer Laufzeit von c Perioden als Festgeld angelegt wird [GE].

w^{K1+}_{qct} := Betrag, der als nicht vorzeitig tilgbarer Kredit bei der kreditgewährenden Quelle q mit einer Laufzeit von c Perioden in Periode t aufgenommen wird [GE].

w^{K2+}_{qct} := Analog zu w^{K1+}_{qct} für vorzeitig tilgbare Kredite [GE].

w^{K2-}_{qcrt} := Betrag, der zur Tilgung eines in Periode r bei der kreditgewährenden Quelle q mit einer vereinbarten Laufzeit von c Perioden aufgenommenen Kredits in Periode t aufgewendet wird [GE].

w^{Ko+}_{kt} := Betrag, der beim Kreditinstitut k in Periode t als Kontokorrentkredit aufgenommen wird [GE].

$w^{Ko+'}_{kt}$:= Betrag, der beim Kreditinstitut k in Periode t als Überziehungskredit aufgenommen wird [GE].

w^{Ko-}_{kt} := Betrag, der beim Kreditinstitut k in Periode t als Guthaben auf dem Kontokorrentkonto gehalten wird [GE].

w^{Lo}_{kct} := Betrag, der beim Kreditinstitut k mit einer Laufzeit von c Perioden als Lombardkredit in Periode t aufgenommen wird [GE].

w^{So}_{ct} := Betrag, der in Periode t in Form von Solawechseln mit einer Laufzeit von c Perioden aufgewendet wird [GE].

$w^{So}_{lt^oct}$:= Betrag, der dem Lieferanten l zur Rechnungsbegleichung einer in Periode t^o erhaltenen Rechnung in Form von Solawechseln mit einer Laufzeit von c Perioden in Periode t abgetreten wird [GE].

w^{WB}_{kcrt} := Betrag, der beim Kreditinstitut k zu Beginn der Periode t diskontiert wird und dessen zugehöriger bundesbankfähiger Wechsel in Periode r mit einer Laufzeit von c Perioden ausgestellt wurde [GE].

w^{WN}_{kcrt} := Analog zu w^{WB}_{kcrt} für nicht bundesbankfähige Wechsel [GE].

$w^{WB}_{lt^ocrt}$:= Betrag, der dem Lieferanten l zur Rechnungsbegleichung einer in Periode t^o erhaltenen Rechnung in Form von bundesbankfähigen Wechseln mit einer in Periode r ausgestellten Laufzeit von c Perioden in Periode t abgetreten wird [GE].

$w^{WN}_{lt^ocrt}$:= Analog zu $w^{WB}_{lt^ocrt}$ für nicht bundesbankfähige Wechsel [GE].

W_{lm} := Wertgrenze, die der Lieferant für die m-te Rabattklasse fordert [GE].

W_t := In Periode t zu versichernder Lagerwert, der aus getrennt von den im Modell erfaßten Materialarten resultiert [GE].

$\bar{W}_t^{Ak}$:= Betrag, bis zu dem das Kreditinstitut k bereit ist, insgesamt Akzepte auszustellen [GE].

$\bar{W}_k^{Ko}$:= Kreditlinie des Kreditinstituts k für Kontokorrentkredite [GE].

$\bar{W}_k^{Ko'}$:= Kreditlinie des Kreditinstituts k für Überziehungskredite [GE].

$\bar{W}_k^{W}$:= Wechselobligo des Kreditinstituts k [GE].

$\bar{W}_k^{WN}$:= Wechselobligo für nicht bundesbankfähige Wechsel des Kreditinstituts k [GE].

W_{crt}^{WB} := Bestand an bundesbankfähigen Wechseln zu Beginn der Periode t, die in Periode r mit einer Laufzeit von c Perioden ausgestellt wurden [GE].

W_{crt}^{WN} := Analog zu W_{crt}^{WB} für nicht bundesbankfähige Wechsel [GE].

$\bar{\bar{W}}_{crt}^{WB}$:= Betrag, der an bundesbankfähigen Wechseln in Periode r mit einer Laufzeit von c Perioden ausgestellt wurde und in Periode t eingeht [GE].

$\bar{\bar{W}}_{crt}^{WN}$:= Analog zu $\bar{\bar{W}}_{crt}^{WB}$ für nicht bundesbankfähige Wechsel [GE].

WP^Z := Im Planungszeitraum durch Wertpapiertransaktionen verursachter und ihm zurechenbarer Finanzerfolg [GE].

WW_{lt} := Warenwert, den der Lieferant l der Unternehmung in Periode t in Rechnung stellt [GE].

WW_{ltm} := Warenwert, den der Lieferant l der Unternehmung in Periode t in Rechnung stellt und der in die m-te Rabattklasse fällt [GE].

x_{at} := Mengeneinheiten der Materialart a, die in Periode t bezogen werden [ME].

x_{at}^B := Lagerbestand der Materialart a zu Beginn der Periode t [ME].

$x_{at}^{B'}$:= Maximum der Lagerbestände der Materialart a zu Beginn bzw. am Ende der Periode t [ME].

$x_{at}^{B''}$:= Mengeneinheiten der Materialart a, die in Periode t geliefert und in der gleichen Periode der geplanten Verwendung zugeführt werden [ME].

x_{at}^{BS} := Lagermindestbestand der Materialart a in Periode t [ME].

x_{at}^{BV} := Teil des Lagerbestandes der Materialart a zu Beginn der Periode t, der in der Periode zur Bedarfsdeckung herangezogen werden darf [ME].

$x_{alt't}$:= Mengeneinheiten der Materialart a, die beim Lieferanten l in Periode t' bestellt und in Periode t zugestellt werden [ME].

$y_{alt'}$:= Mengeneinheiten der Materialart a, die beim Lieferanten l in Periode t' bestellt werden [ME].

$y_{alt't}$:= Mengeneinheiten der Materialart a, die beim Lieferanten l in Periode t' bestellt und zu Beginn der Periode t bei ihm gelagert werden [ME].

z_a := Zahl der Perioden, die der Zeitraum umfaßt, in dem bei der Bestellung der Materialart a an mehrere Lieferanten herangetreten werden muß [-].

z_{Ab} := Zahl der Perioden, die der Abrechnungszeitraum für Kontokorrentkonten bei den Kreditinstituten umfaßt [-].

z_{al} := Zahl der Perioden, die der Zeitraum umfaßt, in dem beim Lieferanten l Bestellungen der Materialart a bis zu einer Höchstgrenze aufgegeben werden können [-].

z_l := Zahl der Perioden, die der Zeitraum umfaßt, in dem beim Lieferanten l ein Mindestbestellwert erreicht werden muß [-].

z_{qc} := Zahl der Perioden, die der Abrechnungszeitraum bei der kreditgewährenden Quelle q für Kredite mit einer Laufzeit von c Perioden umfaßt [-].

$\bar{z}$:= Zahl der Perioden, die der Versicherungszeitraum umfaßt [-].

Z := Beliebige, hinreichend große ganze Zahl [-].

α_{lm} := Abschlag pro Einheit des Warenwertes beim Lieferanten l in der m-ten Rabattklasse [-].

γ_{gk} := Vom Kreditinstitut k festgelegter Beleihungssatz für die Wertpapierart g bei der Gewährung von Lombardkrediten [-].

φ_a := Lagermengenverlust pro Einheit und Periode der Materialart a [-].

λ_{at} := Faktor der lagerinternen Strukturierung [-].

ν_a := Stichprobenfaktor der Materialart a [-].

ν_{al} := Stichprobenfaktor der vom Lieferanten l bezogenen Materialart a [-].

ω_{al} := Anteil an der Gesamtbestellung der Materialart a innerhalb eines Zeitraums, der beim Lieferanten l nicht überschritten werden darf [-].

ϕ_g^D := Wertmäßiger Anteil der dividendenberechtigten Finanzanlage g an den gesamten dividendenberechtigten Finanzanlagen, der nicht überschritten werden darf [-].

ϕ_g^Z := Analog zu ϕ_g^D für Finanzanlagen mit Fälligkeitstermin [-].

Θ := Anzustrebendes Verhältnis von Umlaufvermögen und kurzfristigen Verbindlichkeiten [-].

LITERATURVERZEICHNIS

ADAM, D.: Entscheidungsorientierte Kostenbewertung. Wiesbaden 1970.

ALBACH, H.: Kapitalbindung und optimale Kassenhaltung. Finanzierungshandbuch. Hrsg. v. H. JANBERG. Wiesbaden 1964, 369 - 421.

AMMER, D.S.: Materials Management. Homewood, Ill. 1962.

AMS, W.: Entscheidungsorientierte Kostenwerte. Pretiale Betriebslenkung mit Modellen der mathematischen Programmierung. Thun-Frankfurt/M. 1979.

ANDLER, K.: Rationalisierung der Fabrikation und optimale Losgröße. München 1929.

Arbeitskreis DIERCKS der Schmalenbach Gesellschaft: Der Verrechnungspreis in der Plankostenrechnung. ZfbF 16, 1964, 613 - 668.

Arbeitskreis WEBER-HAX der Schmalenbach Gesellschaft: Der Einkauf im Industriebetrieb als unternehmerische und organisatorische Aufgabe. Köln und Opladen 1960.

ARNOLDS, H., F. HEEGE und W. TUSSING: Materialwirtschaft und Einkauf. Wiesbaden 1978.

ASSFALG, H.: Lagerhaltungsmodelle für mehrere Produkte. Meisenheim/G. 1976.

BAMBERG, G. und A.G. COENENBERG: Betriebswirtschaftliche Entscheidungslehre. 2. Auflage. München 1977.

BAUMOL, W.J.: The Transaction Demand for Cash: An Inventory Theoretic Approach. QJE 66, 1952, 545 - 556.

BEHRENS, K.C.: Absatzwerbung. Wiesbaden 1963.

BENAYOUN, R., J. DE MONTGOLFIER, J. TERGNY, and O. LARITCHEV: Linear Programming with Multiple Objective Functions: Step Method (STEM). MP 1, 1971, 366 - 375.

BERANEK, W.: Analysis for Financial Decisions. Homewood, Ill. 1963.

BERANEK, W.: Working Capital Management. Belmont, Cal. 1968.

BERG, C.C.: Materialwirtschaft. Stuttgart - New York 1979.

BIDLINGMAIER, J.: Die Ziele der Unternehmer. Ein Beitrag zur Theorie des Unternehmerverhaltens. ZfB 33, 1963, 409 - 422 und 519 - 530.

BISCHOFF, W.: Cash flow und Working capital. Wiesbaden 1972.

BITZ, M.: Äquivalente Zielkonzepte für Modelle zur simultanen Investitions- und Finanzplanung. ZfbF 28, 1976, 485 - 501.

BITZ, M.: Zeithorizonte bei der Investitions- und Finanzplanung. ZfB 48, 1978, 175 - 193.

BLOMEYER, K.: Exportfinanzierung. Wiesbaden 1979.

BLUMENTRATH, U.: Investitions- und Finanzplanung mit dem Ziel der Endwertmaximierung. Wiesbaden 1969.

BÖRNER, D.: Die Bedeutung von Finanzierungsregeln für die betriebswirtschaftliche Kapitaltheorie. ZfB 37, 1967, 341 - 353.

BREUER, W.: Der Bankkredit als Instrument kurzfristiger Unternehmensfinanzierung. Finanzierungshandbuch. Hrsg. v. H. JANBERG. Wiesbaden 1964, 223 - 253.

BRINK, H.-J.: Die kurzfristige Beschaffungsplanung und ihre Abstimmung mit der Produktions- und Absatzplanung. Ein rekursiver Planungsansatz. Unveröffentlichte Habilitationsschrift. Saarbrücken 1975.

BÜHLER, W., H. GEHRING und H. GLASER: Kurzfristige Finanzplanung unter Sicherheit, Risiko und Ungewißheit. Wiesbaden 1979.

CALMAN, R.F.: Linear Programming and Cash Management/Cash Alpha. Cambridge and London 1968.

CHARNES, A. and W.W. COOPER: Management Models and Industrial Applications of Linear Programming. Vol 1. New York - London 1961.

COHEN, K.J. and F.S. HAMMER: Linear Programming and Optimal Bank Asset Management Decisions. JoF 22, 1967, 147 - 165.

COHON, J.L.: Multiobjective Programming and Planning. New York - San Francisco - London 1978.

DEMPENWOLF, G.: Lieferantenkredit oder Bankkredit? - Rentabilitätsvorteile bei Skontogewährung. Finanzierungshandbuch. Hrsg. v. H. JANBERG. Wiesbaden 1964, 609 - 625.

DENK, R.: Kurzfristige Finanzdisposition mit Hilfe von Transportmodellen. ZfB 48, 1978, 356 - 367.

DEPPE, H.-D.: Grundriß einer analytischen Finanzplanung. Göttingen 1975.

DINKELBACH, W.: Unternehmerische Entscheidungen bei mehrfacher Zielsetzung. ZfB 32, 1962, 739 - 747.

DINKELBACH, W.: Sensitivitätsanalysen und parametrische Programmierung. Berlin - Heidelberg - New York 1969.

DINKELBACH, W.: Über einen Lösungsansatz zum Vektormaximumproblem. Unternehmensforschung - Heute. Hrsg. v. M. BECKMANN. Berlin - Heidelberg - New York 1971, 1 - 13.

DINKELBACH, W.: Modell - ein isomorphes Abbild der Wirklichkeit? Modell- und computergestützte Unternehmungsplanung. Hrsg. v. E. GROCHLA und N. SZYPERSKI. Wiesbaden 1973, 151 - 162.

DINKELBACH, W.: Operations Research in entscheidungstheoretischer Sicht. Quantitative Wirtschafts- und Unternehmensforschung. Hrsg. v. R. HENN, B. SCHIPS und P. STÄHLY. Berlin - Heidelberg - New York 1980, 330 - 346, [1980 a].

DINKELBACH, W.: Multicriteria Decision Models with Specified Goal Levels. Multiple Criteria Decision Making - Theory and Application. Ed. by G. FANDEL und T. GAL. Berlin - Heidelberg - New York 1980, 52 - 59, [1980 b].

DINKELBACH, W. und H. ISERMANN: Sensitivitätsanalysen bei Finanzplanungsmodellen. Handwörterbuch der Finanzwirtschaft. Hrsg. v. H.E. BÜSCHGEN. Stuttgart 1976, 1619 - 1634.

DINKELBACH, W. und O. ROSENBERG: Zielarten und Zielsysteme bei divergierenden Faktorinteressen. Die Bedeutung gesellschaftlicher Veränderungen für die Willensbildung im Unternehmen. Hrsg. v. H. ALBACH und D. SADOWSKI. Berlin 1976, 813 - 835.

DUDICK, T.S. und R. CORNELL: Inventory Control for the Financial Executive. New York - Chichester - Brisbane - Toronto 1979.

ECKER, J.G. and N.S. HEGNER: On Computing an Initial Efficient Extreme Point. J.Opl.Res.Soc. 29, 1978, 1005 - 1007.

ECKER, J.G. and I.A. KOUADA: Finding Efficient Points for Linear Multiple Objektive Programs. MP 8, 1975, 375 - 377.

ENGELS, W.: Betriebswirtschaftliche Bewertungslehre im Licht der Entscheidungstheorie. Köln - Opladen 1962.

FÄSSLER, K. und P.-U. KUPSCH: Beschaffungs- und Lagerwirtschaft. Industriebetriebslehre, Entscheidungen im Industriebetrieb. Hrsg. v. E. HEINEN. 6. Auflage. Wiesbaden 1978, 219 - 279.

FIUCZYNSKI, H.-W.: Zur Rabattpolitik der Markenartikelhersteller. Der Markenartikel 23, 1961, 715 - 737.

FOCKE, J.: Vektormaximumproblem und parametrische Optimierung. MOS 4, 1973, 365 - 369.

FRIEMAUTH, F.: Die Aufgaben der Finanzabteilung. BFuP 18, 1966, 407 - 438.

GAL, T.: A General Method for Determining the Set of all Efficient Solutions to a Linear Vectormaximum Problem. EJOR 1, 1977, 307 - 322.

GAL, T.: Postoptimal Analysis, Parametric Programming, and Related Topics. New York et. al. 1979.

GLASER, H.: Zur Bestimmung kostenoptimaler Bestellmengen bei deterministisch gleichbleibendem und deterministisch schwankendem Bedarf. Diss. Köln 1973.

GROCHLA, E.: Grundlagen der Materialwirtschaft. 3. Auflage. Wiesbaden 1978.

GUTENBERG, E.: Über einige Fragen der neueren Betriebswirtschaftslehre. ZfB 36, 1966, 1. Ergänzungsheft, 1 - 17.

GUTENBERG, E.: Grundlagen der Betriebswirtschaftslehre. 1. Band. Die Produktion. 14. Auflage. Berlin - Heidelberg - New York 1968.

GUTENBERG, E.: Grundlagen der Betriebswirtschaftslehre. 2. Band. Der Absatz. 1. Auflage. Berlin - Göttingen - Heidelberg 1955.

GUTENBERG, E.: Grundlagen der Betriebswirtschaftslehre. 3. Band. Die Finanzen. 8. Auflage. Berlin - Heidelberg - New York 1980.

HAASIS, C.: Die Zurechnung der Materialgemeinkosten auf Kostenträger. RDO 16, 1970, 209 - 213.

HADLEY, G. and T.M. WITHIN: Analysis of Inventory Systems. Englewood Cliffs, N.J. 1963.

HAEGERT, L.: Der Einfluß der Steuern auf das optimale Investitions- und Finanzierungsprogramm. Wiesbaden 1971.

HÄRLE, D.: Finanzierungsregeln und Liquiditätsbeurteilung. Finanzierungshandbuch. Hrsg. v. H. JANBERG. Wiesbaden 1964, 139 - 161.

HAGENMÜLLER, K.-F.: Der Bankbetrieb. Band II. 4. Auflage. Wiesbaden 1978.

HAHN, D.: Planungs- und Kontrollrechnung. Wiesbaden 1974.

HAMEL, W.: Zieländerungen im Entscheidungsprozeß. Tübingen 1974.

HAMMER, E.: Industriebetriebslehre. München 1973.

HANSEN, U.: Absatz- und Beschaffungsmarketing des Einzelhandels. Teil 2. Göttingen 1976.

HARMS, J.E.: Die Steuerung der Auszahlungen in der betrieblichen Finanzplanung. Wiesbaden 1973.

HARTMANN, R.: Optimale Liquiditätsvorsorge durch Planung liquider Reservemittel in industriellen Unternehmungen. Diss. Zürich 1969.

HARTMANN, H.: Materialwirtschaft. Gernsbach 1978.

ter HASEBORG, F.: Optimale Lagerhaltungspolitiken für Ein- und Mehrproduktläger. Göttingen 1979.

ter HASEBORG, F.: Simultane Lieferantenwahl und Lagerhaltung. ZfB 50, 1980, 737 - 771.

HAUSCHILDT, J.: Organisation der finanziellen Unternehmensführung. Stuttgart 1970.

HAUSCHILDT, J.: Entscheidungsziele. Zielbildung in innovativen Entscheidungsprozessen: theoretische Ansätze und empirische Prüfung. Tübingen 1977.

HAUSMANN, D. (Ed.): Integer Programming and Related Areas. A Classified Bibliography 1976 - 1978. Berlin - Heidelberg - New York 1978.

HAX, H.: Bewertungsprobleme bei der Formulierung von Zielfunktionen für Entscheidungsmodelle. ZfbF 19, 719 - 761.

HEGER, H.: Die Beschaffung - unter besonderer Berücksichtigung ihrer Abhängigkeit vom Absatz- und Beschaffungsmarkt. Nürnberg 1957.

HEINEN, E.: Grundlagen betriebswirtschaftlicher Entscheidungen. Das Zielsystem der Unternehmung. 3. Auflage. Wiesbaden 1976.

HEINEN, E.: Betriebswirtschaftliche Kostenlehre. Kostentheorie und Kostenentscheidung. Wiesbaden 1978.

HIELSCHER, U. und H.-D. LAUBSCHER: Finanzierungskosten. Frankfurt/M. 1976.

HINZEN, E.: Partialmodelle zur kurzfristigen Finanzplanung. Meisenheim/G. 1975.

HOCHSTÄDTER, D.: Stochastische Lagerhaltungsmodelle. Berlin - Heidelberg - New York 1969.

HUCKERT, K., R. RHODE, O. ROGLIN und R. WEBER: On the Interactive Solution to a Multicriteria Scheduling Problem. ZOR 24, 1980, 47 - 60.

HWANG, C.-L. and A.S. Md. MASUD: Multiple Objective Decision Making.- Methods and Applications. Berlin - Heidelberg - New York 1979.

ISERMANN, H.: Lösungsansätze zum Entscheidungsproblem des Satisfizierers bei mehrfacher Zielsetzung. Proceedings in Operations Research 3. Hrsg. v. P. GESSNER, R. HENN, V. STEINECKE und H. TODT. Würzburg 1974, 64 - 74, [1974 a].

ISERMANN, H.: Lineare Vektoroptimierung. Diss. Regensburg 1974, [1974 b].

ISERMANN, H.: Strukturierung von Entscheidungsprozessen bei mehrfacher Zielsetzung. OR-S 1, 1979, 3 - 26.

JOHNSEN, E.: Studies in Multiobjective Decision Models. Lund 1968.

KAHLE, E.: Produktion. Lehrbuch zur Planung der Produktion und Materialbereitstellung. München - Wien 1980.

KASTNING, C. (Ed.): Integer Programming and Related Areas. A Classified Bibliography. Berlin - Heidelberg - New York 1976.

KILGER, W.: Optimale Produktions- und Absatzplanung. Opladen 1973.

KILGER, W.: Die Entstehung und Weiterentwicklung der Grenzplankostenrechnung als entscheidungsorientiertes System der Kostenrechnung. Neuere Entwicklungen in der Kostenrechnung (I). Hrsg. v. H. JACOB. Wiesbaden 1976, 9 - 39.

KILGER, W.: Einführung in die Kostenrechnung. 2. Auflage. Wiesbaden 1981, [1981 a].

KILGER, W.: Flexible Plankostenrechnung und Deckungsbeitragsrechnung. 8. völlig neubearbeitete Auflage. Wiesbaden 1981, [1981 b].

KISTNER, K.-P.: Taktische und strategische Modelle der Kassenhaltungstheorie. ZfB 45, 1975, 619 - 648.

KLEMM, H. und M. MIKUT: Lagerhaltungsmodelle - Theorie und Anwendung. Berlin 1972.

KLINGST, A.: Optimale Lagerhaltung. Würzburg - Wien 1971.

KOCH, H.: Zur Diskussion über den Kostenbegriff. ZfhF 10, 1958, 355 - 399.

KOCH, H.: Aufbau der Unternehmungsplanung. Wiesbaden 1977.

KOTTKE, E.: Die optimale Beschaffungsmenge. Berlin 1966.

KROEBER-RIEL, W.: Beschaffung und Lagerung. Betriebswirtschaftliche Grundlagen der Materialwirtschaft. Wiesbaden 1966.

KUPSCH, P.: Unternehmungsziele. Stuttgart 1979.

LAUX, H. und G. FRANKE: Investitions- und Finanzplanung mit Hilfe von Kapitalwerten. ZfbF 21, 1969, 43 - 56.

LEHNER, U.: Modelle für das Finanzmanagement. Darmstadt 1976.

LEWANDOWSKI, R.: Ein Lösungsverfahren zur Bestimmung der wirtschaftlichen Losgrößen unter Nebenbedingungen. Elektronische Datenverarbeitung 9, 1967, 44 - 54.

LÜCKE, W.: Finanzplanung und Finanzkontrolle. Wiesbaden 1962.

MÄNNEL, W.: Mengenrabatte in der entscheidungsorientierten Erlösrechnung. Opladen 1974.

MÄNNEL, W.: Wesen, Aufgaben und Bedeutung der Beschaffungsplanung. Journal für Betriebswirtschaft 26, 1976, 219 - 240.

MAHLERT, A.: Die Abschreibungen in der entscheidungsorientierten Kostenrechnung. Opladen 1976.

MANAS, M. and J. NEDOMA: Finding all Vertices of a Convex Polyhedron. Num. Math. 12, 1968, 226 - 229.

MAO, J.C.T.: Quantitative Analysis of Financial Decisions. London 1969.

MAO, J.C.T.: Corporate Financial Decisions. Palo Alto 1976.

MEFFERT, H.: Marketing - Einführung in die Absatzpolitik. Wiesbaden 1977.

MELLEROWICZ, K.: Unternehmenspolitik. Band II. Freiburg i. Brsg. 1963.

MENRAD, S.: Der Kostenbegriff. Eine Untersuchung über den Gegenstand der Kostenrechnung. Berlin 1965.

MEYER, H.: Entscheidungsmodelle und Entscheidungsrealität. Tübingen 1979.

MÜLLER-HAGEDORN, L. und J. BIETHAHN: Bestellpolitik in Handelsbetrieben unter expliziter Berücksichtigung der Kosten für gebundenes Kapital. ZOR 19, 1975, B 155 - B 175.

MUNZ, M.: Beschaffung und Beschaffungsplanung im Industriebetrieb. Wiesbaden 1959.

NADDOR, E.: Inventroy Systems. New York - London - Sydney 1966.

NEHLSEN, D.: Die langfristige Beschaffung metallischer Rohstoffe. Probleme und Entscheidungshilfen. Diss. Saarbrücken 1976.

NIEBLING, H.: Kurzfristige Finanzrechnung auf der Grundlage von Kosten- und Erlösmodellen. Wiesbaden 1973.

NOELLE, G.F.: Zur Bestimmung optimaler Liquiditätsreserven von Unternehmungen. Ein Beitrag zur Solvenztheorie. Frankfurt/M. - Zürich - Thun 1976.

NOZICKA, F., J. GUDDAT, H. HOLLATZ und B. BANK: Theorie der linearen parametrischen Optimierung. Berlin 1974.

OELDORF, G. und K. OLFERT: Materialwirtschaft. 2. Auflage. Ludwigshafen 1979.

ORGLER, Y.E.: An Unequal - Period Model for Cash Management Decisions. MS 16, 1969, B-77 - B-92.

ORGLER, Y.E.: Cash Management. Belmont, Cal. 1970.

ORTH, L.: Die kurzfristige Finanzplanung industrieller Unternehmungen. Köln - Opladen 1961.

PACK, L.: Optimale Bestellmenge und optimale Losgröße. Zu einigen Problemen ihrer Ermittlung. Wiesbaden 1964.

PFOHL, H.-C.: Ermittlung der Lagerbestandskosten. KRP, 1977, 105 - 110, [1977 a].

PFOHL, H.-C.: Zinssätze zur Berechnung der Kapitalbindungskosten. KRP, 1977, 153 - 160, [1977 b].

POGUE, G.A. and R.N. BUSSARD: A Linear Programming Model for Short Term Financial Planning Under Uncertenty. Sloan Management Review 13, 1972, 69 - 98.

RAFFEE, H.: Grundprobleme der Betriebswirtschaftslehre. Göttingen 1974.

RATHSMANN, J.: Grundzüge einer absatzorientierten Lieferantenkreditpolitik. Zürich - Frankfurt/M. - Thun 1976.

REDDEWIG, G. und H.-A. DUBBERKE: Einkaufsorganisation und Einkaufsplanung. Wiesbaden 1959.

RIETVIELD, P.: Multiobjective Decision Methods and Regional Planning. Amsterdam - New York - Oxford 1980.

ROBICHEK, A.A., D. TEICHROEW and J.M. JONES: Optimal Short Term Financing Decision. MS 12, 1965, 1 - 36.

RÖSSLE, W.: Die finanzielle Führung der Unternehmung. Opladen 1973.

ROSE, G.: Betrieb und Steuer. 2. Buch. Die Verkehrsteuern. Wiesbaden 1980.

ROSENBERG, O.: Investitionsplanung im Rahmen einer simultanen Gesamtplanung. Köln - Berlin - Bonn - München 1975.

ROSENBERG, O.: Finanzplanungsmodelle. Handwörterbuch der Finanzwirtschaft. Hrsg. v. H.E. BÜSCHGEN. Stuttgart 1976, 580 - 594.

SANDIG, C.: Betriebswirtschaftspolitik. 2. Auflage. Stuttgart 1966.

SAUERLAND, H.: Umsatzsteuer. 13. Auflage. Achim bei Bremen 1980.

SCHACHT, K.: Die Bedeutung der Finanzierungsregeln. Wiesbaden 1971.

SCHEER, A.-W.: Elektronische Datenverarbeitung und Operations Research im Produktionsbereich - zum gegenwärtigen Stand von Forschung und Anwendung. OR-S 2, 1980, 1 - 22.

SCHMALENBACH, E.: Kostenrechnung und Preispolitik. 8. Auflage. Köln und Opladen 1963.

SCHMID, O.: Modelle zur Quantifizierung der Fehlmengenkosten als Grundlage optimaler Lieferservicestrategien bei temporärer Lieferunfähigkeit. Frankfurt/M. - Zürich - Thun 1977.

SCHNEEFELD, W.: Die wirtschaftliche Bestellmenge. Zur Bestimmung kostengünstiger Bestellmengen bei deterministischem und stochastischem Materialbedarf. München 1978.

SCHNEEWEISS, C.: Zur Problematik der Kosten in Lagerhaltungsmodellen. ZfB 49, 1979, 1 - 17.

SCHNEIDER, H.: Servicegrade in Lagerhaltungsmodellen. Berlin 1979.

SCHWEITZER, M., G.O. HETTICH und H.-U. KÜPPER: Systeme der Kostenrechnung. 2. Auflage. München 1979.

SCHÜTT, H.: Finanzierung und Finanzplanung deutscher Industrieunternehmungen. Darmstadt 1979.

SCHWEIM, J.: Integrierte Unternehmungsplanung. Bielefeld 1969.

SELOWSKY, R.: Finanzplanung. ZfB 49, 1979, 1. Ergänzungsheft, 125 - 143.

SIEBEN, G. und T. SCHILDBACH: Betriebswirtschaftliche Entscheidungstheorie. 2. Auflage. Düsseldorf 1980.

SPÄTH, H., W. GUTGESELL und G. GRÜN: Ein lineares Programm für die kurzfristige optimale Liquiditätsdisposition in einem Großunternehmen. ZOR 16, 1972, B 191 - B 206.

SRINIVASAN, V.: A Transshipment Model for Cash Management Decisions. MS 20, 1974, 1350 - 1363.

STARK, H.: Beschaffungsführung. Grundlagen marktkonformen und zielorientierten Verhaltens in der Beschaffung. Stuttgart 1973.

STEINBRÜCHEL, M.: Die Materialwirtschaft der Unternehmung. Bonn - Stuttgart 1971.

STEINMANN, H.: Liquiditätsoptimierung in der kurzfristigen Finanzplanung. BFuP 20, 1968, 257 - 276.

STEINMANN, H.: Planungsmodelle zur optimalen Lösung von Zielkonflikten. Rechnungswesen und Betriebswirtschaftspolitik. Hrsg. v. M. LAYER und H. STREBEL. Berlin 1969, 95 - 108.

STEUER, R.E. and A.T. SCHULER: An Interactive Multiple - Objective Linear Programming Approach to a Problem in Forest Management. OR 26, 1978, 254 - 269.

STOFF, W.-D.: Die Zins- und Lagerkostenverrechnung im Bestellmengenmodell. KRP, 1973, 153 - 160.

STRAUB, H.: Optimale Finanzdisposition. Ihre Bestimmung und ihr Einfluß auf die Liquiditätsreserven von Unternehmen des verarbeitenden Gewerbes. Meisenheim/G. 1974.

STROBEL, W.: Simultane Losgrößenbestimmung bei stationären Modellen. ZfB 34, 1964, 241 - 267.

SÜCHTING, J.: Finanzmanagement. Theorie und Politik der Unternehmensfinanzierung. 2. Auflage. Wiesbaden 1978.

SUNDHOFF, E.: Grundlagen und Technik der Beschaffung von Roh-, Hilfs- und Betriebsstoffen. Essen 1958.

TEICHMANN, H.: Der optimale Planungshorizont. ZfB 45, 1975, 295 - 312.

THEISEN, P.: Grundzüge einer Theorie der Beschaffungspolitik. Berlin 1970.

THEISEN, P.: Die Ausschöpfung der Angebotsdifferenzen - Lieferantenwahl mit Hilfe der mathematischen Programmierung. ZfbF 27, 1975, 774 - 784.

TIETZ, B.: Die Grundlagen des Marketing. 1. Band: Die Marketing-Methoden. 2. Auflage. München 1975, [1975 a].

TIETZ, B.: Die Grundlagen des Marketing. 2. Band: Die Marketing-Politik II. München 1975, [1975 b].

TREIS, B.: Das beschaffungspolitische Instrumentarium. Der Markt 10, 1971, 89 - 96.

TRUX, W.R.: Einkauf und Lagerdisposition mit Datenverarbeitung. 2. Auflage. München 1972.

VAN HORNE, J.C.: Financial Management and Policy. 2nd Edition. Englewood Cliffs, N.J. 1971.

VORMBAUM, H.: Finanzierung der Betriebe. 5. Auflage. Wiesbaden 1977.

WEBER, H.: Die Spannweite des betriebswirtschaftlichen Planungsbegriffes. ZfbF 16, 1964, 716 - 724.

WEGENER, H.: Optimale Skontopolitik unter Berücksichtigung finanzieller Beschränkungen. ZfB 46, 1976, 801 - 820.

WESTERMANN, H.: Versuch einer sachlichen und begrifflichen Erweiterung des absatzpolitischen Instrumentariums. BFuP 21, 1969, 708 - 712.

WESTON, J.F. and E.F. BRIGHAM: Managerial Finance. 6th Edition. Eastborne 1978.

WINKELS, H.-M.: Interaktive Lösungsverfahren für lineare Probleme mit mehrfacher Zielsetzung. Quantitative Wirtschafts- und Unternehmensforschung. Hrsg. v. R. HENN, B. SCHIPS und P. STÄHLY. Berlin - Heidelberg - New York 1980, 560 - 585.

WISSEBACH, B.: Beschaffung und Materialwirtschaft. Herne - Berlin 1977.

WISSENBACH, H.: Die Bedeutung der Finanzierungsregeln für die betriebliche Finanzpolitik. ZfbF 16, 1964, 447 - 456.

WITTE, E.: Zur Bestimmung der Liquiditätsreserve. ZfB 34, 1964, 763 - 772.

WITTE, E. unter Mitwirkung von H. KLEIN: Finanzplanung der Unternehmung. Reinbek bei Hamburg 1974.

WÖHE, G.: Betriebswirtschaftliche Steuerlehre. Band 1. 5. Auflage. München 1978.

ZÄPFEL, G.: Entscheidungsprobleme bei der Beschaffung von Stoffen für ein gegebenes Fertigungsprogramm. Diss. Karlsruhe 1970.

ZÄPFEL, G.: Bestimmungsgründe und ausgewählte Systeme der Lieferanten - Bewertung. Teil I: Bestimmungsgründe bei der Wahl der Lieferanten. Fortschrittliche Betriebsführung 22, 1973, 27 - 33.

ZENTES, J.: Die Optimalkomplexion von Entscheidungsmodellen. Köln - Berlin - Bonn - München 1975.

ZIMMERMANN, W.: Umsatzsteuerliche Auswirkungen der Inzahlungnahme und Diskontierung von Wechseln. DB 21, 1968, 1774 - 1776.

ZIONTS, S.: A Survey of Multiple Criteria Integer Programming Methods. Discrete Optimization II. Ed. by P.L. HAMMER, E.L. JOHNSON and B.H. KORTE. Amsterdam et. al. 1979, 389 - 398.

ZOLLER, K.: Lagerprozesse mit Restriktionen. Opladen 1977.

SACHVERZEICHNIS